Anne Wilson Schaef

Jeden Tag ein bisschen Zeit für mich

Meditationen für Menschen, die zu viel arbeiten

Anne Wilson Schaef

Jeden Tag ein bisschen Zeit für mich

Meditationen für Menschen, die zu viel arbeiten

Aus dem Amerikanischen von
Christine Bendner

Knaur
MensSana

Die amerikanische Originalausgabe erschien 2000 unter dem Titel
»Meditations for Living in Balance«
bei Harper Collins Publishers, New York

Die Folie des Schutzumschlages sowie die Einschweißfolie
sind PE-Folien und biologisch abbaubar.
Dieses Buch wurde auf chlor- und säurefreiem Papier gedruckt.

Besuchen Sie uns im Internet:
www.droemer-weltbild.de

Umschlaggestaltung: ZERO Werbeagentur, München
Umschlagfoto: Tony Stone, München
Satz: Ventura Publisher im Verlag
Druck und Bindung: GGP Media, Pößneck
Printed in Germany
ISBN 3-426-66640-5

2 4 5 3 1

Einleitung

Ich möchte Ihnen dieses Buch anbieten als jemand, der sich mit Ihnen auf den Weg macht, um Sinn und Erfüllung in dem hektischen und manchmal chaotischen Leben zu finden, das wir gewählt haben.

Wer wir auch sind und was wir auch tun – wir befinden uns in einer schnelllebigen, hoch technisierten Welt der zunehmenden Globalisierung, in der es als normal gilt, zu viel zu machen, und in der die Augenblicke des Friedens und der Stille kostbarer sind als jede Ware oder Dienstleistung, die wir im Internet oder sonst wo finden könnten.

Denn wir sind spirituelle und fühlende Wesen, die sehr viel mehr brauchen als die chaotische Jagd nach materiellen Dingen oder oberflächlichen Vergnügungen. Wir haben darüber hinaus viele Bedürfnisse. Beispielsweise das Bedürfnis nach persönlichem Wachstum. Oder das Bedürfnis, so lebendig zu sein, wie wir nur sein können. Das Bedürfnis, unser spirituelles Selbst zu kennen – das Bedürfnis, mit diesem spirituellen Selbst sowie mit dem, was jenseits von uns existiert, zu kommunizieren. Das Bedürfnis, produktiv zu sein. Das Bedürfnis, zu lieben und sich mit anderen und der Welt verbunden zu fühlen. Das Bedürfnis, auf eine Weise am Leben teilzuhaben, die uns erfüllt und uns sinnvoll erscheint.

Doch auch wenn wir uns vornehmen, harmonisch zu leben, machen wir diese Harmonie nur allzu oft zu einem Ziel, das wir genauso besessen verfolgen wie all die anderen Ziele in unserem Leben. Wir wollen ein Gleichgewicht zwischen unserer Arbeit und unserem Privatleben herstellen. Wir wollen unsere Beziehungen harmonisch gestalten. Wir wollen unseren Körper trainieren und uns gesund ernähren. Wir wollen gesund bleiben, damit wir noch mehr tun können. Wir wollen alles ausfüllen – uns selbst, unsere Zeit, unsere Aktivitäten, unsere Beziehungen und unser Leben. Und wenn wir nicht aufpassen, dann wird das

Streben nach Gleichgewicht und Harmonie nicht mehr als ein weiterer »Punkt« auf unserer bereits viel zu langen Liste dessen, was wir zu viel tun.

Eine der größten Schwierigkeiten bei unserem Versuch, ein ausgewogenes Leben zu führen, hat mit unserem dualistischen Denken zu tun. Für uns gibt es entweder »dies« oder »das«. Wir gestalten unser Leben innerhalb der Grenzen abstrakter Dualismen. Wir wollen ein ausgewogenes Gleichgewicht zwischen unserer Arbeit und unserem Privatleben herstellen und geben uns der Illusion hin, dass unser Leben wunderbar wäre, wenn uns das gelänge. Dabei vergessen wir jedoch, dass wir auch noch Zeit für uns selbst brauchen, für Freundschaften, spirituelles Wachstum, Sport und Spaß. Wenn unser Denken dualistisch ist, sehen wir uns selbst und unser Leben als »zweidimensional« und schränken unsere Möglichkeiten ein oder schließen sie von vornherein aus.

Dualistisches Denken bewirkt vor allem zweierlei:

1. Es reduziert das sehr komplexe Gefüge von Umständen auf ein simples Entweder-oder-Schema und wiegt uns so in falscher Sicherheit.
2. Es nährt unsere Illusionen der Kontrolle.

Weder das eine noch das andere trägt zu unserem Wachstum, unserem Lernen, unserer Gelassenheit oder unserem Glück bei. Dieses Buch bietet daher keine derartig vereinfachenden Scheinlösungen an, denn ich glaube, dass wir als spirituelle Wesen viel mehr Wahlmöglichkeiten und Fähigkeiten haben.

Mit »Gleichgewicht« ist hier nicht allein jene Balance gemeint, die beispielsweise die Waagschalen der Justitia oder eine Wippe im Gleichgewicht hält, sondern eher ein multidimensionaler Seinszustand, den man treffender mit »Harmonie« umschreiben kann. Was ich darunter verstehe, kommt zum Beispiel in der Schöpfungsgeschichte der Desana, eines am Amazonas lebenden Naturvolkes, zum Ausdruck:

»Durch diesen Schöpfungsakt gab die Sonne der Erde ihre Gestalt mit der Kraft ihres gelben Lichtes, und sie gab ihr Leben und Stabilitat.« Diese Stabilität innerhalb der Natur, die die Desana so besonders hervorheben, ist nicht einfach ein statischer Gleichgewichtszustand. Es ist vielmehr eine komplexe Dynamik,die durch eine ungeheure Vielfalt an kontinuierlichen Austauschprozessen zwischen all den Elementen der wunderbaren Schöpfung der Sonne charakterisiert ist – nicht unähnlich dem Zustand, den ein moderner Ökologe vielleicht als »biologisches Gleichgewicht« bezeichnen würde.

In der Vorstellungswelt der Desana basiert diese naturgegebene Stabilität der biologischen Welt auf einem unendlichen Netzwerk von Wechselbeziehungen, die seit jeher zwischen allen Elementen der Natur existieren. Die Wechselbeziehung zwischen der Erde (mit ihren Bergen, Wäldern und Flüssen) und den ersten Lebensformen (den Tieren, den Pflanzen, den Desana) existiert in Harmonie mit dem gesamten übrigen Universum. Denn wie die Desana sagen, plante die Sonne ihre Schöpfung sehr sorgfältig, und sie war vollkommen.[1]

Das für mich in diesem Zusammenhang Wesentliche, das ich hier vermitteln möchte, ist eine Vorstellung von Gleichgewicht im Sinne von Harmonie – ein Leben im Gleichgewicht als ein Seinszustand, in dem man überall, wo man sich befindet, mit seinem Universum in Harmonie lebt.

Gleichgewicht kann, so verstanden, nie etwas Statisches sein. Man gelangt nicht in einen Zustand des Gleichgewichts, der, einmal erreicht, für immer und ewig so bliebe. Vielleicht wollen wir unseren Körper »in Form« bringen – und wir können das auch tun. Doch unser Körper ist ständigen Prozessen unterworfen, und »in Form sein« bedarf kontinuierlicher Aufmerksamkeit und ist nicht etwas, das man ein für alle Mal erreichte, um sich dann wichtigeren oder schöneren Dingen zuwenden zu können. Wenn

[1] David Suzuki und Peter Knudtson, *Wisdom of the Elders* (Bantam Books, New York, 1992).

wir unsere Autos warten und unsere Häuser nach unseren Vorstellungen verändern, wird der erreichte Zustand nur für eine begrenzte Zeit den Anschein der Beständigkeit vermitteln. Man kann diese Dynamik auch anhand der Vorgänge auf unserem Bankkonto verdeutlichen: Ähnlich, wie wir Geld einzahlen, müssen wir im Leben das lernen, was notwendig ist, um für Ausgeglichenheit zu sorgen. Aber wenn wir das »Konto« einmal ausgeglichen haben, könnte dieser Zustand nur statisch bleiben, wenn wir nie wieder eine »Kontobewegung« vornähmen ... In Harmonie zu leben, ist also ein kontinuierlicher Prozess.
Um diese lebendige Harmonie zu erreichen, müssen wir einige unserer alten Vorstellungen, Glaubenssätze und Gewohnheiten loslassen, die Unausgewogenheit und Disharmonie in unser Leben gebracht haben. Wir müssen die Vereinfachung dualistischen Denkens aufgeben. Wir müssen uns öffnen und das harmonische Gleichgewicht zulassen, das in jedem von uns und in unserem Umfeld existiert. Wir können ein harmonisches Gleichgewicht nicht statisch aufrechterhalten, sondern nur lernen, so schnell und unkompliziert wie möglich zu ihm zurückzukehren. Dieses Buch will die Türen zu einigen derartigen Möglichkeiten öffnen.
Jedem behandelten Thema sind entsprechende Zitate, oft herausfordernde und bedeutsame Worte der Weisheit, vorangestellt. Danach folgen Gedanken, die sich auf das jeweilige Zitat beziehen und uns den Weg zu einem harmonischen Gleichgewicht weisen. Abschließend werden stets Handlungsmöglichkeiten aufgezeigt, die uns einem ausgewogeneren Gleichgewicht näher bringen können. Obwohl ich für fast jeden Tag des Jahres am Schluss solche Vorschläge zum Handeln formuliert habe, sollen dies keinesfalls Empfehlungen sein, die unsere Neigung zur Überaktivität unterstützen. Es sind vielmehr einfache Schritte, die wir unternehmen können, um Lösungen für das Ungleichgewicht zu finden, das durch unser Zu-viel-Tun entstanden ist. Alle Teile des Buches sind gleich wichtig. So wie jeder einzelne Tag eine

Bewegung in Richtung Gleichgewicht darstellt, soll das ganze Buch eine Bewegung in Richtung einer harmonischen, ausgeglichenen Lebensweise vermitteln.
Diese Seiten sind nicht allein als Nahrung für unseren überbeschäftigten, gestressten Geist gedacht, sondern sie bieten auch konkrete Ratschläge für ein gesünderes und ausgeglicheneres Leben inmitten der Hektik des Alltags. Wir brauchen täglich Nahrung für unseren Geist und unsere Seele, aber wir brauchen auch praktische Anleitungen und Techniken, die es uns möglich machen, durch die knarrenden Türen, die wir aufgestoßen haben, hindurchzugehen – in Richtung eines kreativeren, erfüllteren, harmonischeren Lebens. Ich sage immer: »Das Praktische sollte stets im Dienst des Wichtigen stehen.«
Wie es beim Schreiben üblich ist, lernte ich viel dazu und wurde selbst gezwungen, Dualismen und starre Denkweisen aufzugeben, die zu Disharmonie und Unausgewogenheit beigetragen hatten. Ich hoffe, dass Sie dieses Buch mit ebenso viel Freude nutzen, wie ich sie beim Schreiben hatte.

Ein veränderliches Gleichgewicht

Gleichheit wirkt nicht immer ausgleichend.
Anonym

Viele Menschen haben eine Menge Energie in die Illusion investiert, dass sie, wenn sie nur hart genug daran arbeiten, ihr Leben ein für alle Mal durchorganisieren und »ins Gleichgewicht« bringen können. Doch so funktioniert das nicht!

Gleichheit oder Gleichförmigkeit ist nicht dasselbe wie Gleichgewicht. Eine der natürlichen Gegebenheiten des menschlichen Daseins ist, dass wir ständig die Gelegenheit bekommen, zu wachsen, zu lernen und uns zu verändern.

Ein Gleichgewicht kann nie ein für alle Mal erreicht werden. Wir können das entweder akzeptieren oder weiterhin versuchen, unsere Illusion aufrechtzuerhalten. Manche von uns wählen eine dritte Möglichkeit und tun beides – sie akzeptieren diese Realität für eine gewisse Zeit oder im Hinblick auf bestimmte Lebensbereiche und in Bezug auf andere wiederum nicht. Wir machen es uns wirklich schwer, nicht wahr?

Das Beste, was wir für uns tun können, ist, uns zu freuen, wenn wir uns ausgeglichen und harmonisch fühlen, und gleichzeitig zu erkennen, dass das Finden und Wiederfinden eines inneren Gleichgewichts ein fortlaufender Prozess ist, der uns in jedem Augenblick neue Möglichkeiten bietet.

Betrachten Sie die Bereiche Ihres Lebens, die Sie Ihrer Meinung nach »ins Gleichgewicht« gebracht haben oder die Sie unverändert lassen wollen, und schauen Sie, ob Sie sich dadurch unter Druck gesetzt fühlen. Falls ja, sollten Sie versuchen, die Dinge mit anderen Augen zu sehen, und sich des bestehenden Gleichgewichts erfreuen, aber gleichzeitig akzeptieren, dass die Veränderung unmittelbar auf Sie zukommt.

Glück

Glück gleicht durch Höhe aus, was ihm an Länge fehlt.
Robert Frost

Nur zu oft richten wir unseren Blick auf das, was Glück *nicht ist*, anstatt auf das, was es *ist*. Am meisten aber beschweren wir uns darüber, dass es nie andauert. Bei der Trauer beklagen wir das nie, und doch handelt es sich bei beiden gleichermaßen um Gefühle, die kommen und gehen. Das Glück wird nur schneller »mit seinem Job fertig«. Das ist alles.

Werfen wir einen Blick auf das Glück. Glück ist diese kurze Spanne eines Augenblicks, der einen Schimmer von Frieden und Gelassenheit aufleuchten lässt. Glück ist dieses kurze Aufflackern eines Gefühls in unserer Brust, das unser Sein millionenfach durchstrahlt. Glück ist jene »Pause«, die unsere Seele erquickt und die es uns möglich macht, wieder mit neuer Kraft in die Härte unseres Lebens einzutauchen. Glück ist genau jener Augenblick, in dem wir erfahren – auch wenn es nur ganz kurz ist –, dass wir Teil von etwas unermesslich Großem sind, das unser Verstand niemals erfassen wird.

Beklagen wir uns nicht über die Kürze des Glücks. Freuen wir uns, dass es existiert.

Die meisten Menschen erleben täglich kurze Augenblicke
des Glücks – ungeachtet dessen, was sonst noch geschieht.
Üben Sie sich darin, diese Momente wahrzunehmen.

Das Wichtige

Ich habe gelernt, dass die größte Herausforderung des Lebens darin besteht, zu entscheiden, was wirklich wichtig ist, und alles andere außer Acht zu lassen.

Anonym

Wir Menschen sind wirklich erstaunliche Geschöpfe! Wir verlieren uns vielfach so sehr in der Geschäftigkeit und Hektik des Alltags, dass wir nur allzu oft unsere produktivsten Jahre damit zubringen, Zielen hinterherzujagen, die in Wirklichkeit gar nicht wichtig für uns sind. Betrachtet man dieses Verhalten einmal aus einer gewissen Distanz, ist es offensichtlich ziemlich töricht. Doch wenn wir »mittendrin stecken«, scheint jede noch so banale Aktivität, in die wir unsere Zeit und Energie investieren, unseren Einsatz zu rechtfertigen. Manche erkennen erst im Alter, dass sie die wirklich wichtigen Dinge des Lebens zugunsten des Zweckdienlichen hintangestellt haben. Kein Wunder, dass uns manchmal das Gefühl überkommt, dass unser Leben aus dem Gleichgewicht geraten ist. Wir investieren nicht in das, was wirklich von Belang für uns ist, und vergeuden unsere wertvollen Tage, Wochen und Jahre mit Angelegenheiten, die uns eigentlich gar nicht so viel bedeuten. Glücklicherweise haben wir jederzeit die Möglichkeit, innezuhalten, einen Schritt zurückzutreten und neu zu bestimmen, was wirklich für uns zählt.

Nehmen Sie sich an einem Tag im Jahr Zeit für eine Bestandsaufnahme. Schauen Sie sich an, in was Sie Ihre Zeit investieren. Schreiben Sie auf, was Ihnen wirklich wichtig ist und wie viel Zeit Sie dafür aufbringen. Seien Sie bereit, zu sehen, welche Ausreden Sie benutzen, um Ihre Beschäftigung mit »Unwichtigem« zu rechtfertigen. Teilen Sie diese Erkenntnis mit jemandem, der Ihnen nahe steht.

Unbehagen

Die einfachste Art der Führung [Kritik] erhalten wir jeden Tag – und zwar mehrmals – in Form von Unbehagen.
Barbara Ann Brennan

Die meisten Menschen möchten gern glauben, dass es irgendeine Art höherer Führung gibt, selbst wenn es ihnen schwer fällt, an einen Gott zu glauben. Und wir möchten uns nicht nur auf diese Führung verlassen können, wenn unser Eigensinn sich als unangebracht erweist – am liebsten würden wir sie als laute, klare Stimme oder unmissverständliche Visionen wahrnehmen. Zu dumm, dass sie sich oft nur in Form eines leichten Unbehagens äußert.

Ich kenne einen Holzschnitzer, der die Arbeit an den bestellten Weihnachtsgeschenken bis zur letzten Minute aufschob. Ein paar Tage vor Weihnachten bekam er dann Schwierigkeiten mit einem bestimmten Werkstück. Es wollte einfach nicht gelingen. Er hatte eine Ahnung, dass irgendetwas nicht stimmte – mit dem Material, den Werkzeugen, der Werkbank. Doch er machte weiter und arbeitete mehrere Tage an diesem einen Stück. Am Tag vor Heiligabend brach es mitten entzwei. War das sein Fehler? Er hatte nicht auf sein Unbehagen »gehört«. Er hatte die Arbeit trotz aller Zweifel fortgeführt, anstatt mit einem neuen Projekt zu beginnen. Er hatte seine innere Führung ignoriert, und das kam ihn teuer zu stehen. – Gefühle des Unbehagens sind oft unsere weisesten Informationsquellen.

Üben Sie sich darin,
Ihr Unbehagen zu bemerken und ernst zu nehmen.

Sprichwörter

Die Früchte des überladenen Mandelbaums
am Wegesrand sind mit Sicherheit bitter.
Japanisches Sprichwort

Ich liebe Sprichwörter! Ein wirklich gutes Sprichwort vermittelt eine Tiefe und Weisheit, die unsere rechte Gehirnhälfte, unsere Intuition, anspricht, während es unserer linken Gehirnhälfte, unserem logisch denkenden Verstand, ein bisschen schwer fällt, zu artikulieren, was das Sprichwort uns sagen will. Im Innersten *wissen* wir, was es bedeutet, weil es uns berührt und eine tiefe innere Weisheit in uns zum Schwingen bringt. Doch seine wahre Bedeutung geht weit über das hinaus, was unser logischer, rationaler Verstand mit Worten auszudrücken vermag. Ein gutes Sprichwort spricht unser *Sein*, nicht unseren *Verstand* an und öffnet uns so die Tür zu uralten, immer gültigen Weisheiten, die in unserem Leben hilfreich sein können.

Nehmen wir beispielsweise das oben genannte japanische Sprichwort. Natürlich versteht jeder von uns, dass ein leicht zugänglicher Baum am Wegesrand, der voller Früchte hängt, die nicht gepflückt wurden, wahrscheinlich keine guten Früchte (bzw. Mandeln) trägt. Das Sprichwort warnt uns also davor, uns von äußeren Erscheinungen irreführen zu lassen, während wir gleichzeitig unseren Augen trauen und das Offensichtliche sehen sollen. Auf einer weiteren Ebene fordert es uns dazu auf, uns nicht zu schnell mit dem leicht Verfügbaren zufrieden zu geben und weiter zu suchen, bis wir vielleicht bessere »Früchte« finden – selbst wenn das mit Mühe und Arbeit verbunden ist. Und auf einer noch weiteren Ebene ...

Beherzigen Sie mehr Sprichwörter und vermitteln Sie diese den Kindern, die Sie kennen.

Müll

Müll ist eine spirituelle Angelegenheit –
er schadet dem Geldbeutel und der Seele.
Kathleen Norris

Wenn wir uns mit der Frage beschäftigen, was unser Leben ins Gleichgewicht bringt und was diese Balance stört, ist es auch wichtig, einen Blick auf den »Müll« zu werfen. Wenn wir ihn als eine »spirituelle Angelegenheit« betrachten und uns klar machen, dass er »der Seele schadet«, bekommt das Ganze eine sehr persönliche Bedeutung. Das Müllproblem ist dann nicht länger ein abstraktes Problem, das von »irgendjemandem« gelöst werden sollte. Aus dieser Perspektive betrachtet, berührt uns der Müll am empfindlichsten Punkt unseres Seins und verlangt nach Aufmerksamkeit. Der spirituelle Aspekt erfordert, dass wir innehalten, um zu erkennen, wie die Verschwendung der Ressourcen unser Gefühl der Unausgewogenheit verstärkt.
Haben Sie beispielsweise schon einmal bemerkt, wie gut Sie sich fühlen, wenn Sie übrig gebliebene Dinge kreativ nutzen, anstatt sie einfach wegzuwerfen? Die meisten Menschen überkommt ein gewisses Gefühl der Zufriedenheit, wenn sie auch nur die kleinste Anstrengung unternehmen, nicht mehr gebrauchte Materialien zu »recyceln«.
Selbst wenn wir vielleicht meinen, es uns leisten zu können, ist es doch kein gutes Gefühl, Zeit, Geld, Gegenstände oder uns selbst zu verschwenden.

Konzentrieren Sie sich auf ein oder zwei »Müllprobleme«,
die Ihnen Unbehagen bereiten, und ändern Sie etwas.

Einsamkeit und Alleinsein

Einsamkeit ist die Armut des Selbst,
Alleinsein ist der Reichtum des Selbst.
May Sarton

Einsamkeit ist etwas anderes als Alleinsein. Gefühle der Einsamkeit sind oft wertvolle Signale, die unsere Seele uns sendet, um uns darauf aufmerksam zu machen, dass wir uns von uns selbst entfernt haben. Niemand kann uns einsam *machen.* Vielleicht sind wir in einer Situation, in der es äußerst schwierig ist, »bei sich selbst zu bleiben«. Einsamkeit ist unabhängig von der An- oder Abwesenheit anderer.

Ungeachtet der äußeren Umstände ist es fast unmöglich, einsam zu sein, wenn wir in Kontakt mit uns selbst und wirklich in unserem Körper sind.

Vielleicht vermissen wir jemanden; das ist in Ordnung. Wenn wir jemanden vermissen, heißt das, wir haben erlaubt, dass diese Person ein wichtiger Teil unseres Lebens wird, und das ist gut so. Das Gefühl, jemanden zu vermissen, ist das innere Gewahrsein, dass wir zugelassen haben, jemanden zu lieben und geliebt zu werden.

Vermissen wir aber *uns selbst*, so ist das etwas ganz anderes. Wenn wir uns selbst »vermissen«, haben wir eine äußerst wichtige und intime Verbindung verloren. Nur über uns selbst können wir uns mit etwas verbinden, das größer ist als wir.

Wenn wir mit uns selbst, das heißt unserem spirituellen Selbst, in Kontakt sind, brauchen wir das Alleinsein und genießen es.

Wenn Sie feststellen, dass Sie sich einsam fühlen,
sollten Sie sich bewusst machen, auf welche Weise
Sie sich selbst »weggegeben« haben. Es wird sicher gut sein,
wenn Sie sich bei sich selbst dafür entschuldigen.

Gott kennen

Gott ist wie ein Spiegel. Der Spiegel verändert sich nie,
aber jeder, der hineinschaut, sieht etwas anderes.
Rabbi Harold Kushner

Wir wissen intuitiv, dass eine Verbindung zu Gott uns hilft, ein inneres Gleichgewicht zu finden. Es herrscht so viel Feindseligkeit und Verwirrung hinsichtlich der Frage, wessen Gottesvorstellung richtig ist. Wie anstrengend!

Glauben wir wirklich, Gott (oder wie man es auch nennen will) sei so simpel, dass eine Person oder Gruppe von Menschen das Gesamtbild sehen kann? Jahrelange Forschungen und Hunderte von Menschen waren nötig, um zu dem mageren Wissen zu gelangen, das wir inzwischen über das Atom haben. Wie viel komplexer ist Gott? Die Anonymen Alkoholiker beziehen sich auf »Gott, so wie wir ihn verstehen«. Was für ein friedlicher Ansatz auf dem Weg zur Gotteserkenntnis! Wenn jeder von uns in einen Spiegel schaut und ein Stückchen von Gott erkennt, dann brauchen wir alle Teilchen, die wir bekommen können – und noch ein paar mehr. Wer wir auch sind, was wir auch sind, wir tragen das Wissen, das wir brauchen, in uns. So einfach ist das.

Wenn wir das Bedürfnis haben, mehr über Gott zu wissen und zu verstehen, können wir anderen Menschen und der ganzen Schöpfung *lauschen*. Wir sind von spirituellen Lehrern umgeben – gebildeten und ungebildeten.

Halten Sie an einem Tag, an dem Sie Zeit haben, einmal inne, um zu schauen, was Sie im tiefsten Innern über Gott wissen. Nicht, was Ihnen beigebracht wurde, nicht, was Sie glauben, wissen zu müssen, nicht, was andere wissen. Sie haben Ihre eigene Informationsquelle. Vertrauen Sie darauf.

Lebenslanges Lernen

Ich lerne immer noch.
Michelangelo

Man kann das Leben nicht in separate kleine Blöcke pressen. Und auch das Lernen kann man nicht in handliche, voneinander getrennte Einheiten von angenehmer Größe aufspalten. Leben und Lernen sind ständige ineinander greifende Prozesse. Weder bei dem einen noch bei dem anderen gelangen wir je »ans Ziel«. Manch einer will uns glauben machen, dass wir einen Bildungsstand erwerben können und dann ein für alle Mal ausgebildet sind. Doch dies funktioniert so nicht! Wir können nie im Voraus wissen, welche Fertigkeiten wir im Laufe unseres Lebens noch brauchen werden. Auch kein anderer Mensch und keine Institution kann wissen, was jeder Einzelne braucht, um den Weg gehen zu können, den er oder sie gehen muss. Wir können uns bestimmte Grundfähigkeiten aneignen, aber die Ausgewogenheit im Lernen wird durch einen kontinuierlichen Prozess erreicht.
Kontinuierliches Lernen ist eine der Möglichkeiten, jung zu bleiben. Beständiges Lernen bringt das Wissen und die Fertigkeiten, die wir bereits erworben haben, ins Gleichgewicht. Es öffnet uns neue Türen zur Demut. Nichts ist ein besserer »Ego-Dämpfer« als eine Situation, in der wir Neulinge sind. Ein Anfänger zu sein, ist keine »Streicheleinheit« für unser Ego, sondern eine Klärung. Und *jedes* Ego kann ab und zu eine ordentliche »Reinigung« vertragen.

Beginnen Sie heute, etwas Neues zu lernen.
Vorzugsweise auf einem Gebiet,
auf dem Sie vielleicht nicht so gut sind.

Ehrgefühl und Moral

Gesetze können nie erreichen, was Moral [Ehrgefühl] erreichen soll.
Anne Wilson Schaef

Was für Illusionen wir uns geschaffen haben, um uns selbst davon zu überzeugen, dass wir sicher sind und die Dinge unter Kontrolle haben! Was für komplizierte Konstruktionen wir errichtet haben, um unser Verlangen nach Dauerhaftigkeit und Sicherheit zu befriedigen! Was für komplexe Mechanismen wir erfunden haben, um uns in Selbstzufriedenheit einzulullen!

Wie wichtig ist es doch, sich die Zeit zu nehmen, um herauszufinden, was unsere eigene Moral ist, und danach zu leben!

Es braucht Zeit, die eigene Moral klar zu definieren. Den meisten von uns wird in der Kindheit beigebracht, dass wir nicht lügen sollen. Und doch sehen und erleben wir überall um uns herum Unehrlichkeit. Nur zu oft sagen unsere Vorbilder das eine und tun das andere. Es ist zu hoffen, dass wir an irgendeinem Zeitpunkt in unserem Leben anfangen müssen, uns von »dort draußen« nach »hier drinnen« zu bewegen. Wir müssen definieren, was für *uns persönlich* Ehrgefühl ist. Vielleicht können andere eine Grenze überschreiten, die zu überschreiten für uns nicht richtig wäre. Das ist dann aber *ihr* Problem.

Es kommt der Zeitpunkt, an dem wir uns nicht länger vormachen können, dass etwas in Ordnung ist, solange es im Rahmen der Legalität geschieht – selbst wenn wir wissen, dass es für uns nicht in Ordnung wäre. Nur wir selbst können unsere innere Balance herstellen, und dies hängt davon ab, was für uns Ehrgefühl ist.

Vergegenwärtigen Sie sich, womit Sie »durchzukommen« versuchen, und überprüfen Sie, ob dies für Sie so in Ordnung ist.
Trägt es zu Ihrem Gefühl der Ganzheit bei?
Stört es Ihr Gefühl der Ganzheit?

Mit dem Leben experimentieren

Unser Leben ist das Instrument,
mit dessen Hilfe wir mit der Wahrheit experimentieren.
Thich Nhat Hanh

»Mit der Wahrheit experimentieren« bedeutet, dass wir Fehler machen. Würden wir die Wahrheit ganz und gar kennen, müssten wir nicht damit experimentieren ... Wir könnten einfach *bleiben, wie wir sind.* Doch das Leben ist ein *Prozess* und keine *»Sache«*.
Unser Leben ist so eingerichtet, dass wir uns in einem fortlaufenden Prozess befinden, an dem wir teilhaben sollen. Und diese Teilnahme bietet uns die Möglichkeit, mit der höchsten Wahrheit, die nur von Augenblick zu Augenblick geschaut werden kann, zu experimentieren. Eigentlich ist sie uns nur in scheinbar unzusammenhängenden Bruchstücken bekannt, die sich in Momenten, in denen wir es am wenigsten erwarten, zu einem erkennbaren Bild zusammenfügen.
Unsere Aufgabe besteht darin, zu lernen, ein harmonisches Gleichgewicht zu finden, während wir am Experiment mit der Wahrheit teilhaben. Nur zu oft fallen wir der Illusion anheim, dass es uns gut ginge, wenn wir einfach die Kontrolle übernähmen. Nichts könnte weiter von der Wahrheit entfernt sein! Nicht an unserem Leben teilzuhaben und zu versuchen, es »unter Kontrolle zu bringen«, ist eine verlockende Lösung – aber eine, die nie zu dem von uns gewünschten Ergebnis führt.
Es geht darum, sich im Balancieren zu üben, und nicht, im Status quo zu verharren.

Überdenken Sie irgendeine Sache, die Sie zu kontrollieren
versuchte, und verschließen Sie nicht die Augen davor,
wie lächerlich dieser Versuch ist. Probieren Sie es dann einmal,
loszulassen, und schauen Sie, was geschieht.

Vergebung

Menschen sind mehr als das Schlimmste,
was sie in ihrem Leben getan haben.
Helen Prejean

Eine der hinderlichsten Vorstellungen, die im späten zwanzigsten Jahrhundert aufkamen, ist die, dass ein Mensch etwas Statisches, Unveränderliches ist. Es besteht die Tendenz zu glauben, dass Menschen, die etwas Falsches oder Schlimmes getan haben, schlechte Menschen sind und immer schlechte Menschen sein werden. Es existiert eine tiefe, gewöhnlich verborgene und unausgesprochene Überzeugung, dass Menschen sich nicht wirklich verändern können und dass sie nicht mehr sind als »das Schlimmste, das sie je in ihrem Leben getan haben«. Diese Vorstellung führt dazu, dass vieles verschleiert werden muss, und gibt uns das Gefühl, wir müssten unsere Vergangenheit verbergen.

Wie wäre es, wenn wir eine neue kulturelle Weisheit entwickelten? Wenn wir einen Menschen als »Prozess« sehen könnten, als ein Wesen, das dazu bestimmt ist, zu wachsen und aus seinen Fehlern zu lernen? Was wäre, wenn die »schlimmsten« Dinge, die wir getan haben, die besten Gelegenheiten zum Wachsen und Lernen böten? Was wäre, wenn wir wirklich wachsen und uns verändern könnten und wenn das Schlimmste, was wir getan haben, das Wichtigste wäre, weil es uns und anderen die Möglichkeit bietet, zu lernen und Vergebung zu üben? Vergebung ist einer der wichtigsten ausgleichenden Prozesse, die wir in diesem Leben lernen können, und am schwierigsten ist es vielleicht, zu lernen, sich selbst zu vergeben.

Gibt es etwas, für das Sie sich selbst vergeben müssen,
um weitergehen zu können? Denken Sie darüber nach.

Mit Gott sprechen

Warum heißt es, dass wir beten, wenn wir mit Gott sprechen, aber dass wir schizophren sind, wenn Gott zu uns spricht?
Lily Tomlin

Humor ist, wenn wir über die größten Wahrheiten lachen können, sodass sie sich an unserem rationalen, logischen Denken vorbeimogeln und tief in unser Wesen eindringen können – dorthin, wo es drauf ankommt.
Die »Wissenschaft« hat ein System geschaffen, in dem wir uns bei allem unbehaglich fühlen, das nicht beobachtet, gezählt und gemessen werden kann. Ein Gott, der zu uns spricht, fällt anscheinend in diese Kategorie, und deshalb ist eine solche Erfahrung nicht Teil höflicher Konversationen, außer in bestimmten Kreisen.
Doch zu denen, die bereit sind, zuzuhören, spricht Gott die ganze Zeit über. Eine der Stimmen Gottes ist ein tiefes inneres »Wissen«. Wir können nicht sagen, *warum* oder *woher* wir wissen. Wir wissen einfach. (Ob wir auf dieses Wissen vertrauen, ist eine andere Sache.) Gott spricht durch unsere Gefühle zu uns. Gefühle sind ein sehr wichtiges Instrument für die Kommunikation mit Gott. Wenn wir den Kontakt zu unseren Gefühlen verloren haben, haben wir wahrscheinlich auch den Kontakt zu Gott verloren.
Gott spricht durch andere Menschen, Bücher, Lieder und den Wind zu uns. Geplapper und wirre Gedanken beeinträchtigen unsere Fähigkeit, Gott zu hören.

Vertrauen Sie auf die Kommunikation mit Gott? Sind Sie daran interessiert, Gott zu hören? Versuchen Sie, sich dafür zu öffnen.

Lügen

Belüge nie ein Kind.
Anne Wilson Schaef

Wer weiß, welcher Schaden angerichtet wird, wenn wir ein Kind belügen? Natürlich ist das immer ein Vertrauensmissbrauch. Für das Kind verzerrt sich die Realität. Doch was geschieht mit *uns*, wenn wir ein Kind anlügen?

Lügen ist ein scheinbar simpler Akt, der jedoch vielschichtige und nachhaltige Konsequenzen hat.

Wenn wir ein Kind belügen, missbrauchen wir das Vertrauen eines Menschen, der schwächer und vielleicht verletzbarer ist als wir selbst. Wir sind zu einem Ellenbogenmenschen geworden, der bereit ist, seine Rolle als Erwachsener und Beschützer aufzugeben und das Vertrauen, das uns entgegengebracht wird, zu missbrauchen. Doch wir können nicht an dieser Art von Ausbeutung beteiligt sein, ohne das Vertrauen in uns selbst zu verlieren.

Wenn wir lügen, senden wir an uns selbst die Botschaft, dass wir jemand sind, dem man nicht vertrauen kann, und so hören wir auf, uns selbst zu vertrauen. Mit dem einfachen Akt, ein Kind anzulügen, haben wir in uns selbst eine Kettenreaktion ausgelöst, die ebenso schmerzhaft wie zerstörerisch ist.

Vielleicht versuchen wir, uns einzureden, dass unsere Lüge das Kind schützt, aber gewöhnlich schützen wir damit den Feigling in uns. Wir berauben das Kind einer Gelegenheit, zu lernen, mit dem Leben zurechtzukommen, und wir berauben uns selbst der Möglichkeit, ein ehrbarer Mensch zu sein. Auf lange Sicht ist das die Sache nicht wert.

Achten Sie sorgfältig darauf, was Sie zu einem Kind sagen.
Nicht nur Ihre Ehre steht auf dem Spiel.

Zaudern

Du wirst dich nie finden, bis du der Wahrheit ins Gesicht schaust.
Pearl Bailey

Vielleicht morgen. Vielleicht waren *sie* noch nicht bereit, die Wahrheit zu hören. Vielleicht ist die Wahrheit zu hart oder zu kompliziert. Vielleicht würden sie in ihrer Überzeugung bestärkt (die eigentlich insgeheim unsere ist), dass wir boshafte Leute sind, wenn wir die Wahrheit sagen. Vielleicht ist die Wahrheit gar nicht notwendig. Vielleicht würde die Wahrheit die Sache nur schlimmer machen; es ist also besser, den Mund zu halten.
Vielleicht, vielleicht, vielleicht ...
Die Wahrheit ist, dass wir bei allem zögern und zaudern können – selbst oder gerade wenn es darum geht, die Wahrheit zu sagen. Zaudern bringt uns aus dem Gleichgewicht. Wir lähmen uns selbst, indem wir ununterbrochen analysieren, was sein könnte und was nicht, welche Konsequenzen entstehen könnten und welche nicht, was wir tun könnten oder nicht, dass wir völlig bewegungs- oder handlungsunfähig werden.
Wir wollen das Problem lösen, indem wir uns vormachen, wir müssten auf den richtigen Zeitpunkt oder die richtigen Umstände warten, und unterlassen so jegliches Handeln, das uns aus unserer Erstarrung herausführen könnte.
Obwohl wir uns vielleicht daran gewöhnt haben, zu zaudern, fühlen wir uns nie wohl damit. Es belastet uns, nagt an uns, stört und verfolgt uns. Das Zaudern ist nicht unser Freund.

Räumen Sie Ihre Unterwäsche-Schublade auf.

Kommunikation

Möge jeder Schüler darauf achten, sich nicht an Worte zu klammern, als seien sie ein vollkommener Ausdruck der Bedeutung; denn die Wahrheit liegt nicht in den Buchstaben. Wenn ein Mann mit dem Finger auf etwas zeigt, kann man die Fingerspitze fälschlich für das halten, worauf gezeigt wird. Ebenso sind die ignoranten und schlichten Gemüter wie die Kinder unfähig, die Vorstellung aufzugeben, dass in der Fingerspitze der Worte die wirkliche Bedeutung enthalten ist.

Lama Anagarika Govinda

Wir haben auf dem Weg zum Gleichgewicht große Fortschritte gemacht, wenn wir erkennen, dass Worte immer nur ungefähr die Bedeutung dessen wiedergeben können, was wir vermitteln möchten. Niemand weiß das besser als ein Autor. Wir nehmen die Verantwortung, so exakt wie möglich zu kommunizieren, ernst, obwohl uns klar ist, dass unsere Leser sich möglicherweise auf die Fingerspitze fixieren. Wie viel mehr kann transzendiert werden, wenn wir nicht nur der Fingerspitze gewahr sind, sondern auch des Raumes und der Stille zwischen dem Finger und dem Objekt, auf welches er deutet, sowie der Besonderheit des Objekts selbst. Jeder Versuch, klar, exakt und bedeutungsvoll zu kommunizieren, macht uns bescheidener.

Wir können bestenfalls Verantwortung für das übernehmen, was wir sagen und aus dem Herzen sprechen. Worte, die von Herzen kommen, sind leichter zu verstehen für jene, die wirklich hören wollen.

Wenn wir begreifen, dass Kommunikation viel mehr ist als das Offensichtliche, können wir nachsichtiger mit uns selbst sein.

Warten Sie, bis Sie wirklich bereit sind, zu sprechen. Versuchen Sie dann, klar aus dem Herzen und nicht nur vom Kopf her zu reden.

»Hallos«

Ich mag das Wort »Fremde« nicht. Es passt einfach nicht mehr zu mir. Je mehr ich in meine Mitte komme und je »verbundener« ich mich fühle, desto weniger passt es.

Connie

Das Wort »Fremde« ruft einige fremdartige und angstbesetzte Vorstellungen und Bilder wach. Wenn wir andere Menschen als Fremde betrachten, gehen wir davon aus, dass sie anders sind als wir und dass wir nichts mit ihnen gemein haben.

Die Wahrheit ist, dass die Ähnlichkeiten zwischen den meisten von uns weit größer sind als die Unterschiede. Da wir einzigartige menschliche Wesen sind, gibt es zwischen uns natürlich großartige, wundervolle, bereichernde und aufregende Unterschiede, aber wir sind uns *gleichzeitig* sehr ähnlich.

Wenn wir beginnen, andere Menschen wirklich wahrzunehmen und zu sehen, werden wir uns dieser Ähnlichkeiten bewusst.

Haben Sie schon einmal bemerkt, dass viele Leute zurücklächeln, wenn Sie anfangen, sie anzulächeln und ihnen zuzunicken? Ein einfaches »Hallo« kann ein Gefühl der Verbundenheit zwischen uns und anderen entstehen lassen. Aber das Wichtigste und Aufregendste dabei ist, dass wir uns allmählich innerlich verändern, wenn wir hier und dort einfach »Hallo« sagen. Wir fangen an, uns selbst mehr zu mögen. Und vielleicht beginnen wir zu spüren, dass mehr positive Energie auf uns zukommt.

Einsamkeit ist eine Entscheidung und ein Geisteszustand. Wir können wählen.

Sagen Sie hin und wieder »Hallo« zu Menschen,
die Sie noch nicht kennen, und schauen Sie, was geschieht.

Lebenslehrer

Von jedem Menschen lernen und die Wahrheit aus dem Munde aller akzeptieren, die sie sprechen.
Aus den Gesetzen und Bräuchen Israels

Wir beschneiden uns auf verschiedene Arten, und eine davon ist die Vorstellung, dass nur bestimmte Menschen unsere Lehrer sein könnten oder etwas zu geben haben, das wir brauchen. Doch die Anzahl unserer Lehrer ist proportional zur Offenheit unseres Geistes. Tatsächlich sind einige unserer wichtigsten Lehrer gerade die Menschen, denen wir uns überlegen fühlen.

Wenn wir offen sind, begegnen wir unseren Lehrern in den erstaunlichsten Situationen.

Ich bin beispielsweise ein Mensch, der kleckert. Wie sehr ich auch versuche, es zu vermeiden, ich kleckere mich beim Essen immer voll. Doch im Laufe der Jahre traten zwei Menschen in mein Leben, die meine Garderobe retteten.

Der erste war eine Babysitterin, eine junge Frau, die früher in einer chemischen Reinigung gearbeitet hatte. Sie brachte mir bei, dass ein Fingernagel eines der wirkungsvollsten Hilfsmittel zur Fleckenentfernung ist. Das ist wirklich wahr, probieren Sie es nur einmal aus! Und einige Zeit später erzählte mir eine meiner Schülerinnen von einer kleinen grünen Seife aus Deutschland, mit der man fast alle Flecken entfernen kann. Auch sie hatte Recht.

Manche von Ihnen fragen sich vielleicht, was das mit Weisheit zu tun haben soll. Vergessen Sie nicht, dass Weisheit in allen Formen und Größen auf uns zukommt. Schauen Sie genau hin!

Versuchen Sie heute einmal, Ihre geistige Offenheit zu erweitern, und halten Sie an Orten nach Lehrern Ausschau, die Sie bisher nicht gerade als geeignete Lernstätten betrachtet haben.

Spiritualität

Unsere tiefe Spiritualität ist die ausgleichendste Kraft.
Anne Wilson Schaef

Wenn wir mit unserem Alltagsgeschehen beschäftigt sind, denken wir kaum an Spiritualität. Spiritualität ist etwas, das wir für eine bestimmte Stunde am Wochenende oder andere stille, »heilige« Stunden der Meditation oder auch für Spaziergänge in der Natur reservieren. Oft tun wir, was wir können, um die Spiritualität in eine bestimmte Schublade zu stecken und von unserem »realen« Leben getrennt zu halten.
Doch dies entspricht nicht dem Wesen der Spiritualität. Sie ist nicht etwas, das wir wählen oder verwerfen können. Spiritualität ist unser *Sein.* Sie ist das Fundament unserer Existenz, das uns überhaupt erst ermöglicht, zu handeln und zu funktionieren. Und sie ist nicht nur das Zentrum, aus dem heraus wir funktionieren, sondern der ursprüngliche Prozess, der jegliches Funktionieren überhaupt erst möglich macht. Wie beschränkt sind wir doch, wenn wir glauben, wir seien zu beschäftigt für Spiritualität. Unsere Spiritualität ermöglicht es uns überhaupt erst, beschäftigt zu sein. – *Spiritualität ist Beteiligung.*

Wenn wir an unserem Leben partizipieren, sind wir spirituell.
So einfach ist das. Wir können nicht vor unserer Spiritualität
weglaufen – sie begleitet uns überallhin.

Unterstützung

Jeder von uns, der erfolgreich ist, ist es deshalb, weil jemand da war, der ihm den Weg zeigte. Dieses Licht muss nicht unbedingt in Ihrer Familie existieren. Für mich waren es die Lehrer und die Schule.
Oprah Winfrey

Der »Selfmademensch« ist die große Illusion unserer Gesellschaft. Was wir auch tun oder was aus uns geworden ist – jedem von uns wurde auf seinem Weg Hilfe zuteil. Vielleicht sah diese Hilfe nicht immer exakt so aus, wie wir es erwartet oder uns gewünscht hätten. Meistens stellen wir uns unter »Hilfe« eine warmherzige, nährende Unterstützung vor. Obwohl diese Art der Unterstützung natürlich etwas Wunderbares ist, können wir durch sie dennoch nicht alle Lektionen lernen. So manches lernen wir nur in der Konfrontation mit einem würdigen Gegner oder jemandem, der uns nicht besonders mag.

Viele Jahre später sind wir dann vielleicht in der Lage, zu sehen, dass es der gesamte Ausgleich der Kräfte in unserem Leben war – der guten, der schlechten und der neutralen –, der uns zu dem Menschen werden ließ, der wir heute sind. Ohne den Ausgleich zwischen vielen verschiedenen Kräften hätten wir wohl nicht gelernt, was wir gelernt haben, und wären nicht das geworden, was wir sind.

Denken Sie an einen Menschen, der Sie Ihrer Meinung nach schlecht behandelt hat, und versuchen Sie, zu sehen, welche wichtigen Lektionen Sie durch diese Erfahrung gelernt haben. Es wird Sie vielleicht überraschen!

Spirituelle Ausgewogenheit

Die Menschen sind gleichberechtigte Partner der Pflanzen und Tiere, nicht ihre Herren, die sie ausbeuten dürfen.

Haida Gwaii

Jahrhundertelang wurde uns beigebracht, dass wir, die Menschen, die höchste Form der Schöpfung bzw. Evolution sind. Diese Illusion hat dazu geführt, dass unser Planet völlig aus dem Gleichgewicht geraten ist und dass wir die wechselseitige Abhängigkeit aller Lebewesen und natürlichen Gegebenheiten völlig aus den Augen verloren haben.

Brauchen die Bäume uns, um wachsen und blühen zu können? Nein, sie brauchen uns nicht! Brauchen wir sie, um zu existieren? Ja, wir brauchen sie. Brauchen die Felsen uns, um weiterhin zu sein, was sie sind? Nein, sie brauchen uns nicht! Brauchen wir die Felsen, um weiterhin existieren zu können? Ja, wir brauchen sie.

Merkwürdigerweise fangen wir an, uns im warmen Bad des harmonischen Gleichgewichts zu entspannen, sobald wir beginnen, die Macht und Verantwortung aufzugeben, die mit der Stellung als »Krone der Schöpfung« einhergeht.

Unsere Vorstellung von der Welt und dem Platz, den wir in ihr einnehmen, wurde mit der Zeit unausgewogen. Wir müssen unseren Blick wieder auf die Einheit aller Dinge, auf ein großes Ganzes lenken, um jenes harmonische Gleichgewicht zu erreichen, nach dem wir in unserem Leben so angestrengt suchen.

Denken Sie einmal darüber nach, dass wir die Bäume und die Felsen brauchen und dass diese uns in Wirklichkeit überhaupt nicht benötigen – und schauen Sie, was geschieht.

Weitblick

Das Leben scheint Häufungen zu bevorzugen –
einmal häufen sich die einsamen Tage, dann wieder jene,
an denen uns kaum Zeit bleibt, um durchzuatmen.
May Sarton

Die Dinge mit Abstand betrachten zu können, ist eine der wertvollsten Fähigkeiten, die man haben kann. Manche glauben, man könne sie nur durch Alter und Erfahrung erwerben. Beides ist sicher hilfreich, aber jeder kann diese Fähigkeit haben oder auch nicht. Man gewinnt diesen Überblick, indem man in der Lage ist, sich über das Alltägliche zu erheben und ein größeres Bild zu sehen, während man weiterhin an dem partizipiert, was gerade geschieht. Oft wird uns dieses Geschenk, das Leben von einer höheren Warte aus sehen zu können, dadurch zuteil, dass wir Menschen zuhören (oder ihre Worte lesen), die einen größeren Überblick haben als wir selbst.

Es ist nichts verkehrt daran, keinen besonders großen Überblick zu haben. Wir stehen nun mal da, wo wir stehen; wir sind, wer wir sind. Es wäre jedoch eine Schande, wenn wir uns dieses Geschenk des Weitblicks vorenthielten. Wir haben Zugang zu so viel Weisheit. Es gibt weise Menschen in unserem Leben (manchmal sind sie auch nur für eine bestimmte Zeit in unserer Nähe). Wir haben Zugang zu den Worten der großen spirituellen Lehrer. Es gibt Bücher über Meditation und Bücher voller Weisheit.

Wir enthalten uns viel vor, wenn wir uns den Zugang zu der Weisheit verwehren, die uns überall umgibt. Weitblick ist ein großartiges Instrument des Ausgleichs.

Besorgen Sie sich ein paar Bücher, von denen Sie wissen, dass sie Ihnen Weisheit und Weitblick vermitteln können. Laben Sie sich mindestens ein- bis zweimal pro Tag an dieser »Nahrung«.

Destruktivität

Der Große Geist lässt einen Schatten in dein Herz fallen, wenn du etwas zerstörst.
Joe Friday

Wir sind nicht auf die Welt gekommen, um zu zerstören. Immer wenn wir destruktiv sind, stören wir das Gleichgewicht – nicht nur unser eigenes, sondern auch die Balance in unserer Umgebung. Irgendjemand tut irgendetwas Schlimmes, und wir werden wütend darüber. Das ist verständlich. Es ist völlig normal, in einer solchen Situation wütend zu werden. Aber was dieser Mensch auch getan hat, selbst wenn es gemein und zerstörerisch war, gibt uns dies nicht das Recht, uns in ähnlicher Weise zu verhalten. Wir haben andere Perspektiven. Wir haben die Möglichkeit, unsere Reaktion zu überdenken und dann loszulassen. Es ist niemandem damit gedient, wenn wir uns genauso verhalten wie die andere Person. Dann wieder gibt es Zeiten, in denen *wir selbst* etwas Destruktives tun. Wir schreien unsere Kinder an, wir drücken uns vor einer Verantwortung oder sind unaufmerksam und verletzen andere. In diesem Fall liegt es wiederum an uns, das Gleichgewicht wiederherzustellen. Wir müssen Verantwortung für unser Handeln übernehmen und wir müssen an den Menschen Wiedergutmachung leisten, denen wir mit unseren Handlungen Leid zugefügt haben – einschließlich an uns selbst. Wir müssen das Konto ausgleichen.

Setzen Sie sich am Ende des Tages hin und schreiben Sie auf, ob und welchen Schaden Sie an diesem Tag angerichtet haben, und denken Sie darüber nach, was Sie tun müssen, um das Gleichgewicht wiederherzustellen.

Das eigene Selbst kennen

Im Kern ist Zen die Kunst, in die Natur des Seins zu blicken, und es weist den Weg von der Unfreiheit zur Freiheit.
D. T. Suzuki

Wie schwer fällt es uns doch, zu glauben, dass der Funke des grenzenlosen Göttlichen in jedem von uns existiert und dass wir die Fähigkeit haben, uns jederzeit damit zu verbinden. Wir modernen Menschen haben Schwierigkeiten damit, uns daran zu erinnern, dass der Weg zu einem harmonischen, ausgeglichenen Leben (das wir uns doch so sehr wünschen) in uns selbst liegt – nicht außerhalb von uns. Wir sind so stark darauf konditioniert, in unserem Umfeld nach Antworten zu suchen, dass wir es ununterbrochen tun.

Aber wie wichtig ist es, sich die Zeit zu nehmen, um nach innen zu gehen und das innere Universum zu erforschen! Wir müssen unsere Gedanken, Reaktionen und Gefühle untersuchen, während wir sie voll durchleben. Wenn eine Situation eine bestimmte Reaktion in uns auslöst, müssen wir innehalten und schauen, was hinter dieser Reaktion steckt. Wir müssen die Reaktion und uns selbst würdigen. Sie hat einen Grund. Was können wir aus ihr lernen?

Wenn wir davon ausgehen, dass unsere Reaktionen entweder richtig oder falsch sind, gehen wir am Wesentlichen vorbei. Sie sind weder richtig noch falsch. Sie sind einfach unsere Lektionen. Wir können immer von unserem inneren Universum lernen.

Nehmen Sie Ihre Reaktionen heute bewusst wahr und schauen Sie, was Sie aus ihnen lernen können.

Übereinstimmung

Taten sprechen eine deutlichere Sprache als Worte.
Sprichwort

Wie hohl unsere Worte doch sind, wenn sie nicht mit unseren Taten übereinstimmen. Kinder lernen schon sehr früh, dass es sicherer ist, auf das zu reagieren, was ihre Eltern *tun*, anstatt auf das, was sie *sagen*, falls beides voneinander abweicht.
Sagt beispielsweise jemand zu uns, er (oder sie) sei ganz offen und wolle von uns lernen, unterbricht uns dann aber ständig und weigert sich, irgendetwas von dem aufzunehmen, was wir sagen, dann erhalten wir die eigentliche Botschaft aus seinem Verhalten, nicht aus seinen Worten.
Wenn wir sagen, dass wir unseren Teil der Hausarbeit erledigen werden, und es dann doch nicht tun, lernen unsere Partner und Zimmergenossen schnell, dass sie uns nicht trauen können.
Viele Menschen sind bereit, in der Begeisterung des Augenblicks alles zu versprechen – aber nichts zu tun, wenn es dann drauf ankommt.
Verhalten wir uns so, dann ist nicht die andere Person der größte Verlierer. Wir selbst sind es. Wenn unsere Taten nicht mit unseren Worten übereinstimmen, setzen wir nicht nur bei unseren Mitmenschen eine negative Kettenreaktion in Gang, sondern auch in unserem Innern. Wir hören auf, uns selbst zu vertrauen, und verstärken einen Prozess in unserem Inneren, der uns allmählich aus dem Gleichgewicht bringt, unsere Selbstachtung untergräbt und uns ein ständiges Gefühl des Unbehagens beschert. Wir können nicht zu anderen unehrlich sein, ohne uns selbst zu betrügen.

Überlegen Sie sich, auf welche Weise Sie überprüfen können, ob Ihre Taten und Worte übereinstimmen. Schaffen Sie dann Ordnung in diesem Bereich Ihres Lebens.

Terminplanung

Wenn Sie jede Minute Ihres Arbeitstages verplanen,
haben Sie keine Zeit übrig, um die kleinen Feuer zu löschen,
die im Laufe des Tages immer wieder ausbrechen. Lösung:
Verplanen Sie nur vierzig bis fünfzig Prozent Ihres Tages.
Roger Browner

Der erste Schritt zu einer guten Organisation könnte darin bestehen, sich zuerst einmal genau anzuschauen, wer die Planung macht und wie sie gemacht wird. Obwohl die meisten von uns viel beschäftigten Menschen das Gefühl haben, dass wir überlastet sind und dass zu viele Forderungen an sie gestellt werden, halten nur die wenigsten einmal inne, um sich klar zu machen, dass wir viel mehr Kontrolle über unsere Zeit haben, als wir glauben.

Irgendwie kamen wir im Laufe der Zeit zu der Überzeugung, dass unser Erfolg davon abhängt, ob wir jede Minute des Tages verplant haben. Wir setzen inzwischen einen vollen Terminkalender mit voller Produktivität gleich. Doch Roger Browner, der die erfolgreichsten Industriebosse und Spitzenmanager interviewt hat, sagt uns, dass diese Leute gelernt haben, nur vierzig bis fünfzig Prozent ihres Arbeitstages zu verplanen. Ein tolles Konzept! Wenn es bei solchen Experten funktioniert, könnte sich ein Versuch damit auch für uns lohnen.

Versuchen Sie, nur vierzig bis fünfzig Prozent Ihres Arbeitstages
zu verplanen, und schauen Sie, was geschieht.

Humor

Ich habe erkannt, dass Humor nichts für alle ist.
Er ist nur für solche Menschen, die Spaß haben,
das Leben genießen und sich lebendig fühlen wollen.
Anne Wilson Schaef

Wahlmöglichkeiten – wir alle haben Wahlmöglichkeiten. Die Entscheidung, die wir im Kleinen treffen, bestimmt oft die Art, wie die großen Dinge sich entwickeln.
Nehmen wir beispielsweise den Humor. In fast jedem Aspekt unseres Lebens kann man auch einen gewissen Witz erkennen. Wir erstellen einen narrensicheren Plan für unsere Altersvorsorge. Wir beauftragen einen guten Investmentberater, bezahlen teure Versicherungsfachleute und Anwälte und zahlen frohgemut jahrelang unsere Beiträge – nur um schließlich festzustellen, dass der Investmentberater bestenfalls inkompetent war, der Versicherungsfachmann Alkoholiker und der Anwalt überhaupt ein Witz. Inzwischen klopft das Finanzamt an die Tür. Was tun wir? Uns die Pulsadern aufschneiden? Toben und schreien und aus der Haut fahren? Na ja ... Wir könnten aber auch lachen und uns etwas in den Bart murmeln wie: »Der Mensch denkt und Gott lenkt«, und dann die Rettungsaktion starten.
Nichts im Leben scheint sicher – außer der periodisch wiederkehrenden Notwendigkeit für Rettungsaktionen!
Humor hilft uns, auch dann Spaß zu haben, das Leben zu genießen und uns lebendig zu fühlen, wenn die Dinge nicht wie geplant laufen.

Wie oft laden Sie den Humor in Ihr Leben ein?
Jede ernste Angelegenheit hat auch eine witzige Seite.
Schauen Sie, ob Sie sich erlauben können, diesen Aspekt zu sehen.

Aus dem Leim gehen

Wenn mein Leben »aus dem Leim geht«, kann das auch bedeuten, dass ich mich auf ein neues Gleichgewicht zubewege.

Anne

Unser Höheres Selbst scheint alles Statische zu verabscheuen. Gerade wenn wir denken, wir hätten endlich alles im Griff und könnten uns eine Weile gemütlich zurücklehnen, trifft uns des Schicksals »Tücke«, und plötzlich wird unsere ganze schöne Ordnung wieder über den Haufen geworfen.

Geben Sie nicht auf! Auch wenn wir es vielleicht als eine Art Versagen unsererseits betrachten, wenn alles »aus dem Leim geht« (weil wir nämlich darin versagt haben, perfekt zu sein!), ist es alles andere als das. Es ist einfach die Art unseres inneren Wesens, uns mitzuteilen, dass wir eine bestimmte Ebene der Bewusstheit und Stärke erreicht haben und nun bereit sind, uns in unserem Wachstums- und Entwicklungsprozess auf eine neue Ebene zu begeben.

Der Stillstand ist kein normaler Zustand für den menschlichen Organismus, auch wenn wir das gern so hätten. Natürlich werden uns manchmal kürzere Phasen der Ruhe zugestanden, in denen wir Atem holen können, aber ansonsten ist das Leben ein unaufhörlicher Wachstumsprozess. Und wir stellen fest, dass das Leben viel leichter ist, wenn wir nicht dagegen ankämpfen, sondern uns ganz darauf einlassen und an ihm teilhaben.

Akzeptieren Sie das Chaos in Ihrem Leben und schauen Sie, was geschieht.

Spiegel

Es ist sehr einfach, anderen ihre Fehler zu verzeihen;
aber es erfordert wesentlich mehr Mumm, ihnen zu verzeihen,
dass sie Zeugen unserer eigenen Fehler waren.
Jessamyn West

Wie wir es hassen, erwischt zu werden! Eine der häufigsten menschlichen Ängste – auch wenn im Allgemeinen nur sehr vorsichtig oder überhaupt nicht darüber gesprochen wird – ist die, dass man uns durchschauen könnte oder dass irgendjemand etwas an uns sehen könnte, wovon wir selbst nichts wissen.
Wir wollen kontrollieren, wie andere uns sehen, und vor allem, was sie in uns sehen. Wir wollen glauben, dass wir die Herrscher über unsere Identität sind und dass wir mehr über uns selbst wissen, als irgendjemand anders je wissen kann.
Nun, das ist schon *ein bisschen* wahr. Es gibt Dinge, die wir über uns wissen und wissen können, von denen niemand anders jemals erfahren kann. Darüber hinaus sind wir aber auch von »Spiegeln« umgeben: Die anderen Menschen sind die Spiegel in unserem Leben. Und diese sind unter anderem dazu da, uns unsere blinden Flecken zu reflektieren, damit wir über die Grenzen unseres Selbstbildes hinausgehen. Vielleicht mögen wir das nicht immer, und womöglich gefällt uns auch nicht jedes Mal, was wir sehen. Das ist verständlich. Es ist dennoch ein wichtiger Prozess.
Vergessen Sie nicht, dass auch wir selbst Spiegel für die anderen sind. Wenn wir uns für diesen Prozess öffnen, entsteht ein Gleichgewicht. Je mehr wir zulassen, dass andere uns sehen, desto mehr können wir über uns selbst lernen.

Prüfen Sie einmal, wie Sie damit umgehen,
wenn andere Ihre Fehler sehen. Gibt es in diesem Bereich
vielleicht etwas, woran Sie arbeiten sollten?

Sanftmut

Sanftheit ist ein größerer Liebesbeweis
als die meisten leidenschaftlichen Schwüre.
Marlene Dietrich

In der Hektik unserer Tage scheinen Sanftheit und Zärtlichkeit unterzugehen, insbesondere wenn wir uns ein wenig unausgeglichen fühlen. Wir haben die Vorstellung entwickelt (die wahrscheinlich falsch ist!), dass Sanftheit uns verletzbarer machen kann, und wir haben Angst davor, verletzbar zu sein. Nichts könnte weiter von der Wahrheit entfernt sein. Sanftheit macht uns stärker.

Wenn wir uns für unsere Sanftheit und Zärtlichkeit öffnen, stellen wir Kontakt mit jener tiefen Quelle unseres Wesens her, die uns uns selbst wieder als Liebende sehen lässt. Diese Erinnerung wirkt immer ausgleichend.

Manchmal sind wir uns nicht sicher, in welchen Situationen Sanftheit angebracht ist. Im Allgemeinen herrscht die Vorstellung, dass Sanftmut etwas mit Schwäche zu tun hat und dass wir in manchen Situationen stark wirken müssen. Das ist ein Irrtum! Sanftheit erfordert mehr Stärke, nicht weniger.

Wir können überall sanft sein, wann immer wir es wollen. Stärke kommt von den ungewöhnlichsten Ebenen.

Riskieren Sie heute einmal, sanft zu sein,
und schauen Sie, was geschieht.

Jedes Alter »leben«

Ich hatte keine Angst vor dem Alter. Ich wurde mir nur zunehmend der Tatsache bewusst, dass die einzigen Leute, die sagten, das Alter sei schön, gewöhnlich dreiundzwanzig Jahre alt waren.
Erma Bombeck

Die eigentliche Herausforderung besteht darin, so alt zu sein, wie wir sind! Eine der üblichen Ablenkungen, die wir Menschen dazu benutzen, uns im Ungleichgewicht zu halten, ist die Nichtakzeptanz unseres Alters.
Als wir Kinder waren, signalisierte man uns, wir müssten »erwachsen werden«. Man hielt uns vor, dass wir uns »wie Kinder benähmen« (was uns sehr verwirrte, denn wir *waren* doch Kinder).
Werden wir dann älter, fordert man uns in entsprechenden Seminaren und Büchern dazu auf, nach dem »inneren Kind« zu suchen und wieder spielen zu lernen. Und die Werbung nährt in uns die Hoffnung und den Wunsch, »ewig jung« zu bleiben.
Wie widersprüchlich! Jedes Lebensalter ist anders, und jedes ist so unglaublich wertvoll. Wenn wir jedes Alter wirklich leben können, haben wir alle vorhergehenden Lebensphasen präsent, während wir uns in den nächsten Lebensabschnitt begeben. Wir müssen sie nicht hinter uns lassen, sondern bauen auf ihnen auf.
Warum sollten wir uns Sorgen über das Alter machen? Wenn wir jeden Lebensabschnitt wirklich »leben«, wird das hohe Alter ein wunderbarer Höhepunkt sein.

Setzen Sie sich hin, und lassen Sie Erfahrungen
aus verschiedenen Lebensabschnitten vor Ihrem geistigen Auge
Revue passieren. Erinnern Sie sich an die Freude,
die Kämpfe und den Schmerz. Das alles gehört Ihnen.

Lachen

Echtes Lachen ist der physische Effekt,
der im rationalen Teil unseres Wesens durch etwas ausgelöst wird,
das unsere unsterbliche Seele als verdammt komisch empfindet.
Hilaire Belloc

Haben Sie je in einem guten Restaurant gesessen und beobachtet, wie die anderen Gäste (Sie natürlich nicht!) ärgerlich wurden, wenn eine Gruppe an einem Tisch in lautes Gelächter ausbrach? Wie oft sehen Sie heutzutage Menschen in lautes Gelächter ausbrechen? Es scheint so etwas wie ein kulturell bedingtes Misstrauen gegen das Lachen zu geben, das Lachen scheint uns peinlich zu sein, es sei denn, es geschieht in einer »passenden« Situation. Oft kann man auch beobachten, dass Kinder ermahnt werden, nicht so laut zu lachen. Comics gewinnen selten akademische Preise, und man sagt uns, dass lustige Menschen nicht ernst zu nehmen seien. Werden wir darauf konditioniert, nicht zu lachen?

Wie viel Spaß macht doch so ein richtig herzhaftes Lachen, eines, das aus dem Bauch kommt und dessen Erschütterungen bis in den Kopf steigen. Ich habe einen guten Freund, mit dem ich lachen kann. Wir tun viele Dinge gemeinsam, und eines der wichtigsten ist ... wir lachen zusammen. Er ruft an, und wir beginnen die Unterhaltung mit Gelächter – oft lachen wir einfach aus reiner Lebensfreude und weil wir Freunde sind.

Wann haben Sie das letzte Mal herzhaft
aus dem Bauch heraus gelacht? Unterdrücken Sie Ihr Lachen
normalerweise? Lachen ist gut für den Körper und für die Seele.
Ein bisschen mehr Leichtigkeit, bitte!

Listen

Listen halten mein Leben zusammen.
Susie

Sind Listen nicht etwas Großartiges? Jeder, der den Mut oder die Dummheit (oder beides!) besitzt, Listen schlecht zu machen, gehört bestraft ...

Listen sind einer der direktesten Wege zurück zu Ordnung und Klarheit, wenn das Leben aus dem Ruder zu laufen scheint.

Eine der schönsten Eigenschaften von Listen ist die, dass sie uns die beruhigende Illusion von Endlichkeit in einer unendlichen Welt vorgaukeln. Es kann natürlich sein, dass die Illusion nur von kurzer Dauer ist, aber diese kurze Verschnaufpause, in der wir wieder mit beiden Beinen auf den Boden kommen können, ist die Sache sicher wert.

Außerdem bestärken uns Listen in unserer Überzeugung, dass wir uns organisieren können und dass Organisation funktioniert. Diese Überzeugung ist in chaotischen Situationen lebenswichtig und ermöglicht es uns weiterzumachen.

Das Großartigste an Listen ist wahrscheinlich aber, dass es so viel Spaß macht, erledigte Punkte abzuhaken.

Wenn man sich einmal richtig schlecht fühlt, ist es gut, ein paar Aufgaben, die man bereits erledigt hat, zusätzlich auf die Liste zu setzen – einfach um das Vergnügen zu haben, sie abhaken zu können.

Scheint alles im Chaos zu versinken?
Erstellen Sie eine Liste mit den wichtigsten
»Tagesordnungspunkten« und haken Sie sie nach Erledigung ab.

Verschlossenheit

Ein verschlossener Mensch versucht stets,
alles auf Armeslänge von sich fern zu halten.
Richard Carlson

Wie viel Kraft es kostet, »alles auf Armeslänge von sich fern zu halten«!
Wenn wir uns dazu entschließen könnten, offener zu sein, könnten wir Unmengen von Informationen aufnehmen. Wir könnten sie sortieren, diejenigen beherzigen, die uns gefallen, und die, die uns nicht weiterbringen, unberücksichtigt lassen. Alle, die wir behielten, könnten wir nutzen, um uns zu Höherem und Besserem hinzubewegen – mit dem gleichen Energieaufwand, den es erforderte, alles von uns fern zu halten. Ist es nicht seltsam, welche Wahl wir manchmal treffen? Das Logische scheint so unlogisch.
Nennen wir die Dinge beim Namen: Verschlossenheit bedeutet, dass wir uns erschöpfen, ohne etwas davon zu haben. Vielleicht ist geistige Aufgeschlossenheit manchmal auch anstrengend, aber dann werden unsere Bemühungen wenigstens belohnt. Verschlossenheit beruht wahrscheinlich auf Angst und Unsicherheit. Es ist normal, Angst zu haben und unsicher zu sein. Jedem geht das manchmal so. Aber es ist schade, wenn wir zulassen, dass die Angst und die Unsicherheit uns daran hindern, an diesem wunderbaren Fest teilzunehmen, das das Leben uns bietet.

Prüfen Sie, in welchen Bereichen Sie verschlossen sind.
(Die meisten Menschen sind in irgendeinem Bereich »zu«.)
Schauen Sie, ob Sie etwas ändern möchten. Verschlossenheit gefährdet unser inneres Gleichgewicht. Es ist sehr schwierig, mit verschlossenem Geist ausgeglichen zu sein.

Recht haben

Willst du lieber Recht haben oder glücklich sein?
Ein Kurs in Wundern

Wir neigen dazu, uns in Situationen zu bringen, in denen wir der Illusion erliegen können, dass »Rechthaben« wichtiger ist als alles andere. Das kann so weit eskalieren, dass wir innerlich an einen Punkt kommen, wo Rechthaben zu einer Frage von Leben und Tod zu werden scheint. Wenn wir diesen Punkt erreichen, verlieren wir das Gefühl für jegliches Maß. Wir vergessen, wie wichtig bestimmte Menschen für uns sind und was sie zu unserem Leben beitragen. Plötzlich ist es uns wichtiger, Recht zu haben, als das Risiko einzugehen, zu bekommen, was wir uns wünschen – nämlich Glück, Liebe und Freundschaft.

Was ist mit uns passiert? Es scheint, als seien wir für einen Moment völlig verrückt geworden. Und das stimmt vielleicht auch, wenn man es als verrückt bezeichnen kann, dass wir uns selbst zwingen, jegliches Maß, den Kontakt mit der Realität und das zu verlieren, was uns am wichtigsten ist.

Sind uns unsere Standpunkte wichtiger als unser Glück? Ist das, worauf wir beharren, wichtiger als die Menschen, die wir lieben?

Wenn Sie das nächste Mal bemerken, dass Sie sich in diesem Geisteszustand befinden, halten Sie inne. Fragen Sie sich, ob Sie Recht haben oder glücklich sein wollen. Schauen Sie, ob Ihnen wirklich so viel daran liegt, Ihren Standpunkt zu verteidigen. Schauen Sie, ob Sie dem anderen entgegenkommen, ihn vielleicht sogar Recht haben lassen können. Was für eine Rolle spielt es wirklich? Suchen Sie sich den Hügel, auf dem Sie sterben wollen, sehr sorgfältig aus, und passen Sie auf, dass Sie sich nicht auf zu vielen unwichtigen Hügeln opfern.

Hass

Der Hass auf andere Menschen zerstört deine eigene Seele.
Aussprüche der Väter (Apophthegmata Patrum) 2, 15

Wie sehr sind wir davon überzeugt, dass wir nicht wirklich hassen. Andere hassen. Wir nicht. Despoten hassen. Wir nicht. Man muss schon eine wichtige Person in irgendwelchen Niederungen des Lebens sein, um zu hassen. Wir mögen jemanden nicht, lehnen ab, ignorieren oder werden wütend. Aber wir hassen nicht. Unglücklicherweise sind all diese »negativen« Gefühle Ableger derselben Pflanze. Abneigung und Groll können – wenn sie genährt, gedüngt und gewässert werden – zu großen Bäumen des Hasses heranwachsen.

Bestehen zwischen uns und jemand anderem Spannungen, kann nur dann Hass daraus werden, wenn wir unsere Hoffnungen, Bedürfnisse und Erwartungen auf unsere Mitmenschen projizieren, anstatt uns mit unseren eigenen Themen auseinander zu setzen und unsere eigenen Puzzlestücke zusammenzusuchen. Wenn ein solcher Konflikt entsteht, haben wir unsere Macht abgegeben und grollen dem »anderen«, weil er sie an sich genommen hat.

Die einzige Möglichkeit, in einer solchen Situation wieder ins Gleichgewicht zu kommen, besteht darin, innezuhalten, sich wieder auf sich selbst zu konzentrieren und zu schauen, was mit *uns* los ist. Wenn wir das tun, stellen wir oft fest, dass das *eigentliche* Problem überhaupt nichts mit der anderen Person zu tun hat. Dieser Mensch ist nur der Auslöser für die Gelegenheit, unsere Arbeit zu tun und mehr Klarheit über unseren Anteil an der Situation zu gewinnen.

Schreiben Sie allen Ärger wegen anderer auf,
in dem Sie verharren, und schauen Sie, was Sie an Ihrer
eigenen Person ändern müssen, um sich besser zu fühlen.

Das Wetter

Ich mag nicht, dass das Wetter mich beeinflusst.
Julius

Wie sehr wir uns auch bemühen, in unseren Wohnhäusern, Büros und Einkaufszentren ein künstliches Klima zu erzeugen – das Wetter beeinflusst uns trotzdem. Sonnige Tage wirken anders aufs Gemüt als regnerische, und wenn zu viele heiße, sonnige Tage aufeinander folgen, fangen wir an, uns nach einem stillen Regentag zu sehnen, der uns ein wenig Abkühlung verschaffen könnte.

Das Schöne an diesem Einfluss des Wetters ist, dass er uns bewusst machen kann, dass wir Teil von etwas viel Größerem sind. Selbst wenn uns nicht alle Zusammenhänge klar sind, kann uns die Reaktion unseres Körpers auf das Wetter doch eine Ahnung von unserer Verbindung mit diesem großen Ganzen vermitteln.

Unsere Verantwortung uns selbst gegenüber besteht darin, mit dem Wetter »zusammenzuarbeiten«. Das Wetter gibt uns vielleicht das, was wir gerade zu diesem Zeitpunkt brauchen. Möglicherweise ärgern wir uns darüber, dass es schneit, aber ein ruhiger Tag zu Hause ist vielleicht genau das, was wir dann brauchen. Sonnenschein lockt uns wahrscheinlich an die frische Luft. Wenn wir uns dem Rhythmus des Wetters anpassen, ist unser Leben mehr im Gleichgewicht.

Wie reagieren Sie auf das Wetter?
Falls Sie sich davon nicht beeinflussen lassen möchten,
sollten Sie noch einmal genauer hinschauen.

Wegwerfen, delegieren, handeln oder abheften

Die Managementtrainerin und Bestsellerautorin Stephanie Winston hat eine simple, aber enorm effektive Methode zur Bewältigung der Papierflut entwickelt: wegwerfen, delegieren, handeln oder abheften!
Roger Browner

Es klingt so einfach, nicht wahr? Arbeiten wir uns rückwärts durch:
Abheften. Die meisten Menschen möchten nur sehr wenig von dem, was sie mit der Post erhalten, abheften. Um den Vorgang des Abheftens zu rechtfertigen, muss ein Schriftstück jetzt oder später wichtig sein, aber kein sofortiges Handeln erfordern.
Handeln. Muss in Bezug auf diese Angelegenheit etwas getan werden? Wenn ja, tun Sie es sofort, oder legen Sie das Schriftstück so ab, dass es so bald wie möglich bearbeitet werden kann. Sofortiges Handeln ist die beste Wahl.
Delegieren. Manche Aufgaben sind einfach nicht unsere Angelegenheit, sie können von anderen besser bearbeitet werden, oder vielleicht haben wir einfach keine Lust, uns darum zu kümmern. Lernen Sie, Informationen, Anfragen, Ideen und Aufgaben an die entsprechenden Stellen weiterzuleiten – und zwar sofort. Was für eine Erleichterung!
Wegwerfen. Jetzt kommt das Schwierigste. Was ist, wenn wir ein Schriftstück später vielleicht noch brauchen können? Vielleicht könnten wir uns irgendwann mal Zeit nehmen, um es gründlicher durchzulesen (wann?). Es *könnte* etwas Interessantes enthalten, das wir *vielleicht* wissen sollten. Vertrauen Sie auf Ihren ersten Impuls und geben Sie es in die Altpapiersammlung.

Stellen Sie einen großen Papierkorb an den Platz, wo die Post oder Zeitungen und Zeitschriften gesammelt und/oder sortiert werden.

In die Stille gehen

Ihre [der Indianer] bevorzugte Methode, Zugang zu Weisheit und Wissen und besonders zu unmittelbar benötigten Informationen zu bekommen, bestand nicht darin, diese Informationen mündlich bei irgendeinem anderen Indianer oder sogar aus Büchern einzuholen. Stattdessen ging jeder für sich in die Stille und ließ sich von ihr zuflüstern, was er wissen musste ... Es war niemals vorgekommen, dass die Stille sich geweigert hätte, mit ihnen zusammenzuarbeiten.

J. Allen Boone

In die Stille zu gehen, hat so etwas Friedvolles! Die Quäker nennen die Stille das »innere Licht«. Es ist solch ein Akt des Vertrauens, zu glauben, dass wir alle Informationen, die wir benötigen, durch uns selbst erhalten können, dass sie in uns zur Verfügung stehen und abgerufen werden können, wenn wir nur die Bereitschaft und Geduld mitbringen, zu lernen, wie wir »mit der Stille warten« müssen.

Das Warten mit der Stille ist durchaus ein aktiver Vorgang. »Mit etwas« warten ist nicht Passivität. Es hat auch nichts Forderndes. In die Stille gehen setzt voraus, dass wir alle Erwartungen hinter uns lassen, während wir gleichzeitig wissen, dass unsere Antworten existieren. Es ist ein Raum jenseits des Denkens und der Vernunft, ein Raum stiller Empfänglichkeit. Die Informationen, die wir in diesem stillen Raum erhalten können, sind die Informationen und die Weisheit des großen Ganzen, das uns zur Verfügung steht, wenn wir ihm zur Verfügung stehen.

Wir müssen keine bestimmten Meditationstechniken beherrschen oder Stellungen einnehmen, um in die Stille gehen zu können. Der Wunsch allein genügt. Schaffen Sie sich täglich Möglichkeiten, um in die Stille zu gehen. Sie werden großen Nutzen daraus ziehen.

Arbeitssucht

Ich beginne mich zu fragen, ob Arbeitssucht sich wirklich auszahlt.
Charles

Sind wir nicht großartig? Wir übernehmen Verhaltensweisen, von denen wir wissen, dass sie uns selbst und anderen schaden. Wir machen uns kaputt. Wir gefährden unsere Gesundheit. Wir entfremden uns von den Menschen, die uns am meisten lieben. Und all das tun wir für die Macht und für das Geld. Zumindest glauben wir das! Doch dann wachen wir eines Tages auf und fangen an uns zu fragen, ob sich dieser ganze Stress überhaupt lohnt. Was glauben wir denn, wer wir sind – Stehaufmännchen? Was für eine öde Routine!

Es ist, als hätten wir plötzlich das Naheliegende entdeckt, und würden andere gern glauben machen, dass wir das Geheimnis des Universums entschlüsselt haben. Wir wollen, dass die anderen erkennen, welches Tor der Weisheit wir gerade aufgestoßen haben!

Entspannen Sie sich. Viele andere Arbeitssüchtige und Menschen, die zu viel tun, sind zu der gleichen Erkenntnis gekommen, und nichts hat sich geändert.

Hier zählen nur Taten.

Nehmen Sie an einem Treffen
der Anonymen Arbeitssüchtigen (AAS) teil
oder treffen Sie sich regelmäßig mit einem
arbeitssüchtigen Freund (falls Sie Zeit dazu finden!),
um die Hintergründe Ihrer Arbeitssucht aufzudecken.

Kooperation

Das Einzige, was die Menschheit zu retten vermag,
ist Zusammenarbeit.
Bertrand Russell

Konkurrenz ist eine solche Selbstverständlichkeit in unserem Leben, dass wir kaum einmal innehalten, um uns klar zu machen, dass Konkurrenz ohne Kooperation gar nicht möglich wäre. Wir neigen dazu, die Zusammenarbeit, die die Basis der gesamten Existenz ist, zu verschleiern, und konzentrieren uns stattdessen auf die Konkurrenz. Und das tun wir in einem solchen Maß, dass jegliche Zusammenarbeit dabei verloren geht.

Es ist großartig, ein Sportstar zu sein. Aber wäre das möglich ohne Team? Und wenn wir nicht von einem Teamsport sprechen, müssen wir uns dennoch fragen: Könnte ein Tiger Woods ein Tiger Woods sein ohne Trainer, Eltern, Lehrer, Hersteller von Sportausrüstung oder Gärtner, die den Golfrasen pflegen?

Was wir auch erreichen, erreichen wir, weil es auf irgendeiner Ebene in unserem Leben und bei den Menschen, die vor uns lebten, ein bestimmtes Maß an Kooperation gab, das all das, was heute existiert, möglich machte und uns zu dem werden ließ, was wir sind.

Wenn wir erkennen, dass wir kooperativ handeln können, und wenn jede Handlung immer in Einklang mit dem Sichtbaren und dem Unsichtbaren stattfindet, können wir uns selbst und das Leben von einer höheren Warte aus sehen.

Machen Sie sich heute (und jeden Tag) bewusst, wie das, was Sie tun, auf Zusammenarbeit beruht.

Mitgefühl

Spirituelle Energie bringt Mitgefühl in diese reale Welt.
Mitgefühl ermöglicht es uns, unsere menschliche Natur
und die Natur unserer Mitgeschöpfe wohlwollend zu betrachten.
Wir lassen Vorurteile fallen. Wir enthalten uns jeglicher Urteile.
Christina Baldwin

Wir alle sind mit spiritueller Energie gesegnet. Mensch zu sein, bedeutet im tiefsten Sinne, dass wir spirituell sind, und unser spirituelles Selbst verfügt über eine Energie, die sowohl mitfühlend als auch heilend ist. Wir sind keine Götter und dennoch viel göttlicher, als wir uns zu erkennen erlauben. Sowohl Göttlichkeit als auch Menschlichkeit sind unser Geburtsrecht. Und das Ausleben dieser Potenziale stellt uns manchmal vor eine Herausforderung.
Wenn wir uns sehen, wie wir wirklich sind – göttlich vollkommene menschliche Wesen, die sich abmühen, die Gaben der Spiritualität im Leben umzusetzen –, haben wir die Gelegenheit, die Tür des Mitgefühls ein Stückchen aufzustoßen. Wenn wir mitfühlend sehen können, dass wir im Dunkeln tappen, dass wir Fehler machen, oder (wenn auch nur gelegentlich oder schwach!) eine Güte in uns wahrnehmen, die wir nicht immer ausdrücken können, fangen wir an, Mitgefühl für uns selbst zu entwickeln. Und von da ist es nur noch ein kleiner Schritt zum Mitgefühl für andere.

Üben Sie sich darin, sich Ihre menschliche Unzulänglichkeit zu verzeihen. Dehnen Sie dieses Verzeihen dann auch auf andere aus.

Total sein

Die umfassendste Formulierung therapeutischer Ziele ist das Streben nach Rückhaltlosigkeit: frei zu sein von Heuchelei, emotional aufrichtig zu sein, in der Lage zu sein, sich ganz einzubringen – in seinen Gefühlen, seiner Arbeit, seinen Überzeugungen.

Karen Horney

Wenn wir so tun, als wären wir jemand, der wir nicht sind, kann uns nur unbehaglich zumute sein. Wir müssen immer verstohlen über die Schulter schauen, ob uns auch niemand entlarvt, es bleibt immer ein Stachel der Angst in uns. Und manchmal fürchten wir, dass wir, wenn wir uns allzu perfekt verstellen, uns selbst zum Narren halten und vergessen könnten, wer wir wirklich sind. Außerdem ist uns unbehaglich zumute, weil wir nicht wissen, ob unsere Freunde uns mögen, weil sie uns für jemand Bestimmten *halten*, oder ob sie wirklich uns meinen. Je länger die Verstellung andauert, desto schwerer fällt es uns, das Muster zu durchbrechen.

Warum fällt es uns so schwer, schlicht und einfach wir selbst zu sein? Vielleicht sind wir »ungewöhnlich«, ein bisschen seltsam oder sogar sehr kreativ. Das Wichtigste daran ist, dass wir absolut einzigartig sind. Nie zuvor gab es einen Menschen wie uns, und es wird auch nie wieder einen wie uns geben. Wir sind eine einmalige Schöpfung und können der Welt viel mehr geben, wenn wir mit ganzem Herzen wir selbst sind. Die Welt braucht unseren einzigartigen Beitrag.

Wie würde sich Ihr Leben verändern, wenn Sie es wagten, in allen Lebensbereichen ganz und gar Sie selbst zu sein? Prüfen Sie, ob Sie vielleicht ein paar Dinge ändern möchten. Versuchen Sie, eine Idee umzusetzen, die ganz Ihrem wahren Wesen entspricht, und schauen Sie, wie weit Sie damit gehen können.

13. Februar

Kämpfen

Kämpfer möchten das Gefühl haben, dass der Kampf
etwas Edles ist – dass es Gott gefällt, wenn sie kämpfen.
Wenn Sie Gott wären, würden Sie sich darüber kaputtlachen.
Stuart Wilde

Ah, der Edelmut des Kämpfers! Sind Sie eine Kämpfernatur? Sehen Sie sich so? Sind Sie einer jener Menschen, die glauben, dass das Leben hart ist, denen alles, was mühelos geht, suspekt ist?
Schauen Sie noch einmal genauer hin. Tragen Sie vielleicht selbst dazu bei, dass das Leben ein Kampf ist, indem Sie ans Kämpfen glauben? Wir können das tun. Der Glaube ist eine äußerst wirkungsvolle, motivierende Kraft und kann Ereignisse eintreten lassen. Mit dem Denken ist es ein wenig anders, und doch trägt es ein Menge zu unseren inneren Kämpfen bei. Ich habe Menschen gekannt, die ein sehr schwieriges Leben hatten und dennoch nicht kämpften, aber ich kannte auch solche, deren Leben sehr leicht hätte sein können, die aber aus allem und jedem einen Kampf machten. Wir haben die Wahl.

Wenn Sie feststellen, dass Sie immer kämpfen, sollten Sie innehalten, um herauszufinden, ob und wie Sie zu diesem Kampf beitragen. Mit welcher Haltung gehen Sie an die Sache heran? Was könnten Sie anders machen? In welchem Verhältnis steht Ihre Einstellung zu Ihrem Versuch, Menschen, Dinge und Ereignisse zu kontrollieren, über die Sie keine Kontrolle haben? Schauen Sie, was geschieht, wenn Sie aufhören zu kämpfen und salopper an die Sache herangehen, sie einfach als Aufgabe oder Situation betrachten, die bewältigt werden muss.

Gott kennen

Vertrauen Sie nie jemandem, der seine Tonlage ändern muss, um etwas von Gott zu erbitten.
Roberta A. Everett

Was für ein guter Rat! Wenn Gott überall ist, warum können wir dann nicht flüstern? Warum sollten wir überhaupt reden? Gott besitzt bestimmt »telepathische Fähigkeiten« ...
Ich erinnere mich daran, dass ich als Kind nie den Priestern traute, deren Stimme sich plötzlich änderte, wenn sie zu Gott sprachen. Ich fragte mich immer, ob Gott schwerhörig sei, weil ihre Lautstärke beträchtlich zunahm. Ich erinnere mich auch noch daran, dass ich dachte, mir würde es nicht gefallen, wenn jemand mich mit so salbungsvoller, unnatürlicher Stimme anschrie.
Ich frage mich, wie viel unseres Widerstands gegen und unserer Verwirrung über Gott auf jene Erfahrungen zurückzuführen ist, die wir als Kinder mit den religiösen »Autoritäten« machten.
Gott ist ein Mysterium, das unser Verstand nicht erfassen kann, und dennoch ist Gott kein Geheimnis, wenn *wir* unser Wissen nicht zu kompliziert machen.

Betrachten Sie eine Blume und erkennen Sie Gott. Beobachten Sie ein Kind und erkennen Sie Gott. Spüren Sie Liebe in Ihrem Herzen und erkennen Sie Gott. Freuen Sie sich an Ihrer Sexualität und erkennen Sie Gott. Genießen Sie das Gefühl von Wasser auf Ihrer Haut und erkennen Sie Gott. Spüren Sie, wie viel Trost darin liegt, dass jeden Morgen wieder die Sonne aufgeht, und erkennen Sie darin Gott. Haben Sie eine wunderbare neue Idee und erkennen Sie Gott. Lösen Sie ein Problem und erkennen Sie Gott. Es ist eigentlich ganz einfach. Denken Sie nicht zu viel.

Arbeit als Meditation

Lassen Sie uns arbeiten, ohne zu theoretisieren;
es ist die einzige Möglichkeit, das Leben erträglich zu gestalten.
Voltaire

Was für eine Freude, wenn wir einfach unsere Arbeit tun können, ohne allzu viel darüber nachzudenken. Ganz in der Arbeit aufzugehen, befreit die Seele. Unsere Neigung zum Theoretisieren kann uns andererseits so weit von uns selbst und unserer Aufgabe entfernen, dass sowohl unser Selbst als auch unsere Aufgabe zu etwas Abstraktem für uns werden.
Wie einfach wird unsere Arbeit, wenn wir eins damit werden!
Ich bin zu der Überzeugung gelangt, dass »Westler« ein grundlegendes Problem mit der Meditation haben. Es fällt uns sehr schwer, still zu sitzen, unseren Geist zu klären und über uns selbst hinauszugehen. Und doch glaube ich, dass fast jeder Mensch eine zu ihm passende Meditationsform gefunden hat. Manche mähen den Rasen; andere spülen Geschirr; manche polieren das Auto; andere bringen ihre Möbel auf Hochglanz; manche legen Wäsche zusammen; andere machen Spaziergänge. Meditation ist alles, worin wir völlig aufgehen und frei vom Denken sein können.
Unser Leben kommt ins Gleichgewicht, wenn wir unsere persönliche Meditationsmethode entdecken. Vielleicht steckt gerade in den »bedeutungslosen« Aufgaben mehr Sinn, als uns bewusst ist!

Welche Arbeit ist Ihre Meditation? Tun Sie sie!

Gewohnheiten

Wir sind das, was wir wiederholt tun. Vorzüglichkeit ist daher keine Handlung, sondern eine Gewohnheit.
Aristoteles

Wir halten selten inne, um uns einmal die Gewohnheiten genauer anzuschauen, die wir im Laufe unseres Lebens entwickelt haben. Und doch üben diese Gewohnheiten einen viel stärkeren Einfluss auf uns aus, als wir freiwillig zugeben würden.
Einige von uns haben sich im Laufe der Jahre angewöhnt, zu rasen. Natürlich sind wir keine *echten* Raser wie diese Sportwagenfahrer, wir sind vorsichtige Schnellfahrer. Normalerweise überschreiten wir die zugelassene Höchstgeschwindigkeit nur ein bisschen, und doch genug, um ein wenig schneller zu sein, als wir wären, wenn wir uns an die Verkehrsvorschriften hielten. Wir bleiben im Grenzbereich. Wir pflegen eine Angewohnheit, die unseren Körper stresst und uns zwingt, immer wieder über die Schulter zu schauen. Brauchen wir das? Wahrscheinlich nicht. Könnten wir stattdessen nicht positive Angewohnheiten entwickeln? Wahrscheinlich schon.
Vielleicht haben wir uns auch angewöhnt, so viel wie möglich in allerletzter Minute zu erledigen, um dann darüber zu staunen, wie viel wir unter Druck leisten konnten. Wirkt sich das auf Körper, Geist und Seele genauso aus wie ein bisschen Rasen? Wahrscheinlich.
Das Schöne an Gewohnheiten ist, dass man sie ändern kann. Wir erschaffen sie. Wir können sie auch wieder abschaffen.

Schauen Sie sich die subtilen Gewohnheiten an, die Ihr Leben und Ihr Wohlbefinden beeinträchtigen. Durch welche konstruktiven Gewohnheiten könnten Sie sie ersetzen?

Störenfriede

Tommy Trinder gab mir einen wertvollen Rat für den Umgang mit Störenfrieden und Zwischenrufern. »Lass sie stets wiederholen, was sie gesagt haben«, riet er mir. »Denn nichts klingt noch genauso witzig oder beleidigend, wenn es wiederholt wird.«
Michael Bentine

Was für ein guter Rat! – Nur sehr wenige Menschen schaffen es, ihr Leben zu leben, ohne irgendwann von Störenfrieden belästigt zu werden. Das Problem sind nicht die Störer an sich. Das größte Problem bei Störenfrieden ist, wie *wir* mit ihnen umgehen. Wir gestehen ihnen Wahrhaftigkeit, Macht und Intelligenz zu – Eigenschaften, an denen es ihnen aber durchaus zu mangeln scheint, sonst würden sie ihre Zeit nicht damit verschwenden, andere zu stören und zu behindern.

Was genau meine ich mit Störenfrieden? Störenfriede sind Leute, die alles torpedieren, was wir tun, besonders wenn wir es gut machen und erfolgreich damit sind. Wer sind unsere Störenfriede? Nun, ich sage es nicht gern, aber unsere schlimmsten Störenfriede sind wir normalerweise selbst. Wir liegen neben uns selbst auf der Lauer und halten nach vermeintlichen Patzern Ausschau. Haben wir dann einen entdeckt, stürzen wir uns mit einer Salve kritisierender Gedanken oder Bemerkungen darauf, die eine ganze angreifende Panzertruppe zum Aufgeben zwingen könnte. Andere versuchen es bei uns vielleicht mit denselben Methoden, aber der Mensch, der uns mit den meisten belastenden Informationen am gefährlichsten werden kann, sind nun einmal wir selbst.

Wenn der Störenfried oder Zwischenrufer in Ihrem Kopf loslegt, wiederholen Sie seine Worte einfach vor einem guten Freund bzw. vor einer guten Freundin und lachen gemeinsam darüber.

Allein zu Hause

Seien Sie fähig, allein zu sein.
Verpassen Sie nicht die Schönheit des Alleinseins.
Sir Thomas Browne

Es ist absolut notwendig, dass wir uns hin und wieder ganz allein in unserer Wohnung oder unserem Haus aufhalten. Ob wir allein stehend sind oder in einer Großfamilie leben, es gibt immer wieder Zeiten, in denen wir das dringende Bedürfnis haben, in und mit unserem Heim allein zu sein.
Wenn der letzte Gast oder das letzte Familienmitglied die Haustür hinter sich zugezogen hat, stoßen wir und gleichzeitig das Haus einen hörbaren Seufzer der Erleichterung aus. Wenn wir allein zu Hause sind, herrscht eine ganz besondere Atmosphäre, in der wir langsam durch die Zimmer gehen und die überall verstreuten Teile unserer selbst wieder einsammeln können, die uns in der Hektik des Alltags abhanden gekommen waren.
Wenn wir allein daheim sind, können wir uns in uns selbst zurückziehen, uns in einer vertrauten und geliebten Umgebung einigeln, um uns wieder zu sammeln und auf die nächste aktive Phase vorzubereiten.
Der allergrößte Luxus wäre es, hin und wieder einen ganzen Tag allein zu Hause verbringen zu können. Aber auch schon eine Stunde des Alleinseins mit einer guten Tasse Tee kann uns wieder ins Gleichgewicht bringen.
Nichts ist mit der Stille vergleichbar, die wir erfahren können, wenn wir allein zu Hause sind.

Sorgen Sie dafür, dass Sie bald einmal allein daheim sein können, und nehmen Sie sich dann die Zeit, sich innerlich zu sammeln.

Kinder – Entzücken – Bestätigung

Die Eltern kleiner Kinder sollten sich klar machen,
dass nur wenige Leute, vielleicht sogar niemand,
ihre Kinder so entzückend finden wird wie sie selbst.
Barbara Walters

Wir können uns selbst völlig aus dem Gleichgewicht bringen, wenn wir darauf bestehen, dass andere unsere große Begeisterung für unsere Kinder teilen. Wozu? Wir haben es nicht nötig, uns unsere Gefühle von anderen bestätigen zu lassen, ganz gleich, um welche Gefühle es sich handelt. Und wenn wir es einmal realistisch betrachten, müssen wir erkennen, dass ohnehin niemand eine andere Person oder deren Gefühle bestätigen kann. Echte Bestätigung kann nur von innen kommen, und kein Mensch besitzt das Recht oder die Fähigkeit, einen anderen in seinem Wert zu bestätigen. Wenn wir wollen, dass andere unsere Gefühle bestätigen, geben wir unsere Macht an sie ab. Wir verlangen etwas Unmögliches und erzeugen so ein starkes Ungleichgewicht in unserem Leben.

Nachdem das nun gesagt ist, sollten wir die wunderbare Gelegenheit ergreifen, uns von unseren Kindern – oder, wenn wir keine eigenen haben, von den Kindern anderer Leute – bezaubern zu lassen. Das Wunderbare an Kindern ist, dass sie ganz unbefangen und offensichtlich ohne negative Auswirkungen all die entzückten Worte, Gefühle und Blicke der Erwachsenen aufnehmen können. Und es ist wunderbar, dass Erwachsene, die sich von irgendetwas begeistern oder verzaubern lassen – besonders von einem Baby oder Kind –, selbst viel liebenswerter werden.

Schauen Sie, ob Sie sich in diesen Tagen von irgendetwas
begeistern oder bezaubern lassen können –
vielleicht von einem Kind; das wäre ein guter Anfang.

Liebe

Liebe ist wie ein Baby:
Man muss ganz sanft und zärtlich mit ihr umgehen.
Sprichwort aus Zaire

Allzu selten halten wir inne, um uns bewusst zu machen, was für ein Geschenk die Liebe ist. Wir verstricken uns so sehr in unseren Erwartungen, Wünschen und Bedürfnissen, dass wir völlig den Blick dafür verlieren, was uns geschenkt wird.
Wie glücklich wir uns schätzen können, dass Tiere uns lieben! Was für ein Geschenk ist es, wenn der Hund mit seiner bedingungslosen Treue uns schwanzwedelnd an der Tür empfängt oder wenn die Katze uns ab und zu als Freund(in) akzeptiert oder wenn das Pferd geduldig auf die nächste Begegnung mit uns wartet und uns schon von weitem aufgeregt zunickt!
Was für eine Ehre, wenn ein Kind uns liebt und uns sein Vertrauen schenkt. Die Liebe eines Kindes ist ein so kostbares, freundliches Geschenk. Wir haben die große Verantwortung, vorsichtig damit umzugehen.
Sind wir vorsichtig mit der Liebe unserer Eltern umgegangen? Selbst wenn sie nicht unseren Erwartungen oder den gesellschaftlichen Vorstellungen von Liebe entsprachen, sollten wir uns fragen, ob wir sehen konnten, dass sie in Anbetracht ihrer eigenen Entwicklung und Erfahrungen mit dem, was sie hatten, ihr Bestes getan haben.
Sind wir offen dafür, vorsichtig mit der Liebe umzugehen, wann und wo sie uns auch begegnet?

Auf welche Weise könnten Sie Ihren Umgang
mit der Liebe verbessern?

Sich etwas vormachen

Wenn wir uns sagen, es ist nicht so,
heißt das noch lange nicht, dass es nicht so ist.
Eloise

Wir erzählen uns selbst so viele »Märchen« über unsere Angewohnheit, zu viel zu arbeiten! »Ich liebe meine Arbeit. Wenn ich ein ›Workaholic‹ wäre, würde ich doch meine Arbeit nicht lieben, oder?« – »Ich bin kein ›Workaholic‹. Ich arbeite einfach nur gern.« – »Ich kann einfach nicht darauf vertrauen, dass die anderen es richtig machen. Wenn ich es selbst mache, weiß ich wenigstens, dass es richtig gemacht wurde.« – »Wer soll es denn tun, wenn ich es nicht tue?« – »Ich arbeite ja nicht die ganze Zeit.« – »Kann irgendetwas, das mir Spaß macht, schlecht für mich sein?« Und so weiter, und so fort …
Wenn wir uns selbst ständig etwas vormachen, ist es kein so großer Schritt zu der Überzeugung, dass wir auch anderen etwas vorgaukeln können. Als Mitglied der menschlichen Spezies haben wir die nie versagende Fähigkeit, uns dazu zu bringen, die unglaublichsten »Märchen« zu glauben, Märchen, die wir uns selbst erzählen und dann als die Wahrheit ausgeben. Unsere Ausreden für unser selbstzerstörerisches Handeln sind sehr kreativ, wenn nicht gar plausibel. Oft sind wir selbst die Einzigen, die sich zum Narren halten lassen, aber der Preis im Hinblick auf unser seelisches Wohlergehen ist hoch.

Legen Sie sich heute einen Notizblock zurecht und schreiben Sie ein paar der Ammenmärchen auf, die Sie sich selbst erzählen. Andere bekommen sie vielleicht nicht einmal mit, aber man selbst verinnerlicht sie.

Gelegenheiten

Ich musste selbst für mich sorgen und mir meine eigenen Gelegenheiten schaffen ... Sitzen Sie nicht herum, warten Sie nicht darauf, dass Ihnen die guten Gelegenheiten in den Schoß fallen. Sie müssen aufstehen und sich selbst welche schaffen.

Madame C. J. Walker

»Gelegenheiten schaffen« erfordert vielleicht kaum mehr als die Geistesgegenwart, sie zu erkennen.

In unserem Alltag ergeben sich ständig gute Gelegenheiten. Oft kommen sie aber nicht in der Verpackung oder Farbe, die wir erwarteten. Wenn ein unvorhergesehenes Ereignis eintritt, weigern wir uns oft, die darin enthaltene Chance zu sehen, und lassen sie uns so entgehen. Und manchmal sind wir so fixiert auf ein Ziel in der fernen Zukunft, dass wir gar nicht mehr sehen können, was direkt vor unseren Augen liegt. Oder wir sind so beschäftigt und gestresst, dass wir jegliche Perspektive verlieren.

Eine Chance kann etwas sehr Subtiles sein. Es ist vielleicht der leichte Schmerz in unserem Körper, der uns zuflüstert, dass wir kürzer treten sollen, bevor er anfängt zu brüllen. Und wenn wir dann tatsächlich unser Tempo drosseln, wird uns bewusst, wie kostbar das ist, was wir haben. Eine gute Gelegenheit kann sich auch ergeben, wenn wir eine Aufgabe übernehmen, an die wir eigentlich gar nicht ranwollten, und dann feststellen, dass sie uns großen Spaß macht. Um eine Gelegenheit ergreifen zu können, müssen wir vielleicht einer »verrückten« Idee trauen, die uns aus dem Nichts in den Sinn kommt und möglicherweise wirklich realisierbar ist. Chancen haben viel mit Aufmerksamkeit zu tun.

Nehmen Sie einige der Chancen wahr, die sich Ihnen heute bieten – und die Sie vielleicht bisher noch gar nicht bemerkt hatten.

Einheit

Von Wakan Tanka, dem Großen Geist, ging eine große, einende Lebenskraft aus, die in und durch alle Dinge floss – die Blumen auf den Ebenen, den Wind und die Stürme, die Felsen, Bäume, Tiere – und die dieselbe Kraft war, die dem ersten Menschen eingehaucht wurde. So waren alle Dinge miteinander verwandt und wurden durch das gleiche große Mysterium miteinander verbunden.
Häuptling Luther Standing Bear

Unsere indianischen Brüder und Schwestern sagen, sie seien auf diese Erde gekommen, um die Erinnerung an die fundamentalen spirituellen Wahrheiten aufrechtzuerhalten und diese weiterzugeben, wenn die Welt bereit sei, sie zu hören. Und sie sagen, dass diese Zeit jetzt gekommen sei. Es gibt keine grundlegendere Wahrheit als die Einheit aller Wesen und Dinge. Es braucht allerdings ein wenig Zeit, bis man die volle Bedeutung der Tatsache erfasst, dass die gesamte Schöpfung eins ist – dass die gleiche Kraft, die uns Menschen erschuf, auch die Felsen, Tiere und Pflanzen erschuf.

Das Wissen, dass ich aufs Engste mit allem verbunden bin, was existiert, ist sowohl eine große Erleichterung als auch eine riesige Verantwortung. Es ist eine Erleichterung, zu wissen, dass ich nicht allein in diesem Leben stehe, dass ich mit der gesamten Schöpfung verbunden bin und von ihr unterstützt werde. Und wenn ich um diese Verbindung wirklich *weiß*, wenn ich sie erfahre, bin ich auch verantwortlich für die gesamte Schöpfung und muss mit ihr kommunizieren. Das Wissen um diese tiefen Wahrheiten bringt wie nichts anderes Harmonie in unser Leben.

Denken Sie heute über Ihre Verbindung zu einem Haustier einem Baum oder den Sternen nach und lassen Sie sich diese Verbindung spüren. Öffnen Sie sich für die Einheit allen Seins.

Frieden

Beim Wohnen zeigt sich die Güte an dem Platze.
Beim Denken zeigt sich die Güte in der Tiefe.
Beim Schenken zeigt sich die Güte in der Liebe.
Lao-tzu

Was für ein seltenes und wunderbares Geschenk ist doch der Frieden! Wie können wir erwarten, dass er auf diesem Planeten einkehrt, wenn wir nicht einmal inneren Frieden kennen?

Beim Wohnen zeigt sich die Güte an dem Platze: Wie können wir der Erde nah sein, wenn alles mit Asphalt und Beton bedeckt ist und wir im fünfzehnten Stock eines Hochhauses wohnen? Wie unsere Gebäude auch beschaffen sein mögen, sie sind stets in der Erde verankert. Ihre Fundamente reichen in die Erde hinein und sind im Hinblick auf ihre Stabilität von der Erde abhängig. Wir können uns ganz von dem friedvollen Bewusstsein durchdringen lassen, dass unsere eigenen Wurzeln tief in die Erde reichen.

Beim Denken [Meditieren] zeigt sich die Güte in der Tiefe: Der Zweck der Meditation besteht darin, uns über unseren stets beschäftigten Verstand hinauszuführen, in die Stille unseres Seins, das uns über unser Herz mit der Stille allen Seins verbindet.

Beim Schenken [Umgang und Austausch mit anderen] zeigt sich die Güte in der Liebe: Viele Menschen haben Sanftheit und Freundlichkeit erst lernen müssen. Wir sind vielleicht nicht damit aufgewachsen, aber es gibt eine gute Neuigkeit: Man kann es lernen. Und da es im Leben ohnehin darum geht, zu lernen, was wir bisher noch nicht können, könnten wir ja einmal damit anfangen?

Üben Sie sich darin, der Erde nahe zu sein, tief in Ihr Herz zu gehen und sanft und freundlich zu sein. Frieden und Harmonie sind »Nebenprodukte« dieser Übungspraxis.

Verstanden werden

Wenn mich mein Mann nicht versteht, kann ich innehalten, um zu sehen, ob ich ihn verstehe. Das ist etwas, was ich tun kann.
Betty

Wir können einen anderen Menschen nicht dazu bringen, dass er uns versteht. Wir können ihm Informationen geben, ihm unsere Gefühle mitteilen, und wir können uns wünschen, verstanden zu werden. Aber das Verstehen ist immer Sache der anderen Person; wir haben keine Kontrolle darüber.

Was wir aber tun können, ist, den Schwerpunkt unserer Aufmerksamkeit zu verlagern und zu schauen, ob wir den Menschen verstehen können, von dem wir verstanden werden wollen. Wir können die Kunst des Zuhörens entwickeln – nicht nur mit unseren Ohren, was natürlich auch wichtig ist, sondern mit unserem Herzen und unserem ganzen Sein. Wir können die Information aufnehmen und in uns wirken lassen. Wir können darauf verzichten, den anderen zu unterbrechen. Wir können der Versuchung widerstehen, anzunehmen, dass wir mehr über diese Person wissen, als sie selbst über sich weiß. Und wir können absolut und unter allen Umständen der Verlockung widerstehen, diese Person zu interpretieren. Wir können die ganze Energie, die hinter unserem Wunsch, verstanden zu werden, steckt, nutzen, um verstehen zu lernen.

Vielleicht wird uns dieser Mensch nie verstehen, aber eines ist sicher – wir werden uns mit uns selbst mehr in Einklang fühlen.

Falls Sie sich in der Situation befinden, dass Sie von einem bestimmten Menschen verstanden werden wollen, verlagern Sie den Schwerpunkt auf den Wunsch, selbst zu verstehen.
Es ist erstaunlich, was dieser Wechsel des Standpunkts bewirkt.

26. Februar

Streiten

Ich muss nicht an jedem Streit teilnehmen,
zu dem ich aufgefordert werde.
Anonym

Viele Menschen wuchsen in einem Elternhaus auf, in dem ein zünftiger Streit als »Würze« des Tages betrachtet wurde. Man dachte sich nichts dabei. Der Hickhack zwischen den Kindern, zwischen Kindern und Eltern und zwischen den Erwachsenen gehörte einfach zum normalen Tagesablauf. Manch einer wuchs mit der Vorstellung auf, Streiten sei eine der wichtigsten Methoden, um Nähe herzustellen. In manchen Familien wird laut gestritten, es wird geschrien und getobt, während in anderen Schweigen als Waffe eingesetzt wird. Beides kann sich verheerend auswirken.

Wir werden im Leben immer wieder einmal auf Menschen treffen, die nicht in der Lage sind, ein Problem zu erörtern, ohne bei jedem Satz einen Angriff zu starten, und die jede Diskussion zu einem Streit ausarten lassen. Wir haben dann die Wahl, ob wir uns darauf einlassen, ob wir die Herausforderung zum Streiten annehmen, doch diese Art, miteinander umzugehen, kann sehr kräftezehrend sein.

Wir können uns aber auch daran erinnern, dass wir, um in einen Streit verwickelt zu werden, zunächst bereit dazu sein müssen. Bei dieser Form des Umgangs gibt es nur Verlierer. Das Annehmen der Aufforderung zum Streit lässt eine Situation entstehen, in der beide Seiten verlieren müssen. Wir haben andere Wahlmöglichkeiten.

Entwickeln Sie Ihre Fähigkeit, zu erkennen,
wann man Sie zum Streit auffordert. Dann haben Sie die Wahl,
darauf einzugehen oder nicht.

Essen

Ich bin zu dem Schluss gekommen, dass gastronomische Perfektion in folgenden Kombinationen erreicht werden kann: Eine Person isst allein, gewöhnlich auf der Couch; zwei Leute, gleich welchen Geschlechts oder Alters, speisen zusammen in einem guten Restaurant; sechs Leute, gleich welchen Alters oder Geschlechts, essen gemeinsam in einem guten Zuhause.
M. F. K. Fisher

Auch durch Essen können wir unser inneres Gleichgewicht wieder finden oder aufrechterhalten. Ich spreche nicht von ausgewogenen und regelmäßigen Mahlzeiten, denn es versteht sich von selbst, dass diese beiden Faktoren wichtig sind. Ich spreche vom Vorgang des Essens als harmonisierendem Prozess.
Ich nehme schon seit längerer Zeit eine nährstoffreiche, ausgewogene Kost zu mir, und ich genieße sie. Gestern bestand mein Frühstück beispielsweise aus Hüttenkäse, Erdbeeren, Birnen, Blaubeeren und Nüssen. Ich aß ganz langsam, kostete jedes Aroma aus und genoss die Kombination der verschiedenen Geschmacksrichtungen. Ich tat nichts anderes als essen.
Als ich mit der Mahlzeit fertig war, stellte ich fest, dass ich mich ganz friedvoll fühlte.

Versuchen Sie, mehrere (oder mindestens eine!) Mahlzeiten pro Woche in der Stille zu sich zu nehmen: kein Radio, keine Unterhaltung, keine Telefonanrufe, kein Fernsehen, kein Gerenne und kein Denken – nur Sie allein, das Essen genießend. Und schauen Sie, was geschieht. Versuchen Sie es nicht nur einmal. Ich empfehle Ihnen, öfter damit zu experimentieren, damit Sie sich auf diesen Prozess einlassen und seine volle Wirkung erfahren können.

Zeit

Er [Kosirev] ersann geniale Experimente, die es ihm ermöglichten, eine komplexe Theorie über die Zeit zu entwickeln und zu beweisen, dass die Zeit etwas Substanzielles ist. Sie besitzt ihre eigene Solidität, die sich in Relation zu den Gegebenheiten des Planeten ändert. Zeit ist folglich an verschiedenen Punkten der Erde mehr oder weniger substanziell.

Olga Kharitidi

Ich hatte einmal einen Freund, der zu mir sagte, er würde mich eines Tages in die Mitte des australischen Kontinents bringen, wo ich Zeit als »Substanz« erfahren würde. Ich war immer noch nicht dort, aber ich glaube, dass ich in den vergangenen Jahren mehr über die Flüchtigkeit und Komplexität der Zeit gelernt habe. Vielleicht werde ich eines Tages bereit sein, dorthin zu reisen. Inzwischen habe ich gelernt, dass Zeit nicht mit den Zeigern auf der Uhr gleichzusetzen ist. Und ich habe gelernt, dass Zeit nicht linear ist. Vielleicht ist ja auch nicht die Zeit das eigentliche Problem, sondern unser Umgang mit ihr.

Wenn wir versuchen, die Zeit zu kontrollieren, oder zulassen, dass sie uns beherrscht, ist unsere Beziehung zu ihr wahrscheinlich gestört. Wenn wir glauben, wir hätten die Zeit erfunden und würden sie verstehen, dann verstehen wir sie wahrscheinlich überhaupt nicht. Wenn wir der Meinung sind, Zeit hätte etwas mit Uhrzeigern zu tun, sind wir ihr Sklave und wollen sie unsererseits versklaven. Zeit und Raum sind unsere Schnittstellen. Wenn wir uns ihnen anpassen und nicht versuchen, sie unter unsere Kontrolle zu bringen, erweitern sich unsere Grenzen.

Beobachten Sie, wie die Zeit sich ausdehnt oder zusammenzieht, je nachdem, was Sie tun. Schauen Sie, ob Sie diesen Prozess auf irgendeine Weise beeinflussen können.

Unsere einfache Komplexität

Wir haben alle ein bisschen was von einem Doktor,
einem Dichter und einem Narren.
Mexikanisches Sprichwort

Wir sollten nicht versuchen, uns auf ein allzu einfaches Schema zu reduzieren. Wir sind sehr komplexe Wesen, und ein Leben im Gleichgewicht erfordert es, dass wir diese Vielschichtigkeit akzeptieren, selbst wenn wir uns dann mit unseren inneren Widersprüchen auseinander setzen müssen. Der Mensch ist nun mal ein wandelndes Paradoxon: einerseits erstaunlich einfach – andererseits äußerst komplex. Mit der »Einfachheit« kommen wir besser zurecht, und nur allzu oft versuchen wir, uns auf handliche, schlichte Muster zu reduzieren. Diese geraten allerdings durcheinander, wenn wir dann entdecken, dass wir nicht nur aus allen möglichen zusammenwirkenden und einander widerstrebenden Teilen bestehen, sondern auch immer wieder verändernden, kräftezehrenden, dramatischen, angenehmen und unangenehmen Prozessen unterworfen sind. Was kann man tun? Kein Wunder, dass wir in einem ersten Impuls versuchen, diese unüberschaubare Komplexität auf ein paar gut handhabbare Einheiten zu reduzieren. Doch diese Strategie funktioniert glücklicherweise nicht, denn wir sind viel zu komplex, um uns selbst im Ganzen erfassen zu können.
Wir sind der Doktor, der Dichter und der Narr, der Elternteil, der Lehrer, der Schüler, der Chef und der Angestellte. Wir bauen auf, zerstören, erschaffen, erfinden, entspannen uns, bewegen uns nach oben, nach unten und seitwärts. Wir beherbergen Teile des Ganzen, und wir sind das Ganze. Ist das nicht aufregend?

Schauen Sie, ob Sie auf die eine oder andere Weise versucht haben, sich selbst auf eine handliche Größe zu reduzieren. Auf welche Weise halten Sie sich im Zaum? Überlegen Sie, ob Sie das wirklich wollen.

Selbstakzeptanz

Sich selbst zu lieben, ist der Anfang einer lebenslangen Romanze.
Oscar Wilde

Von welchem Menschen, außer von uns selbst, können wir mit Sicherheit sagen, dass er vom Tag unserer Geburt bis zu unserem letzten Stündlein »bei uns sein« wird? Mir fällt niemand ein. Vielleicht suchen wir nach einem/einer Geliebten, der/die für immer mit uns zusammenbleiben soll, aber selbst die große Liebe unseres Lebens wird nicht so lange andauern wie unser »Zusammensein mit uns selbst«. Seien wir ehrlich: Wenn wir nach Dauerhaftigkeit in unseren Beziehungen streben, können wir uns letztendlich nur auf uns selbst verlassen! So ist es eben.

Nun können wir uns einigen Faktoren zuwenden, die unsere Liebesbeziehung mit uns selbst beeinträchtigen. Diese Liebesbeziehung ist eigentlich die einfachste in unserem Leben, und wir wollen sie nicht verpatzen.

Selbstakzeptanz – das ist eine schwierige Angelegenheit. Manche sind so damit beschäftigt, jemand anders sein zu wollen, dass sie Schwierigkeiten haben, sich selbst so zu sehen und zu akzeptieren, wie sie jetzt und hier sind. Die Ironie daran ist, dass wir uns erst von dem Moment an, in dem wir uns so akzeptieren, wie wir sind, verändern und weiterentwickeln können.

Das Eingestehen der eigenen Fehler ist eine der breiten Straßen, die zur Selbstliebe führen. Wenn wir unsere Fehler zugeben und so weit wie möglich wieder gutmachen, kehren wir zur eigenen inneren Kraftquelle zurück und fühlen uns besser mit uns selbst. Vergessen Sie nicht, dass eine lebenslange Liebesbeziehung Zeit braucht, um zu wachsen.

Was macht es Ihnen schwer, sich selbst zu akzeptieren? Schauen Sie, was nötig ist, damit Sie sich Fehler eher verzeihen können.

Sich antreiben

Ich schaffe es einfach nicht mehr!
René

Wer sagt so etwas? Jeder Mensch, dessen Leben aus dem Gleichgewicht geraten ist, wird zu irgendeinem Zeitpunkt von diesem Gefühl überwältigt. Doch wenn wir uns wirklich antreiben, entdecken wir, dass wir unsere Grenzen ungeheuer ausdehnen können.

Wir leben in einer Gesellschaft, in der es als heldenhaft gilt, sich über die eigenen Grenzen hinauszutreiben – auf Kosten unserer Lebensqualität und der Menschen, die wir lieben – und uns dabei fast umzubringen. Was für ein Quatsch!

Wie können wir uns darüber freuen, »finanziell gut abgesichert zu sein«, wenn der Mensch, der für diese Absicherung sorgt (und den wir lieben), ein halb toter Held ist?

Es ist ein großer Unterschied, ob wir uns selbst herausfordern und Herausforderungen annehmen oder ob wir uns die Peitsche geben, um unsere Grenzen zu durchbrechen, bis wir schließlich zusammenbrechen.

Sich selbst herauszufordern, bedeutet, dennoch respektvoll und achtsam mit sich und anderen umzugehen. Sich selbst herauszufordern, heißt auch nicht, sich wie ein Besessener auf die Suche nach den eigenen spirituellen Wurzeln zu machen; es ist eine liebevolle Zusammenarbeit mit unserem spirituellen Selbst.

Wo überschreiten Sie Ihre Grenzen? Schauen Sie,
ob Sie Ihre Spiritualität in allem entdecken können.

Unterbrechungen

Katherine Graham, Geschäftsführerin der Washington Post Company, zieht es vor, ihren Angestellten »Besuche abzustatten« (um Unterbrechungen zu vermeiden).
Roger Browner

Browner, der für Managerzeitschriften schreibt, weist darauf hin, dass Katherine Graham, indem sie die Initiative ergreift und ihre Angestellten besucht, »die Chance hat, Informationen aus erster Hand zu bekommen und tragfähige, persönliche Beziehungen zu ihren Mitarbeitern herzustellen ... Dieser interaktive Managementstil trägt dazu bei, die negativen Auswirkungen von Unterbrechungen zu verringern.«

Die meisten hassen es, unterbrochen zu werden, wenn sie sich auf eine wichtige Aufgabe konzentrieren. Fast immer nehmen wir Unterbrechungen persönlich und finden sie respektlos. Falls wir sie nicht so sehen, betrachten wir sie zumindest als lästig.

Haben wir uns je gefragt, was wir tun können, um Unterbrechungen zu vermeiden, oder wie wir selbst zu Unterbrechungen beitragen?

Eine Managerin, die bei ihrer Arbeit nicht unterbrochen werden will, aber durch ihre stets offene Tür Anweisungen an ihre Mitarbeiter weitergibt (oder bellt), zieht Unterbrechungen geradezu an. Einem Vater, der so lange nicht erklärt, dass er etwas Zeit und Ruhe für sich braucht, bis er explodiert, geht es ähnlich.

Sagen wir, bevor wir mit einer Aufgabe beginnen, klar und deutlich, dass wir nicht gestört werden möchten, stehen die Chancen besser, dass unsere Bitte respektiert wird.

Besorgen Sie sich ein paar »Bitte-nicht-stören«-Schilder, um sie an diverse Türen zu hängen. Fragen Sie in einem oder mehreren Hotels danach; man wird Ihnen sicher gern einige überlassen.

Alleinsein, Stillsein

Alle Probleme des Menschen entspringen seiner Unfähigkeit, still allein in einem Zimmer zu sitzen.
Pascal

Haben Sie in der letzten Zeit einmal versucht, still allein in einem Zimmer zu sitzen – ohne Fernsehen, Radio oder Telefongespräch, ohne willkommene Ablenkung durch Familienmitglieder oder Freunde?

Der Mensch hat ein grundlegendes Bedürfnis nach Stille und gelegentlichem Alleinsein. Diese »Stille im Alleinsein« ist kein Luxus, sondern eine Notwendigkeit.

Pascal könnte Recht haben mit seiner Behauptung, dass alle menschlichen Probleme der Unfähigkeit entspringen, in der Stille allein zu sein, aber das werden wir wahrscheinlich nie beweisen können.

Doch was wir tun können, ist, uns selbst dazu zu bringen, dass wir es ausprobieren. Wir müssen nichts machen; wir müssen nichts sagen; wir brauchen keine Technik oder Methode oder Praxis, die uns nur ablenken würde. Es genügt völlig, dazusitzen und in unserem Alleinsein die Stille zu uns sprechen zu lassen. Sie wird natürlich nur dann deutlich werden, wenn das »Geplapper« in unserem Kopf, unser Gedankenwirrwar, ein bisschen nachgelassen hat.

Versuchen Sie, Ihrem Bedürfnis nach Alleinsein und Stille nachzugeben, selbst wenn Sie sich dieses Bedürfnisses gar nicht völlig bewusst sind.

Individualität und Ganzheit

Es scheint, dass wir zumindest in unserem Kulturkreis niemals vergessen, dass wir Individuen sind, aber wir vergessen ständig, dass wir alle eins sind.

Lia

Dieser tödliche Dualismus – entweder sind wir Individuen oder Teil eines großen Ganzen. Wenn wir die Welt dualistisch betrachten, fallen wir von einem Extrem ins andere und können die Wirklichkeit nie erfassen.

Wir sind Individuen, die als Teil eines Ganzen existieren. Unsere persönliche Identität kann nur dann erfüllt sein, wenn wir uns in einem größeren Zusammenhang sehen. Versuchen wir als Individuen aber, uns aus diesem größeren Zusammenhang zu lösen, zerstören wir die Grundlage, die wir für unser Wachstum und Überleben brauchen. Genau das tun wir zurzeit mit der Erde. Sehen wir uns andererseits nur »im Zusammenhang«, ignorieren und entwerten wir das absolute Wunder und die Notwendigkeit der Vielfalt.

Unsere Betonung der Individualität hat eine Form angenommen, die nur bestimmte (menschliche) Individualität als wichtig betrachtet und es so akzeptabel erscheinen lässt, andere, »weniger wichtige« Aspekte des großen Ganzen zu zerstören.

Um wieder ein Gleichgewicht in unserem Inneren und auf unserem Planeten herzustellen, müssen wir verstehen, dass wir Individuen neben vielen anderen Individuen sind – Blumen, Bäumen, Insekten und großen Tieren –, die ebenfalls Teil eines größeren Ganzen sind, von dem wir alle abhängen.

Üben Sie sich darin, sich selbst als Individuum und als Teil eines ungeheuer vielfältigen Ganzen zu sehen. Machen Sie sich bewusst, wenn Sie einen Käfer, einen Baum, eine Blume oder einen anderen Menschen sehen, dass Sie dieses Wesen brauchen.

»Unfälle«

Der Zufall ist die in Schleier gehüllte Notwendigkeit.
Marie von Ebner-Eschenbach

Im Hinblick auf Unfälle bzw. unglückliche Zufälle sollten wir drei wichtige Aspekte in Betracht ziehen.
Erstens: Wenn uns ein Missgeschick trifft, müssen wir es erst einmal akzeptieren. Es ist geschehen. Wir müssen es irgendwie bewältigen. Das ist die Realität. Wenn wir pausenlos darüber schimpfen, uns in der Opferrolle suhlen oder uns weigern, uns mit dem Ereignis auseinander zu setzen, verletzen wir uns nur noch mehr. Wir haben Besseres zu tun.
Zweitens: Ein Missgeschick oder Unfall »passiert« oft dann, wenn wir etwas aus der Balance geraten sind, und wirft uns dann mit Sicherheit noch mehr aus dem Gleichgewicht. Ein Unfall ist vielleicht so etwas wie eine rote Karte, die uns darauf hinweisen soll, dass wir uns zu stark antreiben oder in unserem Leben nicht wirklich »präsent« sind. Wir können das Ereignis als Signal verstehen, dass wir Bilanz ziehen müssen.
Drittens: Wir haben die Möglichkeit, Unfälle oder Missgeschicke in Lernerfahrungen umzuwandeln. Und wir müssen genau hinschauen, um zu sehen, was wir daraus lernen können. Ob ein Missgeschick oder ein Unfall nun uns selbst oder einen anderen Menschen traf – wir können immer daraus lernen.

Das nächste Mal, wenn Sie ein Missgeschick trifft, sollten Sie sich an das ABL des Zufalls erinnern – Annahme, Balance und Lernen.

Mitgefühl

Die Liebe zu unserem Nächsten zeigt sich oft einfach darin, dass wir fähig sind, ihn zu fragen: »Was machst du gerade durch?«
Simone Veil

Für viele Menschen ist der Satz »Liebe deinen Nächsten wie dich selbst« eine große Herausforderung, besonders wenn wir sehr selbstkritisch sind. Sind wir überkritisch uns selbst gegenüber, können wir es natürlich nicht vermeiden, uns auch anderen gegenüber kritisch und urteilend zu verhalten.
Einer unserer Standpunkte ist: »Wenn ich es nicht ganz tun kann, tue ich es überhaupt nicht.« Geben wir doch den großen, anscheinend unerfüllbaren Anspruch auf, ein »stets mitfühlender Mensch« zu sein, und probieren wir es stattdessen mit kleinen Schritten. Können wir unsere Nachbarin, unseren Chef, unsere Freundin, unseren Ehepartner oder unsere Kinder fragen: »Was machst du gerade durch?«, und dann zuhören? Wenn wir das können, hat es sich gelohnt, Mitgefühl zu üben.

Üben Sie sich darin, sich wirklich dafür zu interessieren,
was andere gerade durchmachen,
selbst wenn Sie nichts tun können oder nicht wissen,
wie Sie helfen könnten.

Schwäche – höhere Macht

… es ist gerade unsere Schwäche, die uns,
abgesehen von unseren ansonsten vorhandenen
guten Eigenschaften, mit der Realität verbindet und unseren
Anspruch auf Hilfe durch eine höhere Macht begründet.
Ernest Kurtz und Katherine Ketcham

Die wichtige Rolle unserer Schwächen anzuerkennen, fällt uns nicht immer leicht, und doch ist unsere Schwäche einer der wichtigsten Wege zum Gleichgewicht.
Diese Aussage mag manch einen schockieren, aber wir sind eben »nur« Menschen, und als solche machen wir Fehler. Wir tun etwas Falsches. Wir geraten in Schwierigkeiten. So ist es nun einmal, aber wir können diese »Schwächen« als unsere größten Lernchancen betrachten – denn das sind sie. Diese unsere »Mängel« sind genau das, was wir brauchen, um die Realität sehen zu können. Und nur wenn wir die Realität sehen, begreifen wir, dass wir nicht die ganze Welt am Laufen halten können und auch nicht für alles verantwortlich sind. Wir sind nur für unseren kleinen Bereich und unser individuelles Verhalten zuständig. Wir besitzen einfach nicht die Größe, die notwendig ist, um für alles verantwortlich zu sein. »Es« ist viel größer als unsere Vorstellungen oder die Realität.
Das Erkennen und Annehmen unserer Schwäche lässt uns demütig werden, und Demut erlaubt uns, aufrichtig um Hilfe zu bitten. Manche von uns brauchen eine Weile, bis sie glauben können, dass es eine höhere Macht gibt, die bereit ist, zu helfen.

Erlauben Sie sich täglich, offen für die positive Bedeutung irgendeiner Schwäche zu sein, und versuchen Sie, eine höhere Macht um Hilfe zu bitten. Schauen Sie, was geschieht.

Illusionen verlieren

Unsere Verluste beziehen sich nicht nur auf Trennungen oder den Tod geliebter Menschen, sondern auch auf den bewussten oder unbewussten Verlust romantischer Träume, unerfüllbarer Erwartungen, Illusionen von Freiheit und Macht, der Illusion von Sicherheit – und den Verlust unseres jugendlichen Selbst, das glaubte, es würde für immer faltenlos, unverletzbar, unsterblich sein.
Judith Viorst

Wieso glauben wir eigentlich immer, ein Verlust sei etwas Negatives und würde dazu führen, dass wir weniger haben? Diese Wahrnehmung hat wahrscheinlich damit zu tun, dass wir eher versuchen, unser Leben zu kontrollieren, anstatt daran teilzunehmen. Betrachten wir beispielsweise einmal unsere romantischen Träume. Wenn wir auf unserem verklärten Weltbild bestehen, setzen wir alles daran, die Situation so zu arrangieren, wie wir sie haben wollen. So geht uns der Blick für die Realität anderer Menschen verloren. Wenn wir einen Verlust betrauern, müssten wir vielleicht in Wirklichkeit darüber trauern, dass wir die Person nicht wirklich gekannt haben, anstatt über den Verlust des Phantasiebildes zu weinen.
Viele Menschen empfinden den Verlust ihrer romantischen Träume und unerfüllbaren Erwartungen allerdings als Erleichterung. Es fühlt sich an, als könnte man einen schweren Rucksack, den man einst sorgfältig gepackt und die ganze Zeit mit sich herumgeschleppt hat, endlich absetzen.
Vielleicht, ja vielleicht hätten wir mehr Energien zur Verfügung, um unser Leben zu leben, wenn wir unsere Einstellung zu Verlusten änderten.

Halten Sie noch an ein paar lieb gewonnenen Illusionen fest, die loszulassen Sie jetzt bereit wären? Schauen Sie einmal genau hin.

Unser Körper

Körper lügen nie.
Agnes de Mille

Zu lernen, im Gleichgewicht zu leben, bedeutet, zu lernen, auf den eigenen Körper zu hören. Der Körper ist nicht bloß ein mechanisches Gebilde, in dem wir für eine Weile leben und das wir dann entsorgen. Er ist sehr viel mehr.
Unser Körper ist ein intelligentes, hoch entwickeltes, komplexes, wunderbares Zusammenspiel aus Aktivitäten, elektrischen Impulsen und lebendigen Prozessen. Er ist Gedächtnisspeicher, Empfänger, Verarbeiter, Sammler und Übermittler von Informationen, ein Spiegel unserer Lebensweise, eine Alarmglocke (wenn Schwierigkeiten drohen), ein Freudenspender, ein Organismus, der uns alle Gefühle zugänglich macht, die zu fühlen wir als Menschen in der Lage sind. Aber das sind längst nicht alle Wunder, die unser Körper zu vollbringen vermag, wobei ich nicht von körperlichen Exzessen spreche, mit denen wir ausloten, wie weit wir gehen und wie viel wir ertragen können.
Unser Körper ist für uns da. Aber sind wir auch für ihn da?
Hören wir zu, wenn unser Körper uns mitteilt, dass er Ruhe, Alleinsein, eine Pause, Bewegung, gute Nahrung oder Heilung braucht? Wenn wir ihm zuhören, wird er uns niemals belügen. Er wird uns sogar niemals anlügen, wenn wir nicht auf ihn hören.

Was braucht Ihr Körper in diesem Augenblick? Hören Sie auf zu denken und lauschen Sie. Können und werden Sie auf seine Signale reagieren?

Gebet – Geduld

Das größte Gebet ist die Geduld.
Gautama Buddha

Geduld ist einer jener Begriffe, die gut klingen, diese Eigenschaft erwarten wir aber eher von anderen Menschen: Warum sollten wir geduldig sein? Wir haben zu viel Wichtiges zu tun. Geduld ist etwas für alte Leute oder zumindest für Menschen im mittleren Alter, die ihr Tempo bereits ein bisschen drosseln. Wir sind noch nicht so weit. Doch diese Einstellung ist falsch! Geduld braucht man in jedem Lebensalter.

Was ist Geduld?

Geduld ist ein Akt des Vertrauens – des großen Vertrauens – darauf, dass das Leben so, wie es ist, in Ordnung ist, dass sich auf einer höheren Ebene alles so entwickelt, wie es sein soll.

Geduld ist die Fähigkeit, »mit« etwas zu warten. »Warten mit« ist etwas völlig anderes als »warten auf«. Wenn wir auf etwas warten, geben wir uns immer noch der Illusion hin, dass wir das Leben letztendlich unter Kontrolle haben.

Geduld ist die Neugier des Glaubens. Sie ist die Offenheit für das Abenteuer, ins Unbekannte zu gehen, die Bereitschaft, sich überraschen zu lassen.

Geduld ist Gelassenheit angesichts des allgegenwärtigen Wahnsinns. Sie ist nicht die »Optimierung« der Kontrolle.

Wie sieht es mit Ihrer Geduld aus?
Ist das einer Ihrer kritischen Punkte?
Geduld ist eine Fähigkeit,
die von jedem motivierten Menschen erlernt werden kann.
Beten Sie um die Bereitschaft, geduldig zu sein.

Höheres Lernen

Ich weiß nicht, was besser geeignet ist als die Arbeit, die der Schauspieler tun darf – das menschliche Herz lehren, sich selbst kennen zu lernen.
Lawrence Olivier

Wir sind alle Schauspieler. Wir spielen auf unterschiedlichen Bühnen, und vielleicht sind wir selbst unser einziges Publikum, doch eine der wichtigsten Rollen in unserem Leben ist die, unser eigenes menschliches Herz (und vielleicht sogar andere!) zu lehren, sich selbst kennen zu lernen.
Selbsterkenntnis führt zu einer Freiheit im Sein, im Handeln, im Wissen und ermöglicht es, uns über uns selbst zu erheben und mit etwas Höherem zu verbinden.
Ohne Selbsterkenntnis handeln und reagieren wir reflexartig und lassen andere die Folgen dieser Handlungen und Reaktionen tragen.
In unserem Innern existiert ein ganzes Universum des Lernens. Leider ist es uns selbst mit modernster Technologie nicht möglich, über den bewussten Verstand Zugang zu dieser universalen Universität zu finden. Zu dieser höheren Schule haben wir Zutritt über unseren Körper und unsere Gefühle – unser Herz. Nur über diesen Weg können wir unserem Gehirn das Wissen zugänglich machen, damit es sortiert und benannt werden kann. Wenn wir erst einmal erfahren haben, was es heißt, bewusst zu leben, wollen wir nie wieder in emotionale Ignoranz zurückfallen.

Haben Sie kürzlich ein gutes Theaterstück gesehen, eine gute Geschichte gelesen? Theaterstücke und Geschichten können uns helfen, Zugang zu einer Ebene des höheren Lernens zu finden.

Bedauern – Mut

Bedauern und Reue sind so persönlich wie Fingerabdrücke.
Margaret Culkin Banning

Meine Reue ist meine Angelegenheit. Was ich auch getan haben mag, um Anlass zur Reue zu empfinden, ich habe es selbst getan. Vielleicht fühlte ich mich von anderen oder den äußeren Umständen unter Druck gesetzt, doch letztendlich war ich diejenige, die handelte oder nicht handelte, und das ist meine Realität.
Oft halten wir unser Leben im Ungleichgewicht, indem wir versuchen, andere für unsere Handlungen und Entscheidungen verantwortlich zu machen. Es gibt so viele Formen der Ausrede wie Sterne am Himmel. Leider übersehen wir dabei, dass wir mit dieser Haltung auch unsere Macht abgeben, und dann beschweren wir uns darüber, dass wir uns unterdrückt fühlen.
Es erfordert Mut, zum eigenen Verhalten zu stehen und Verantwortung für das eigene Handeln zu übernehmen. Es erfordert Mut, aufzustehen und zu sagen, dass wir die Entscheidung gefällt haben und dies nun bedauern. Es erfordert Mut, zuzugeben, dass wir etwas bereuen, und dazu zu stehen. Doch wenn wir das tun, taucht plötzlich die Tür zu persönlicher Freiheit und Kraft vor uns auf.

Nehmen Sie sich einen Monat Zeit, um sich an Handlungen oder Worte zu erinnern, die Sie jetzt bereuen. Schreiben Sie einige davon auf. Gehen Sie die Liste dann mit einem vertrauenswürdigen Menschen durch und schauen Sie, was Sie tun können, um den Schaden »wieder gutzumachen«.

Vereinfachen

Die Fähigkeit, etwas zu vereinfachen, bedeutet, dass man das Unnötige eliminiert, damit das Notwendige zutage treten kann.
Hans Hofmann

Wenn wir daran denken, unser Leben zu vereinfachen, assoziieren wir das oft mit »etwas aufgeben«, »weniger haben« oder sogar mit Leiden. Wir gelangen sofort zu der »logischen« Schlussfolgerung, dass ein einfaches Leben nur bedeuten kann, in Sackleinen gehüllt, ohne Heizung oder elektrischen Strom in einer Höhle zu leben. Ist es nicht komisch, wie unser Verstand funktioniert? Diese Vorstellung ist beunruhigend genug, um unseren Wunsch nach einem einfachen Leben eine Zeit lang von uns zu weisen. Und sollten wir uns wieder einmal näher mit dieser Idee beschäftigen, wird unser unermüdlicher Verstand uns schon retten!
Schauen wir uns doch, nur so zum Spaß, die Idee der Vereinfachung einmal aus einem positiven Blickwinkel an. Was wäre, wenn wir uns tatsächlich entschließen könnten, unser Leben zu vereinfachen, um »das Unnötige zu eliminieren, damit das Notwendige zutage treten kann«. Verstopfung ist ein modernes Phänomen. Wir haben voll gestopfte Schubladen, voll gestopfte Schränke, voll gestopfte Garagen, voll gestopfte Terminkalender und nur allzu oft ein voll gestopftes Leben. Bleibt in einem solchen »ausgefüllten« Dasein wirklich noch genug Raum, damit »das Notwendige zutage treten kann«? Wird das Wichtige vom Unwichtigen überdeckt? Verändert sich das, was wir als »notwendig« betrachten, wenn wir uns verändern? Und vergessen wir dann, das überflüssig Gewordene zu entsorgen?

Sie sollten sich vornehmen, jede Woche etwas »Überflüssiges« aus Ihrem Leben zu entfernen. Tun Sie das ein Jahr lang und schauen Sie, wie Sie sich dann fühlen.

Essen

Vielleicht wussten Sie noch nicht, dass Klebeband sich wunderbar eignet, um einen Hackbraten zusammenzuhalten. Ich benutze es immer, wenn mir das Heftpflaster oder die Gummiringe ausgegangen sind. Ein bisschen Ketchup überdeckt den Geschmack. Bevor ich zu dieser Methode griff, gelang es mir nie, einen Hackbraten in Scheiben zu schneiden – er explodierte einfach.

Phyllis Diller

Es ist sehr wichtig, sich beim Kochen einen Sinn für Humor zu bewahren. Früher erwartete man von Frauen (manchmal auch von Männern) die Fähigkeit, ein wohlschmeckendes Mahl zu kochen und appetitlich anzurichten. Heute scheint eher die Fähigkeit gefragt, die richtigen Materialien auszuwählen, damit das Essen in der Mikrowelle nicht mit dem Behälter »verschmilzt«. Aber im Ernst, Essen ist eine wichtige Angelegenheit, die für sehr viele Menschen mit widersprüchlichen Empfindungen verknüpft ist.

Hier nur ein paar Gedächtnisstützen für einen positiven Umgang mit den Mahlzeiten:

1. Essen macht Spaß.
2. Essen schmeckt gut.
3. Essen kann eine Form von Abenteuer sein.
4. Nahrung kann gesund und köstlich sein.
5. Plastik ist kein Lebensmittel ...
6. Sparen Sie sich ernsthafte Gespräche für einen Zeitpunkt auf, an dem Sie keinen Esstisch zwischen sich haben.

Mahlzeiten können aufbauend sein und uns wieder ins Gleichgewicht bringen. Ist das bei Ihnen der Fall?

Schuldzuweisungen

Fairness hat hauptsächlich damit zu tun, anderen nicht die Schuld an unseren eigenen Unzulänglichkeiten zu geben.
Eric Hoffer

Heutzutage, wo man ständig für alles und jedes nach psychologischen Erklärungen und Ursachen fahndet, ist es weiß Gott nicht leicht, darauf zu verzichten, anderen (egal wem!) die Schuld an den eigenen Unzulänglichkeiten zuzuschieben.
Wir können Jahr um Jahr in dem Glauben leben, dass wir nie eine Chance hatten, weil unsere Familie arm war, unsere Eltern sich scheiden ließen, wir keine gute Ausbildung erhielten, unsere Eltern zu nachsichtig oder unsere Lebensumstände grundsätzlich unglücklich waren, sodass wir immer wieder andere – irgendjemanden – für unsere Schwierigkeiten im Leben verantwortlich machen. Vielleicht sind wir im tiefsten Innern davon überzeugt, dass wir nicht fair mit anderen umgehen müssen, wenn wir nur beweisen können, dass wir selbst unfair behandelt wurden.
Jede Schuldzuweisung, die wir denken oder aussprechen, reduziert das Maß an »Fairness« bei uns selbst. Wenn wir nicht Acht geben, ist unser »Fair-Play-Reservoir« irgendwann erschöpft.
Verzweifeln Sie nicht! Die »Quelle der Fairness« in unserem Innern kann leicht wieder zum Sprudeln gebracht werden. Wir müssen nur aufhören, anderen die Schuld an unseren Unzulänglichkeiten zu geben und die entsprechenden Gedanken zu nähren. Es ist erstaunlich, wie die eigene Fairness das gleiche Verhalten in anderen hervorruft.

Nehmen Sie sich vor, sich jedes Mal innerlich »die rote Karte zu zeigen«, wenn Sie anfangen, anderen an irgendetwas die Schuld zu geben.

Angst vor Kindern

Hedda hatte immer eine unbestimmte Angst vor Kindern
und eigentlich vor kleinen Menschen im Allgemeinen.
Sie waren zu kompakt, wie der unverdünnte Inhalt
einer Suppendose – zu intensiv menschlich und deshalb
zu wenig vertrauenswürdig. Die schlechten Zutaten –
die Dummheit und Grausamkeit – traten nur allzu deutlich hervor.
Rebecca Goldstein

Den meisten Erwachsenen fällt es nicht leicht, zuzugeben, dass sie im tiefsten Innern Angst vor Kindern haben. Die moderne Psychologie hat die Vorstellung genährt, dass Kinder Wesen zum Fürchten sind, und diese Saat ist auf fruchtbaren Boden gefallen. Man hat uns dazu ermutigt, Kinder als Quelle für unsere unbestimmten und unerklärlichen Ängste zu sehen.
Was in der Welt tun Kinder, und was geht in ihren Köpfen vor sich? Wenn wir irgendetwas tun oder sagen, könnten wir ihnen schaden. Wenn wir nicht all den Experten und Autoren von Erziehungsratgebern folgen, werden wir irgendetwas Falsches tun. Versuchen sie, uns zu manipulieren? Sind sie wirklich krank oder simulieren sie nur? Wer sind diese kleinen Leute überhaupt? Meine Güte! Wir scheinen vergessen zu haben, dass wir selbst einmal Kinder waren. Waren wir denn so gefährlich?
Entspannen Sie sich. Sollen doch die »Experten« an ihre Ängste glauben. Kinder wollen mit echten Menschen in Kontakt treten, nicht mit Pappmachéfiguren.

Schauen Sie, ob Sie im Zusammensein mit einem Kind Sie selbst sein und sich entspannen können. Das ist eine großartige Übung.

Neuerungen

Nachdem ich begonnen hatte, mein Leben mehr als einen ganzheitlichen Prozess zu betrachten, beschloss ich, ein Klappbett mit ins Büro zu nehmen, damit ich jeden Nachmittag ein Nickerchen machen konnte. Ich brauchte das. Mein Chef hatte nichts dagegen.
Reinhold

Für Reinhold und den Verleger, für den er arbeitete, war das Aufstellen eines Klappbetts im Büro ein revolutionärer Akt. Er arbeitete in einem Unternehmen, in dem eine hohe Arbeitsmoral herrschte und Überstunden als völlig selbstverständlich galten.
Im Laufe der Jahre hatte Reinhold sich als produktive, beständige und verlässliche Arbeitskraft erwiesen. Nachdem er das Klappbett mit ins Büro gebracht hatte, war seine Produktivität genauso hoch wie vorher, manchmal sogar noch höher. Sein Akt der Selbstfürsorge sandte Schockwellen durch das gesamte Unternehmen und veranlasste andere, darüber nachzudenken, wie sie entspannter und kreativer arbeiten könnten. Auch sie begannen nun, sich in neue Richtungen zu bewegen.
Reinhold schleppte sein Klappbett nicht ins Büro, um so etwas wie ein »Erneuerer« zu sein. Er tat es einfach, weil er sich seiner eigenen Bedürfnisse zunehmend bewusst wurde und bereit war, zu versuchen, diese Bedürfnisse auf eine Weise zu erfüllen, die anderen (oder seiner Arbeit!) nicht schadete. Und er kam zu dem Schluss, dass das Klappbett eine gute Lösung sei.
So wurde er auf eine stille, subtile Art doch zu einem Erneuerer an seinem Arbeitsplatz.
Hinter einer guten Innovation steckt stets ein Bedürfnis.

Stimmen Sie sich auf Ihre eigenen Bedürfnisse ein.
Womit könnten Sie Ihren Arbeitsplatz menschlicher gestalten?

Illusionen

Ich denke immer, ich könnte mich ausruhen,
wenn die Arbeit getan ist, und dann ist die Arbeit nie getan.
Petra

Illusionen sind sehr hinterhältig. Sie schleichen sich ein, wenn wir gerade nicht hinschauen, und halten sich im Verborgenen, bis wir einmal besonders verletzlich und unachtsam sind, um uns dann wie ein hungriger Löwe anzuspringen.
Die meisten Menschen können sich nicht daran erinnern, wann sie begannen, mit Illusionen zu leben. Gewöhnlich übernehmen wir sie von Familienangehörigen, der Kirche, der Schule, den Medien – vielfach untermauert von den Theorien der modernen Psychologie. Und während die Illusionen der anderen in unseren Köpfen wachsen, werden sie uns allmählich vertraut, und wir fangen an, uns zusätzlich eigene zu erschaffen.
Nehmen wir beispielsweise die Illusion, dass die Arbeit irgendwann getan sein wird. Die Arbeit wird niemals getan sein. Leben und arbeiten sind Prozesse, die so beschaffen sind, dass wir weder mit dem einen noch mit dem anderen wirklich fertig werden, bevor unser Leben zu Ende ist. Wir können kleinere Arbeitsschritte abschließen, aber es wird immer noch mehr Arbeit geben. Unsere Aufgabe besteht darin, zu lernen, während des Arbeitsprozesses gut für uns zu sorgen.

Nehmen Sie einen imaginären »Illusionsbesen« zur Hand
und fegen Sie alle Illusionen aus Ihrem Geist.

Würde

In all den bitteren Jahren ihrer Versklavung gelang es meiner Mutter, sich eine königliche Würde zu bewahren.
Mary McLeod Bethune

Was für ein uraltes Relikt – Würde. Wir hören kaum etwas über Würde in unserem Zeitalter der Beiläufigkeit und Nachlässigkeit. Doch wenn wir echter Würde begegnen, verspüren wir oft so etwas wie Ehrfurcht und Bewunderung.

Mit echter Würde versuchen wir nicht, Eindruck zu schinden. Echte Würde entspringt einer inneren Balance, die uns erlaubt, uns an das Leben anzupassen, so wie es uns begegnet, und uns dennoch selbst zu respektieren.

Wenn wir an Würde denken, kommt uns oft die Steifheit viktorianischer Frauen in den Sinn. Damit wollen wir nichts zu tun haben. Um Gottes willen! Würde hat nämlich nicht das Geringste mit Steifheit zu tun. Sie ist nichts anderes als die Fähigkeit, unser inneres Gleichgewicht ungeachtet aller Anwürfe von außen aufrechtzuerhalten und mit Klarheit und Mitgefühl für uns selbst und andere darauf zu reagieren. Würde ist die Fähigkeit, sich verletzbar zu zeigen und das Beste aus einer Situation zu machen, während man ungebeugt zu sich selbst steht. Würde bedeutet einfach, »man selbst zu sein«, während man auf eine Situation reagiert.

Denken Sie an Menschen, die Ihrer Meinung nach Würde besitzen. Wie steht es mit Ihnen selbst?

Wie ein hohler Bambus sein

Wenn wir wie ein hohler Bambus werden, gibt es keine Grenzen für das, was die höheren Mächte in und durch uns bewirken können.
Frank Fools Crow

Von allen Dingen, die mein Großvater Frank Fools Crow (Eagle Bear) mich lehrte, war die Sache mit dem hohlen Bambus wohl die tiefgründigste und, wie ich glaube, auch die wertvollste.
Fools Crow war der wichtigste Heiler und spirituelle Führer, den ich bisher kennen gelernt habe. Er sagte stets klar und deutlich, dass alles, was er tat, von höheren Mächten bewirkt würde. Er war ein starker Mensch, und seine Kraft entsprang seinem Wissen darum, dass er nichts als ein hohler Bambus war. Weil er wusste, dass er nur ein Kanal für das große Mysterium war, konnte er achtundneunzig Jahre lang spirituell als Heiler dienen. Er lebte sein Leben mit freundlicher Bescheidenheit. Er hatte alles, was er brauchte, und wurde von vielen Menschen aus aller Welt geliebt und bewundert.
Wie ein hohler Bambus zu leben, bedeutet, dass unser Ego in den Hintergrund tritt und wir uns dafür öffnen, von Mächten geführt zu werden, die viel größer sind als wir selbst. Wenn wir das tun, senkt sich ein unvergleichlicher Frieden auf uns herab.

Setzen Sie sich einmal hin und schauen Sie auf Ihr Leben zurück. Können Sie Zeiten sehen, in denen Sie das Gefühl hatten, alles sei vollkommen, und diesen Zustand aufrechterhalten wollten? Das konnte Ihnen natürlich nicht gelingen. Ihr Leben ging weiter und veränderte sich wieder. Können Sie sehen, wie viel mehr Sie inzwischen gelernt haben und wie viel reicher Ihr Leben wurde, als es jemals hätte sein können, wenn es Ihnen gelungen wäre, den Status quo aufrechtzuerhalten? Meditieren Sie dann ein wenig über die Möglichkeit, ein hohler Bambus zu sein.

Sich ausdehnen

Welche Farbe hat der Wind?
Zen-Koan

Der Zweck eines Zen-Koans besteht darin, uns zu lehren, die Grenzen unserer Vorstellungskraft zu erweitern und in unserem Geist neue Wahrnehmungsräume zu öffnen.
Welche Farbe hat der Wind? Welchen Geruch hat ein Musikstück?
Wir schränken so oft unsere Erfahrungsmöglichkeiten ein, indem wir auf den ausgetretenen Pfaden bleiben, in denen wir uns so gemütlich eingerichtet haben, während die uns umgebende Welt uns unzählige Chancen für ein Erleben bietet, für das wir unsere Sinne gar nicht öffnen.
Wir Menschen sind so außergewöhnliche Wesen! In jedem Augenblick stehen uns mehr Möglichkeiten offen, als wir uns vorstellen können. Und wir können diese Möglichkeiten nutzen, selbst wenn wir uns bisher nicht einmal erlaubt haben, sie überhaupt wahrzunehmen.
Wenn wir erkennen, wie kreativ wir sind und wie lebendig die Welt um uns herum ist, erschließen wir uns mehr und mehr Möglichkeiten.

Versuchen Sie heute, an einem vertrauten Platz Ihre Sinne und Ihr ganzes Wesen für das Ungewöhnliche und das Ihnen bisher Unbekannte, von dem Sie umgeben sind, zu öffnen.

Stille

Wenn wir der Stille lauschen können,
können wir dem Unendlichen lauschen.
Anne Wilson Schaef

Die Stille ist eines unserer kostbarsten Geschenke. Sehr viele von uns haben noch nie die Erfahrung gemacht, dass man ihnen zuhört, sodass unsere Worte auf taube Ohren fallen, wenn wir vom Wert der Stille sprechen.

Vielleicht müssen wir erst lernen, dass unsere Stimme zählt, um den wahren Wert der Stille würdigen zu können.

Damit wir gehört werden, haben wir gelernt, zu debattieren, zu streiten, durchsetzungsfähig zu sein und andere zu übervorteilen. Wir haben gelernt, andere zu überschreien und uns, anstatt zuzuhören, auf unseren nächsten Satz vorzubereiten, um »zu gewinnen«. Doch nachdem wir nun all diese Fähigkeiten erworben und zur Genüge praktiziert haben, fühlen wir uns innerlich seltsam leer. Auch wenn sie in manchen Situationen funktionieren, müssen wir uns fragen, ob sie in einem allgemeineren Sinn effektiv sind. Fühlen wir uns gut mit uns selbst und anderen, wenn wir sie einsetzen? Reden wir, um uns reden zu hören, um der Stille zu entfliehen oder um zu beweisen, wie viel wir wissen? Falls wir aus einem dieser Gründe reden, ist es besser, still zu sein.

Wenn wir gelernt haben, zu sagen, was uns wichtig ist, entdecken wir mehr Schönheit in der Stille.

Die Erfahrung der Stille ist in unserer modernen Gesellschaft fast verloren gegangen. Sehen Sie zu, ob Sie eine Art des Zuhörens entwickeln können, die keine Reaktion Ihrerseits erfordert. Bewahren Sie Ihre Kraft.

Euphemismen

Ich kenne eine Geheimsprache. Ich bin nicht verrückt, hab nur eine »emotionale Störung«; ich hab keine Anfälle, nur eine »konvulsive Störung«; ich bin nicht hässlich, nur unansehnlich; ich bin nicht schwarz, nur dunkel; und meine Kinder sind keine Bastarde, sie – sie sind Blüten der Liebe!
Joanne Greenberg

Was, so fragen Sie vielleicht, hat eine Betrachtung über Euphemismen, also »Schönfärberei«, in einem Buch über ein Leben im Gleichgewicht zu suchen, einem Buch für Menschen, die zu viel tun? Das habe ich mich auch gefragt.

In dem Wörterbuch, das ich durchblätterte, stand »Euphemismus«, das Gegenteil von »Kakophemismus«, nahe bei »Euphonie« (= Wohlklang), dem Gegenteil von »Kakophonie«, und ich stellte fest, dass mir diese Wörter gefielen. Sind sie nicht irgendwie witzig? Macht es Ihnen auch so viel Spaß, mit Wörtern zu spielen?

Euphemismen und Wortspiele können jedenfalls Spaß machen. Es ist ein bisschen wie schwindeln – so als ob man mit ihnen etwas auszudrücken versucht, ohne es explizit zu sagen.

Versuchen Sie, ab und zu ein bisschen närrisch zu sein.
Tun Sie etwas völlig Sinnloses – und genießen Sie es.

Ausdauer

Ausdauer beweist man nicht in einem langen Rennen, sondern in vielen kurzen – eines nach dem anderen.
Walter Elliott

Menschen, die zu viel tun, haben Schwierigkeiten mit der Ausdauer. Wir beeilen uns gern, bringen etwas möglichst schnell hinter uns und wenden uns etwas *Neuem* zu. Wir genießen die mit der Hektik verbundenen Aufregungen und Adrenalinstöße. Menschen, die zu viel tun, sind keine ausdauernden, zähen Arbeiter, die über einen längeren Zeitraum an einer Sache dranbleiben.
Doch leider fällt dieser Hektik meistens unser inneres Gleichgewicht zum Opfer. Wir sind so stark auf eine Bewegung fixiert – die Vorwärtsbewegung –, dass unser Gefühl für Ausgewogenheit in allen Bereichen, auf allen Ebenen und in allen Richtungen gestört ist. Vielleicht drehen wir uns bei alledem nur im Kreis.
Zweierlei kann uns helfen:
das Wissen, dass wir nur einen Schritt nach dem anderen machen können, und die volle Konzentration auf den jeweiligen Schritt; das Aufteilen der betreffenden Arbeit oder Aufgabe in kleinere, überschaubare Einheiten und das allmähliche Aufbauen auf bereits erledigten Aufgaben.

Wenn Sie mit einer langfristigen Aufgabe konfrontiert sind, sollten Sie versuchen, sie in gut zu bewältigende Einheiten aufzugliedern, und sich immer nur auf einen Schritt konzentrieren.

Geld

Es gibt eine Hand voll Menschen, die nicht vom Geld verdorben sind, und jeder von uns zählt sich zu diesen wenigen.
Mignon McLaughlin

Oh, Geld! Welche Illusionen, welche Fantasien, welche Träume haben wir in Bezug auf Geld! Es ist erstaunlich, dass wir bereit sind, so viel Zeit und Energie in etwas zu investieren, das im Grunde noch nicht einmal real existiert: Geld ist eine Erfindung. Wir haben es als legales Zahlungs*mittel* erfunden und uns auf den Umgang damit geeinigt. Es als Wert an sich zu betrachten, ist eine lieb gewordene kulturelle Illusion. Es hat seinen Wert nur dadurch, dass wir uns etwas anderes davon leisten können.
Doch eines der seltsamsten Merkmale, auf das ich im Zusammenhang mit Geld gestoßen bin, ist, dass es offensichtlich keinerlei Verbindung zum spirituellen Aspekt des Lebens hat. Wir sagen: Geld ist weder gut noch schlecht, es kommt darauf an, was man damit macht. Das ist ein beliebter Mythos, der auch auf andere unspirituelle Dinge angewendet wird.
Ich behaupte, dass der Umgang mit Geld an unserer Lebensenergie zehrt. Wie fühlen wir uns, wenn wir mit Rechnungen bombardiert werden? Wie fühlen wir uns, wenn wir versuchen, aus einer verwirrenden Nebenkostenabrechnung schlau zu werden? Wie fühlen wir uns, wenn wir unsere Einkommensteuer erklärt oder uns mit einem Anlageberater getroffen haben? Ich fühle mich dann jedes Mal spirituell ausgelaugt. Geld kann uns sehr aus dem Gleichgewicht bringen, ob wir nun wenig oder viel davon haben.

Versuchen Sie, Ihre finanziellen Aufgaben zwischen spirituelle Aktivitäten zu legen – ein Gebet, eine Meditation, einen Spaziergang in der freien Natur, vorher und nachher. Stellen Sie einen Unterschied fest?

Gesundheit – Körper

Gesundheit ist nicht einfach die Abwesenheit von Krankheit.
Hannah Green

Gesundheit und Gleichgewicht sind nichts Statisches. Unseren Körper im Gleichgewicht zu halten, bedeutet, achtsam mit den körperlichen Prozessen in den verschiedenen Lebensphasen umzugehen. Was in einem Lebensabschnitt zu unserem Gleichgewicht beiträgt, führt in einem anderen vielleicht zu einer Imbalance.
Ein Gleichgewicht kann ebenso wenig statisch sein wie ein Körper. Unser Körper verändert sich ständig, neue Zellen entstehen, alte sterben ab – er ist ständigen Veränderungs- und Regenerationsprozessen unterworfen. Außerdem bedeutet »Gleichgewicht« nicht für alle Menschen dasselbe. Auch wenn wir gern das Gegenteil glauben, gibt es keinen allgemein gültigen Standard für einen ausgeglichenen körperlichen Zustand. Auf der körperlichen Ebene wird das jeweils individuelle Selbst widergespiegelt. Unser Körper ist wie unser Leben. Er ist keine »Sache«, die man ein für alle Mal in Ordnung bringen kann. Unser Körper und unsere Gesundheit sind ständigen Veränderungen unterworfen. Wenn wir versuchen, sie in den optimalen Zustand zu bringen, und hoffen, dass sie dann so bleiben, erliegen wir einer der verbreitetsten Illusionen. Unsere Körper befinden sich wie gesagt in einem permanenten Entwicklungsprozess, und es geht uns einfach besser, wenn wir uns daran orientieren.

Versuchen Sie, Ihren Körper als Prozess und nicht als »Objekt« zu sehen. Wie ändert sich dadurch Ihre Beziehung zum eigenen Körper? Wir können und sollten mit unserem Körper zusammenarbeiten. Er ist nicht unser Feind.

Selbstachtung – Wahrheit

Der Typ, der mich bekommt, kriegt eine echt tolle Frau.
Aretha Franklin

Richtig! Es ist immer am besten, die Wahrheit zu sagen. Nur zu oft erliegen wir dem Irrtum, die Wahrheit über uns selbst zu sagen, bedeute, nur das Negative auszudrücken. Wenn etwas wahr ist, muss es wehtun: Diesen Unsinn glauben viele.
Wenn wir die Wahrheit über unsere positiven Seiten sagen, bekommen wir meist zu hören, wir seien Angeber oder eingebildet. Doch was ist an dieser Reaktion der anderen ausgewogen oder wahr?
Jeder Mensch ist im Grunde ein begabtes, ganzheitliches, kreatives Wesen. Jeder von uns ist eine fabelhafte Person mit einem kaum ausgeschöpften Potenzial.
Wer uns als Partner oder Freund bekommt, kann sich glücklich schätzen. Gut, sicherlich haben wir ein paar Ecken und Kanten, aber das sind nur die offensichtlichen Merkmale unseres Wachstumspotenzials.

Verbringen Sie den Tag in dem Wissen, dass Sie tatsächlich
ein fabelhafter Mensch sind (neben dem,
was Sie heute sonst noch über sich denken wollen).

Egozentrik

Es geht nichts über das Gefühl der Ausgeglichenheit. Wie ich mich nach einem harten Arbeitstag danach sehne. Aber hat es irgendjemand?

Naomi Thornton

Das ist absolut menschlich! Nur weil wir nicht wissen, wie wir einen bestimmten Zustand erreichen können, ziehen wir den Schluss, dass er in Wirklichkeit gar nicht existiert! Black Elk sagte: »Der Mittelpunkt des Universums ist überall.« Er sagte nicht: »*Ich bin* der Mittelpunkt des Universums.« Der Mittelpunkt des Universums kann in meinem Inneren wie auch überall sonst sein, aber ich *bin* nicht das Zentrum!

Egozentrik ist so einschränkend und destruktiv. Ein Egozentriker zu sein, bedeutet nicht, dass man gut für sich sorgt. Es ist vielmehr ein Zustand, in dem man den Kontakt zu sich selbst verloren hat, während man sich gleichzeitig völlig auf sein »Ich« fixiert.

Egozentrik ist wie ein schwarzes Loch, das weder Raum für das wirkliche Selbst noch für andere Menschen lässt. Der Zustand der Egozentrik ist so machtvoll, dass er jeden verfügbaren Raum ausfüllt. Menschen, die längere Zeit Egozentrikern ausgesetzt sind, werden oft selbst so, weil sie schließlich an einen Punkt kommen, an dem sie das Gefühl haben, irgendetwas an sich reißen zu müssen, das ihnen gehört. So gesehen ist Egozentrik ansteckend.

Das Schlimmste daran ist aber, dass wir es normalerweise nicht wissen, wenn wir uns in diesem Zustand befinden – und folglich keine Ahnung haben, wie wir da herauskommen können.

Falls Sie jetzt eine Ahnung beschleicht, Sie könnten selbst egozentrische Züge haben, sollten Sie einmal innehalten, Bilanz ziehen, mit einem Freund oder einer Freundin sprechen und etwas für einen anderen Menschen tun, ohne dabei an sich selbst zu denken.

Andersartigkeit

Andersartigkeit provoziert Vermutungen.
Anne Wilson Schaef

Der Angst vor der Verschiedenheit nachzugeben, ist eine sichere Methode, im Status quo zu verharren.

Wenn wir mit jemandem zu tun haben, der ganz anders ist als wir selbst, greifen wir gern auf Strategien zurück, die den Betreffenden auf Abstand halten. Wir bemerken die Andersartigkeit und ziehen uns innerlich sofort zurück. Wir bestätigen uns insgeheim, dass mit uns und unseren Verhaltensweisen alles in Ordnung ist, und verurteilen die andere Person für ihr Anderssein.

Warum haben wir so viel Angst? Müssen wir jeden nach unserem eigenen Bild formen, um uns in seiner Gegenwart wohl fühlen zu können? Unsere natürliche menschliche Reaktion in neuen und unbekannten Situationen ist stets der Versuch, die Situation aus einer gewohnten Perspektive zu beurteilen.

Doch es gibt auch noch andere Möglichkeiten, mit der Angst vor dem Unbekannten umzugehen. Vielleicht müssen wir einfach unsere Vermutungen infrage stellen. Wir können die Andersartigkeit sehen und spüren, uns selbst (und sogar anderen) unsere Angst eingestehen, uns nach diesem Eingeständnis entspannen, den Rahmen unserer Vermutungen ausdehnen und/oder bestimmte Annahmen verwerfen und uns auf etwas anderes – sogar etwas Unbekanntes – gefasst machen.

Gleichen Ihnen die meisten Menschen, mit denen Sie zu tun haben,
in Äußerlichkeiten und im Handeln? Könnte es sein,
dass diese Gleichförmigkeit ein Ungleichgewicht hervorruft?
Möchten Sie sich einmal genauer anschauen, wie Sie
in Ihrem Leben mit Unterschieden und »Andersartigkeit« umgehen?
Das könnte eine ganz neue Herausforderung für Sie sein.

Vermutungen anstellen

Vermutungen sind gefährlich.
Agatha Christie

Vermutungen können sehr gefährlich sein, besonders wenn wir auf der Grundlage von Annahmen handeln, ohne sie zu überprüfen. »Ich dachte, du wärst mit dem Essen fertig, deshalb habe ich den Tisch abgeräumt und deinen Teller gespült.« – »Ich dachte, du hättest kein Interesse daran, deshalb bin ich ohne dich hingegangen.« – »Ich dachte, du würdest unsere Beziehung sowieso beenden, deshalb habe ich mich von dir getrennt.« Ich habe einmal gehört, Vermutungen seien vorsätzliche Ressentiments, und ich glaube, dass das stimmt. »Ich nahm an, du würdest gern hingehen, deshalb habe ich zugesagt.« – »Ich dachte, mit mir ins Bett zu gehen, würde für dich eine gewisse Verbindlichkeit bedeuten.« – »Da Sie mich nicht direkt zurückgerufen haben, nahm ich an, Sie würden mir den Job nicht zutrauen.«

Wie einfach wäre es, unsere Vermutungen zu überprüfen, bevor wir sie zur Basis unseres Handelns machen! Ein kurzer Anruf, ein Besuch, ein Fax oder eine E-Mail könnten schon Klarheit bringen.

Ungeprüfte Vermutungen haben bereits Kriege (persönliche und internationale) ausgelöst. Wir sollten sehr vorsichtig mit Vermutungen umgehen.

Überprüfen Sie Ihre Vermutungen. Versuchen Sie, sich an einem bestimmten Tag Ihre Vermutungen und/oder Ihr Handeln auf der Basis dieser Vermutungen bewusst zu machen. Schauen Sie sich die Resultate an. Vielleicht müssen Sie über Ihre Art und Weise, mit Vermutungen umzugehen, einmal nachdenken.

Beziehungen

Beziehungen kann man nicht kontrollieren.
Man kann nur an ihrer Entwicklung teilhaben.
Anne

Manchmal verwechseln wir Beziehungen mit Zauberei.
Wir wünschen uns intime, liebevolle, offene, zärtliche und unterstützende Beziehungen. Am liebsten würden wir einfach die richtige Person treffen und wie durch magische Hand bewirkt die perfekte Partnerschaft ins Leben rufen, die dann von allein genauso perfekt und reibungslos bestehen bleiben soll, um uns dann wieder den anderen, »wichtigeren« Dingen in unserem Leben zuzuwenden.
Obwohl die meisten von uns bestimmt sagen würden, dass sie nicht an Magie glauben, wollen wir, dass unsere Wünsche sich magisch erfüllen, insbesondere im Hinblick auf unsere Partnerschaften.
Wie dumm wir doch sind! Vertrautheit braucht Zeit. Vertrautheit ist ein Prozess, kein Ereignis. Intimität ist etwas, woran wir aktiv beteiligt sind, sie wird uns nicht in den Schoß gelegt.

Verabreden Sie sich einmal pro Woche zu einem Beziehungsgespräch mit dem Menschen, der Ihnen am nächsten steht. Schauen Sie in der Zwischenzeit, was Sie getan haben, um Spannungen auszulösen oder zu verstärken, und seien Sie bereit, Verantwortung für Ihr Verhalten zu übernehmen.

2. April

Grenzen setzen

Arbeit lässt sich wie ein Gummi dehnen, um die Zeit auszufüllen, die für sie zur Verfügung steht.
Cyril Northcote Parkinson

Wenn ich meinen Arbeitsplatz verlasse, liegen meine Papiere ordentlich sortiert auf kleinen Stapeln, damit ich sie später in Angriff nehmen kann. Doch dann, im Licht des neuen Tages, scheinen sie sich vervielfältigt zu haben.

Als mir dieses Phänomen zum ersten Mal bewusst wurde, erkannte ich, dass ich die volle Verantwortung für meine Papierflut und mein Arbeitspensum übernehmen muss. Und da ich ihre Angewohnheit entdeckt hatte, sich exponentiell zu vermehren, wurde ich dafür verantwortlich, Grenzen zu setzen, um ihr urtümliches Wesen zu bändigen, das nicht immer gut für mein Leben, meine Beziehungen oder meine Gesundheit war.

Wenn ich weiß, dass ich es mit einem Phänomen zu tun habe, das sich vielleicht ausdehnen wird, kann ich dafür sorgen, dass dieses natürliche Phänomen mein Leben nicht überflutet.

Wenn ich abends von meinem Schreibtisch aufstehe, mahne ich das Papier zur Zurückhaltung. Es mag vielleicht befremdlich wirken, aber es hilft mir bei der Bestätigung meines Vorhabens, wenn ich ihm sage: »Keine Vermehrung über Nacht!«, und meiner Arbeit klar und deutlich mitteile, dass ich Grenzen gesetzt habe und nicht ihrer verborgenen Natur zum Opfer fallen werde. Diese spaßige Übung funktioniert, wie wenn man ein Hündchen trainiert.

Sprechen Sie zu Ihrer Papierflut oder dem Geschirr im Spülbecken und lassen Sie die beiden wissen, dass Sie derjenige sind, der hier die Grenzen setzt. Machen Sie Stichproben, um zu überprüfen, ob sie sich an Ihre Anweisungen halten ...

Leidenschaft

Ich begann, die Leidenschaft, die ich für Basketball empfand, in die [General-Motors-]Meetings einzubringen.
Cynthia »Coop« Cooper

Wenn wir an Gelassenheit und Ausgeglichenheit denken, verwechseln wir diese Zustände oft mit Leidenschaftslosigkeit.
Für manche Zeitgenossen, die auf Messers Schneide gelebt, ihre Grenzen ausgelotet, mit dem Leben gerungen und von Dramen, Krisen und Adrenalinstößen gelebt haben, scheinen Ausgeglichenheit und Langeweile Synonyme zu sein.
Überraschenderweise, zumindest für manche Menschen, ist ein ausgeglichenes Leben aber gar nicht denkbar ohne Leidenschaft. Vielleicht haben wir Passion mit der Ausschüttung von Adrenalin verwechselt. Leidenschaft ist die laserartige Bündelung unserer schöpferischen Lebenskraft, die unser Leben mit Begeisterung und Energie erfüllt, mit Liebe würzt und uns darüber hinaus ein tiefes Selbstbewusstsein verleiht.
Wir produzieren die Leidenschaft nicht selbst. Sie steigt in uns auf wie eine überfließende Quelle, wenn wir es zulassen. Aber wir müssen aufpassen, dass wir sie nicht mit Arbeitssucht verwechseln. Workaholismus verschlingt uns, während Leidenschaft unsere Lebensgeister weckt. Unsere Leidenschaft fordert nicht von uns, dass wir um ihretwillen destruktiv mit uns selbst umgehen. Leidenschaft ist die Voraussetzung für Lebendigkeit.

Betrachten Sie Ihre Situation. Wie steht es um Ihre Leidenschaft? Haben Sie sie teilweise verloren? Unterscheidet sie sich jetzt von der Leidenschaft Ihrer Jugendzeit? Was können Sie tun, um Ihre Leidenschaft hervorzulocken? Erlauben Sie sich, ein leidenschaftlicher Mensch zu sein.

Das richtige Werkzeug für den Job

Arbeit ist nicht länger an einen Ort gebunden.
Jarma Allila

Wir waren daran gewöhnt, unseren Arbeitsplatz als einen festgelegten Ort zu betrachten, an dem wir unserer Beschäftigung nachgingen, ganz gleich, ob zu Hause oder in der Firma. Doch das hat sich mit Beginn des »elektronischen Zeitalters« in vielen Fällen geändert. Wir sind jetzt viel freier in der Wahl unseres Arbeitsplatzes, haben dadurch aber auch wesentlich mehr Gelegenheiten, Chaos und Unordnung zu schaffen, wichtige Dinge zu verlieren oder uns abzulenken.

Die viel beschäftigte Mutter hat heute vielleicht nicht nur daheim ihre Arbeitsecke oder ihr Büro, sondern geht möglicherweise auch mittels Handy und SMS »ihren Geschäften« nach, während sie darauf wartet, die Kinder von der Fahrgemeinschaft in Empfang zu nehmen, oder wenn sie in einer Schlange vor der Kasse steht.

Die Managerin arbeitet auf ihrem Weg zum Arbeitsplatz vielleicht genauso viel wie im Büro. Der Lehrer führt Telefongespräche mit Eltern seiner Schüler, während er in der Zahnarztpraxis auf einen Angehörigen wartet. Die Zeiten haben sich geändert!

Mobiltelefone, Faxe und E-Mails haben uns ein anderes »Ortsgefühl« gegeben. Es ist wichtig, sich genau zu überlegen, welche Hilfsmittel man für ein mobiles Büro braucht. Ein Handy und die Arbeitsunterlagen in einen alten Beutel zu werfen, könnte mehr Arbeit produzieren, als sie zu vermindern.

Schauen Sie, welche Hilfsmittel Sie finden können, um sich Ihren jetzigen Lebens- und Arbeitsstil zu erleichtern. Das ist immer eine gute Investition. Ich mag Aktenmappen – die Sorte mit vielen Fächern –, die in meine Aktentasche passen.

Lebensumstände

Die Lebensumstände machen einen Menschen nicht aus;
sie enthüllen, wer er ist.
Richard Carlson

Wie wir uns mit unseren Lebensumständen arrangieren, zeigt, wer wir sind. Wir werden nicht von den Lebensumständen bestimmt oder geformt, die bei unserer Geburt oder in den darauf folgenden Jahren vorherrschen. Sie mögen uns beeinflussen, aber sie erschaffen uns nicht. Es ist müßig, an dieser Stelle die vielen Geschichten über Menschen zu bemühen, die unter fast identischen Umständen aufwuchsen und ihr Leben schließlich ganz unterschiedlich meisterten.
Es liegt in unserer Verantwortung, das Beste aus dem zu machen, was wir haben. Der Umgang mit dem, was uns das Leben gibt, ist unsere Gelegenheit, zu zeigen, wer wir sind und wer wir werden können. Das ist unsere Chance und Verantwortung.
Wenn wir anfangen, unser Leben mit etwas Abstand zu betrachten, können wir die Resultate einiger Entscheidungen sehen, die wir in jüngeren Jahren getroffen haben. Das gibt uns die Möglichkeit, uns weiterzuentwickeln, aus unseren Fehlern *und* Erfolgen zu lernen.

Lehnen Sie sich einmal zurück und schauen Sie,
was Sie aus den Lebensumständen, die sich Ihnen boten,
gemacht haben. Würden Sie gern jetzt etwas verändern?

Was das Gleichgewicht ins Wanken bringt

Für ihn war jede Lebensform, die ihm begegnete, ein geschätzter, liebenswerter »Nächster«, sogar diejenigen, die gemeinhin als »überaus gefährlich und tödlich« bezeichnet wurden.

J. Allen Boone

Wie wäre es um unser inneres Gleichgewicht bestellt, wenn wir jede Lebensform, die uns begegnet, als einen »geschätzten und liebenswerten Nächsten« betrachteten. Nehmen wir beispielsweise die Küchenschaben. Das ist ein schwieriger Fall, nicht wahr? Mir fiel es nicht gerade leicht, Küchenschaben als meine »Nächsten« und Lehrer zu betrachten, obwohl es mir manchmal gelang. Doch was würde sich in mir verändern, wenn ich sie als Teil einer ganzheitlichen Schöpfung sehen könnte, von der ich selbst nur ein Teil bin?

Ein wenig leichter fiel es mir, Moskitos als Familienmitglieder zu betrachten, und seit einiger Zeit scheinen die meisten Stechmücken kaum noch Interesse daran zu haben, mich zu piesacken. Auch komme ich kaum in die Nähe von Kreaturen, die im Allgemeinen als »außerordentlich gefährlich und todbringend« bezeichnet werden (außer Menschen natürlich, und darin erkenne ich einen Wink des Schöpfers).

Eine solche Betrachtung lässt mich aber vor allem sehen, was für ein langer Weg noch vor mir liegt und wie viel ich noch zu lernen habe. Und das kann nie schaden.

Wo müssen Sie Ihre Grenzen bei der Akzeptanz aller Geschöpfe ausdehnen? Vielleicht in der Art und Weise, wie Sie einen Nachbarn, Ihren Ehepartner oder ein Tier, ein Insekt betrachten? Es gibt immer eine Möglichkeit, uns auf eine ausgewogene Einstellung zuzubewegen.

Tiere – Haustiere

Tiere betrügen nicht; sie beuten nicht aus; sie unterdrücken nicht;
sie versklaven niemanden; sie sündigen nicht.
Sie haben ihr ureigenes Wesen, und ihr Wesen ist ehrlich.
Wer kann das schon vom Menschen sagen?
Taylor Caldwell

Wir können uns glücklich schätzen, Haustiere zu besitzen oder früher mit ihnen zusammengelebt zu haben! Es ist ja nicht bloß so, dass sie einfach da waren, um uns lieb zu haben und mit uns zusammen zu sein (obwohl viele von ihnen »nur« genau das taten!). Was wäre, wenn wir das Ganze mit anderen Augen sähen und uns für die Möglichkeit öffneten, dass unsere Haustiere uns gewählt haben, weil wir sie zu einem bestimmten Zeitpunkt in unserem Leben brauchten? Vielleicht haben sie sich freiwillig als unsere Lehrer zur Verfügung gestellt, weil unser Leben zu festgefahren, eingeschränkt oder einsam war und es uns an etwas mangelte, das nicht so leicht zu erreichen oder zu bekommen war.
Als Kinder lernten wir durch Haustiere etwas über bedingungslose Liebe. Sie sind immer da und scheinen uns immer lieb zu haben. Wir können von ihnen Akzeptanz lernen. Sie akzeptieren und verzeihen uns, und es gibt im Zusammenleben mit uns häufig Situationen, in denen das von ihnen verlangt wird. Andererseits fällt es uns selbst oft leichter, unsere Haustiere zu akzeptieren und ihnen zu verzeihen als anderen Menschen.
Haustiere lehren uns etwas über die besseren Seiten des Menschseins und geben uns Gelegenheit, uns in Brüderlichkeit zu üben. Sie tragen damit enorm zu unserem inneren Gleichgewicht bei. Können wir mehr verlangen?

Tun Sie einmal in der Woche etwas Gutes
und/oder Wichtiges für ein Tier.

Beurteilungen – Wertungen – Mitgefühl

Urteile nie, wo du kein Mitgefühl verspürst.
Anne McCaffrey

Die Verwirrung über den Unterschied zwischen der Beurteilung (mit der anschließenden Entscheidung für etwas) und der kategorischen Bewertung einer Sache kann uns häufig aus dem Gleichgewicht bringen. Das sind zwei völlig verschiedene Paar Schuhe, und das Erkennen dieses Unterschieds vermag einen sehr wichtigen Beitrag dazu zu leisten, dass wir in Frieden leben können.
Wir müssen uns ständig für etwas entscheiden, um am Leben teilhaben zu können. Wollen wir den Salat, die Suppe oder das Sandwich – oder zwei oder drei? Wollen wir die viertürige Limousine, den Jeep oder das Cabrio?
Unter »Wertungen« verstehe ich dagegen Urteile, die mit einem hohen Maß an negativer Energie verbunden sind: Nicht nur, dass wir den Salat nicht wollen – er *ist schlecht*. Nicht nur, dass wir die viertürige Limousine bevorzugen – die anderen Autos *taugen nichts*. Nicht nur, dass wir mit einem bestimmten Menschen nicht zusammen sein wollen – wir müssen ihn *schlecht machen*. Wenn wir in diesem Sinne werten, geben wir schwergewichtige negative Urteile ab, die der Weisheit und Weitsicht des Mitgefühls entbehren. Das bringt uns und die Menschen, mit denen wir zu tun haben, aus dem Gleichgewicht.

Unterscheiden Sie zwischen »Beurteilen« und »Werten«. Lernen Sie, destruktive negative Wertungen zu erkennen.

Wasser

In all den Jahren, in denen ich nicht wusste, an was ich glauben sollte, und deshalb auf jeglichen Glauben verzichtete, überkam mich überall dort, wo lebendiges Wasser kühl, süß und rein aus dem dunklen Schoß der Erde sprudelte, das Gefühl, dass es vielleicht doch falsch ist, an gar nichts zu glauben.

Sigrid Undset

Das Geräusch fließenden Wassers ist in der Lage, all unsere inneren Dämonen zu besänftigen und uns in einen Zustand der Ruhe und Gelassenheit zu versetzen, wie es nur wenige andere Phänomene vermögen.

Wasser hat so viele Stimmen. Da ist das friedliche Murmeln eines Baches, der über Felsen fließt und sich auf seinem langen Weg nach Hause, ins Meer, gemacht hat. Da sind das Rauschen der Stromschnellen und das stete Tosen des Wasserfalls, das allen »überflüssigen« Lärm verschluckt. Und da ist das herrliche Geräusch des Regens, der gegen unsere Fensterscheiben klopft.

Wasser, in welcher Form auch immer, führt uns wieder zu uns selbst zurück, lädt uns ein, zu den verborgenen inneren Rhythmen zurückzukehren, die in unserer Alltagshektik verloren gehen.

Falls Sie keinen Fluss oder Wasserfall in Ihrer Nähe haben, können Sie sich einen kleinen Zimmerbrunnen anschaffen, sodass das Geräusch fließenden Wassers Sie begleitet, wenn Sie es wünschen.

Verlust

Verluste sind der Preis, den wir für unser Leben zahlen.
Sie sind aber auch der Ursprung von Wachstum und Gewinn.
Judith Viorst

Wollen wir lernen, im Gleichgewicht zu leben, müssen wir auch die Fertigkeit erwerben, mit Verlust und Trennung umzugehen. Zu lernen, einen Verlust mit Würde hinzunehmen, ist eine aufregende Herausforderung, aber dieser Lernprozess hilft uns, die Bedeutung unseres Daseins auf einer tieferen Ebene zu erfassen.
Wir wissen, dass das Leben seinem Wesen nach nicht statisch ist. Es steht *niemals* still. Lieblingskleidungsstücke, Familienangehörige, Freunde, Arbeitsstellen können uns stets verloren gehen. Wie viel leichter wird es für uns, wenn wir diesen Prozess anerkennen und akzeptieren: Haustiere sterben, Freunde ziehen weg, Häuser werden verkauft.
Wenn wir an einem Verlust zu leiden haben, müssen wir uns die Zeit nehmen, unsere Traurigkeit und unseren Schmerz zu fühlen und zu verarbeiten. Dieser Schmerz ist nicht nur normal, er ist Teil des Heilungsprozesses. Ich kannte eine Frau, die immer angemessen trauerte, wenn sie ein gutes Buch zu Ende gelesen hatte, weil die Romanfiguren nun nicht länger in ihrem Leben präsent sein würden. Sie lehrte mich sehr viel.
Trauer braucht Zeit. Sie fügt sich nicht immer in die Zeitpläne anderer ein. Wir müssen die Trauer würdigen und ihr so viel Zeit einräumen, wie sie benötigt, damit wir aus unseren Verlusten lernen und durch sie wachsen können.

Wie gehen Sie mit Verlusten um? Prüfen Sie, ob Sie noch alte Trauer in sich tragen, die Sie nicht entsprechend gewürdigt bzw. verarbeitet haben. Schreiben Sie Ihre Gedanken darüber auf oder sprechen Sie mit jemandem darüber.

Mitgefühl

Willst du, dass andere glücklich sind, übe dich in Mitgefühl.
Willst du selbst glücklich sein, übe dich in Mitgefühl.
Der Dalai-Lama

Für viele bleibt Mitgefühl ein abstrakter Begriff. Wir glauben zwar, dass es wahrscheinlich eine gute Sache ist, und wissen, dass es Heilige auszeichnet; aber es fällt uns äußerst schwer, Mitgefühl auf unsere ganz alltägliche, menschliche Ebene herunterzubringen.

Im Gegensatz zum englischen Wort *compassion* drückt das deutsche Wort *mitfühlen* deutlicher aus, worum es geht: Nicht *für* jemanden fühlen, etwas *für* jemanden tun, *für* jemanden sorgen oder etwas in Ordnung bringen, Mitgefühl bedeutet vielmehr »fühlen *mit*«. So einfach ist das. Wie ausgeglichener und sinnerfüllter könnte unser Leben sein, wenn wir in der Lage wären, *mit* den Menschen in unserer Umgebung *zu fühlen*.

Eine der Möglichkeiten, mitfühlen zu lernen, besteht darin, andere besser kennen zu lernen. Wenn wir das Leben eines anderen so erfahren, wie er oder sie es sieht, dehnt sich unser Wahrnehmungsfeld aus, und wir entwickeln »Mitgefühl«.

Oft wollen wir vermeiden, mitzufühlen, weil wir uns vor dem Schmerz und der Trauer fürchten, mit denen wir dabei in Kontakt kommen. Aber wir dürfen nicht vergessen, dass wir uns so auch der Freude und Kreativität berauben, die ebenfalls damit verbunden sind. Kein Leben ist einseitig oder bewegt sich nur in eine Richtung. Wir sind alle vieldimensional.

Lassen Sie sich auf Situationen ein, die Sie bisher immer vermieden haben, um kein Mitgefühl empfinden zu müssen. Öffnen Sie sich dafür, mit anderen »mitzufühlen«.

Gebet

Wir beten normalerweise nicht darum, dass Gottes Wille geschehe, sondern darum, dass Gott unseren Willen gutheißt.
Helga Bergold Gross

Wir wollen Hilfe, daran besteht kein Zweifel (und wir brauchen sie auch). Doch gewöhnlich wollen wir diese Hilfe (wenn wir überhaupt zugeben können, dass wir sie brauchen) zu einem Zeitpunkt und in einer Form, die *wir* bestimmen. Wenn wir endlich bereit sind, zu beten und um Hilfe zu bitten, stellen viele so schwindelerregende Bedingungen, dass selbst Gott Schwierigkeiten hätte, all das Kleingedruckte zu interpretieren. Wir wollen Dinge kontrollieren, von denen wir sehr wenig Ahnung haben und die wir mit unserer begrenzten menschlichen Sichtweise gar nicht in allen Aspekten erfassen können. Es ist, als würde man als Blinder einen Wagen lenken wollen.
Beten ist nur für diejenigen eine komplizierte Angelegenheit, die nicht damit vertraut sind oder sich zu viele Gedanken darüber machen. Doch für Menschen, die diesen Weg vertrauensvoll gegangen sind, heißt es ganz einfach: »Dein Wille geschehe.«

Versuchen Sie (möglichst morgens vor dem Aufstehen und abends vor dem Einschlafen) zu beten: »Dein Wille geschehe«, und beobachten Sie, was geschieht.
Denken Sie nicht allzu viel darüber nach.

Freude und Schmerz

Es ist schwierig, Schmerz wie Freude zu definieren.
Beides dauert nicht ewig. Beides wird vorübergehen.
Jim Bishop

Freude und Schmerz sind Prozesse. Beide kommen und beide gehen. Sie haben das Potenzial, uns innerlich zu reinigen und uns für neue Erfahrungen zu öffnen. Beide haben ihren Sinn. Es ist gut, dass wir trauern können. Die Fähigkeit zu trauern ist ein außerordentliches Geschenk. Trauer hilft uns, die Nähe in unseren Beziehungen und unsere Verluste zu würdigen. Ob wir den Verlust eines geliebten Menschen betrauern oder nur traurig sind, weil ein schönes Buch, das uns vollkommen in seinen Bann zog, zu Ende gelesen ist – der Schmerz reinigt uns, bestätigt unsere Fähigkeit zu lieben und bereitet uns darauf vor, in unserem Leben weiterzugehen.

Mit der Freude ist es ähnlich. Sie bestätigt uns in unserem Menschsein und in unserer Göttlichkeit. Freude verbindet uns mit allem, was existiert, während sie uns das Gefühl vermittelt, wir könnten bis zu den Sternen fliegen. Wirkliche Freude ist echte Lebendigkeit, die nicht von Gedanken eingeengt wurde.

Der Unterschied zwischen Schmerz und Freude zeigt sich auch darin, wie wir mit beidem umgehen. Schmerz und Trauer versuchen wir zu verdrängen. An der Freude wollen wir festhalten. Wenn wir unseren Schmerz leugnen, bleibt er. Wenn wir versuchen, unsere Freude zu kontrollieren, entschwindet sie. Das ist der Lauf der Dinge.

Betrachten Sie einmal die Art, wie Sie mit Schmerz und Freude umgehen. Können Sie mit beiden angemessen umgehen?

Die Weisheit der Natur

Die Gebote der Natur stehen niemals im Widerspruch zu denen der Klugheit.
Juvenal

In unserem hektischen, »hochtourigen« Leben mit all seinen Verpflichtungen beschränken wir als Erstes die Zeit, die wir in der Natur verbringen. Unsere Körper sind von Asphalt, Stahl und Beton umgeben, und unser Leben ist voll gestopft mit allen möglichen Aktivitäten. Selbst wenn wir die Natur lieben, stellen wir irgendwann fest, dass wir immer weniger Zeit im Freien verbringen. Wir fahren höchstens einmal am Wochenende »ins Grüne«, um uns schnell ein bisschen zu regenerieren, oder verbringen die Ferien in einer natürlichen Umgebung. Interessanterweise finden die Menschen erst dann wieder mehr Zeit, in der Natur zu sein, wenn sie älter werden. Sie beginnen zu erkennen, wie wichtig dies für sie ist.

Vor vielen Jahren sagte einmal ein alter Cherokee-Medizinmann zu mir: »Wenn du so weit bist, dann komm zu mir; ich werde dich lehren. Ich werde dich in die Wildnis mitnehmen. Dort kannst du alles lernen, was du wissen musst.« Ich bin ganz sicher, dass er nicht von einem »Überlebenstraining« oder einem Kletterkurs sprach. Er meinte einfach die Natur so, wie sie ist.

Die Natur besitzt eine Weisheit, die Zeit und Raum transzendiert, die sich in der machtvollen Ruhe der Einfachheit ausdrückt. Wenn wir uns in der Natur aufhalten, bietet sich uns die wunderbare Möglichkeit, in eine allumfassende Weisheit tief in unserem eigenen Innern einzutauchen.

Bringen Sie die Natur in Form von Pflanzen in Ihr Heim und halten Sie sich so viel wie möglich in der freien Natur auf. Dreimal pro Woche spazieren zu gehen, ist ein guter Anfang.

Lebensräume gestalten und sich von ihnen formen lassen

Wir prägen unseren Wohnraum, danach prägt unser Wohnraum uns.
Winston Churchill

Ich habe mich immer ein wenig über die Vorstellung mancher Menschen amüsiert, man könne den Bau oder Umbau eines Gebäudes perfekt planen und dann erwarten, dass zum Schluss alles so sein wird wie gedacht. Die Erfahrung lehrt vielmehr, dass sich durch das Bauen Perspektiven und Realitäten verändern.
Man sollte sich in einem Haus gut fühlen. Doch meist wissen wir nicht, wie uns unser neues Heim gefällt, bis wir endlich in ihm wohnen. Der Plan für ein Badezimmer entspricht vielleicht modernsten architektonischen Standards und sieht auf dem Papier großartig aus. Doch wenn er sich dann nach und nach in der Realität manifestiert, ist er möglicherweise doch nicht nach unserem Geschmack.
Doch ob wir ein Haus gebaut haben oder in ein fertiges einziehen – sind wir erst einmal drin, müssen wir uns auf den »gemeinsamen Gestaltungsprozess« mit unserem Heim einlassen. Wir müssen uns in die Energien der Räume hineinspüren, um zu sehen, was möglich ist. Wir müssen verschiedene Variationen ausprobieren, um festzustellen, was sich für uns und für den Raum »gut anfühlt«. Wenn wir darauf bestehen, einem Raum ohne Rücksicht auf seine Eigenarten unsere Vorstellungen aufzuzwingen, bleibt er in der Regel kalt und ungemütlich.
Die Wirkung dieser wechselseitigen Gestaltungsprozesse macht ein Haus, eine Wohnung oder auch ein Büro erst zu einem »Heim«.

Schauen Sie sich Ihre Privat- und Arbeitsräume einmal genauer an.
Haben Sie aktiv an ihrer Gestaltung mitgewirkt
und sich von ihnen beeinflussen lassen?

Leere Worte

Es ist keine Übertreibung zu sagen,
dass die Unentschiedenen entweder in die eine
oder in die andere Richtung gehen könnten.
George Bush

Diese Aussage trifft genau den Kern, oder? Wie gut zu wissen, dass die Unentschiedenen entweder in die eine oder in die andere Richtung gehen könnten ...!
Wir können leicht aus dem Gleichgewicht geraten, wenn wir auf Leute hören, die mit klugen Worten nichts sagen. Diese Taktik scheint sich am meisten in Situationen zu bewähren, in denen wir nicht für das verantwortlich gemacht werden wollen, was aus unserem Munde quillt, und glauben, damit auch Erfolg zu haben. Es ist eine Form der Flucht, während man scheinbar standhaft bleibt. Zeitgenossen, die es in dieser phraseologischen Technik zur Meisterschaft gebracht haben, können stundenlang reden, ohne das Geringste zu sagen.
Das Problem dabei ist, dass sowohl der Sprecher als auch der Zuhörer sich selbst verleugnen muss, um die hohlen Phrasen ertragen zu können. Es handelt sich hier also nicht nur um eine Scheinkommunikation, sondern um einen Angriff auf die Seele.

Macht jemand in Ihrem Umfeld große Worte,
ohne etwas auszusagen? Wie fühlen Sie sich dabei?
Treffen Sie Entscheidungen.

Zuhören

Weisheit ist die Belohnung, die man dafür erhält,
dass man sein Leben lang zugehört hat,
obwohl man eigentlich lieber hätte sprechen wollen.
Doug Larson

Das Zuhören ist vielleicht eine der wichtigsten »Aktivitäten«, denen wir uns widmen können. Zum Zuhören – zum wirklich aufmerksamen Zuhören – brauchen wir viel mehr als unsere Ohren. Wir müssen uns für eine Weile innerlich aufnahmefähig machen. Wir müssen das »Komitee« in unserem Kopf, das urteilt und zuordnet, vorläufig zum Schweigen bringen, vielleicht, indem wir seinen Mitgliedern einen längeren Urlaub gewähren ... Um wirklich zuhören zu können, müssen wir in der Lage sein, unseren ständig aktiven Verstand mit seinen kritischen Einwürfen und Wertungen zum Schweigen zu bringen. Sonst ist unser Kopf viel zu voll gestopft, es bleibt kein Raum für etwas Neues. Aber wir müssen auch unser Herz öffnen; denn am allerbesten können wir »mit dem Herzen zuhören«: Wir müssen bereit sein, die Worte in unser ganzes Sein einsinken zu lassen, wo sie sorgfältig betrachtet und sortiert werden können, sodass wir die verschiedenen Ebenen ihrer wahren Bedeutung erkennen können. Wir müssen also unser ganzes Wesen öffnen, damit wir in den tiefsten Winkeln unseres mit allem verbundenen Geistes auch noch all das wahrnehmen können, was über die bloßen Worte hinausgeht.

Üben Sie sich darin, Ihren Geist, Ihr Herz und Ihr ganzes Sein zu öffnen. Sie werden mehr hören, als Sie sich je vorstellen konnten.

Elternschaft

Unsere Kinder müssen wissen, dass wir nicht vollkommen sind, und es ist besser, wenn sie es von uns erfahren.
Anne Wilson Schaef

Wie intelligent oder geistig hochstehend wir auch sein mögen, es widerstrebt uns zutiefst, wenn unsere Kinder unsere Unzulänglichkeiten sehen. Nicht, dass wir etwas dagegen hätten, wenn sie *bestimmte* Mängel an uns feststellen. Um Gottes willen! Es macht uns überhaupt nichts aus, wenn es solche kleinen »Macken« sind, mit denen wir gut leben können.

Vor einigen Jahren hatte ich Gelegenheit, von meinem Sohn einiges über dieses Thema zu lernen. Er war in ein Jugendcamp gefahren, und ich wurde fast verrückt bei dem Gedanken, was für »schreckliche« Dinge dort vielleicht passieren würden. Also ... spionierte ich hinter ihm her. Ich versuchte mich selbst davon zu überzeugen, dass mein Handeln gerechtfertigt war, und in der Tat bestätigten sich einige meiner Befürchtungen. Aber im tiefsten Innern war ich furchtbar wütend auf mich selbst. Ich hatte mich in eine Situation gebracht, die ich kaum ertragen konnte.

Mir wurde klar, dass ich ihm sagen musste, was ich getan hatte, dass ich mich bei ihm entschuldigen und das Risiko eingehen musste, sein Vertrauen zu verlieren. Als er sah, wie sehr ich darunter litt, meine eigenen Werte verraten zu haben, und als er erkannte, wie viel Angst und Schmerz für mich mit dem Risiko verbunden war, unsere Beziehung (die mir so viel bedeutet wie mein Leben) zu verlieren, konnte er sich sicherer fühlen und offener mit mir über seine Angelegenheiten sprechen.

Die wichtigste Rolle, die wir als Eltern für unsere Kinder spielen, ist die des Vorbilds.

Machen Sie sich einmal bewusst, was Sie Ihren Kindern vorleben.

Selbstbezogenheit

Ich sehe, wie meine Selbstbezogenheit mich daran hindert, zu wissen, dass ich geliebt werde.
Sandy

Wie dumm wir doch manchmal sind! Wir versuchen mit allen Mitteln zu erreichen, dass andere uns lieben, und meinen, wir könnten kontrollieren, wer uns liebt – wann, auf welche Weise und unter welchen Bedingungen. Und wir fürchten uns davor, geliebt zu werden, weil wir Angst haben, dass diese Menschen dann Forderungen an uns stellen, die wir nicht erfüllen wollen. Im tiefsten Innern sind wir davon überzeugt, nicht liebenswert zu sein. Wir glauben, wir würden verlassen, wenn die anderen erst einmal wüssten, wer wir wirklich sind. Und bei alldem nehmen wir uns nicht mal die Zeit, innezuhalten, um zu sehen, dass es bereits Menschen in unserem Leben gibt, die uns lieben.

Wenn wir nur um uns selbst kreisen, sind wir im tiefsten Innern davon überzeugt, dass nicht existieren kann oder wird, was wir nicht selbst geschaffen haben (worum es sich auch handeln mag). Wir versuchen so verzweifelt, unsere Bedürfnisse erfüllt zu bekommen, dass wir völlig die Möglichkeit außer Acht lassen, dass in unserer nächsten Nähe mehr Fülle herrscht, als wir uns je vorzustellen oder zu kontrollieren (!) vermögen.

Wir können unsere Umwelt nicht richtig wahrnehmen, wenn wir so viel Zeit und Energie darauf verwenden, um uns selbst zu kreisen.

Versuchen Sie einmal was Neues:
Tun Sie etwas für einen anderen Menschen.

Gott tut für uns, was wir nicht für uns selbst tun können.

Ich musste mein Büro räumen, aber ich arbeitete weiter, so als ob nichts wäre. Als mir dann keine Wahl mehr blieb, sah ich mich nach einem größeren Haus um, wo ich wohnen und mein Büro einrichten könnte. Ich fand eines, aber als ich aus meinem Büro ausziehen musste, kam der Hauskauf nicht zustande. Jetzt ist meine gesamte Büroeinrichtung in der Garage gestapelt.

Peter

Wie brillant wir auch sein mögen, wir werden nie in der Lage sein, das Gesamtbild des Lebens zu sehen. Was uns im Moment vielleicht als die intelligenteste Entscheidung erscheint, würde sich möglicherweise als Katastrophe entpuppen, wenn wir es hätten durchführen können. In solchen Zeiten sieht es manchmal so aus, als strecke sich eine Hand aus dem Himmel und hindere uns daran, dass wir uns in noch größere Schwierigkeiten bringen. Sehr wahrscheinlich passt uns das in diesem Augenblick überhaupt nicht, aber wenn wir dann ein wenig Abstand gewonnen haben, können wir vielleicht erkennen, dass unsere ausgeklügelten Pläne sich verhängnisvoll ausgewirkt hätten.

Schauen wir uns beispielsweise Peter an (s. o.). Er ist ein Pensionär, der sich noch nicht ganz von seiner Arbeitssucht befreien konnte. In seiner freien Zeit betätigt er sich nun künstlerisch. Wäre es ihm gelungen, wie geplant sein Büro in sein Zuhause zu integrieren, hätte er keine ruhige Minute mehr gehabt.

Schauen Sie einmal zurück auf Ihr Leben und erinnern Sie sich an Momente, in denen Ihre schönen Pläne nicht aufgingen und sich dennoch alles zu Ihrem Besten entwickelte.

Aufbauende Träume und Visionen

Zum Champion wird man nicht durch Training. Zum Champion wird man durch etwas, was tief im eigenen Innern verborgen ist – ein Verlangen, ein Traum, eine Vision.

Muhammad Ali

Es ist die Illusion entstanden, dass »Siegertypen« – die »Champions«, die nach oben kommen – am härtesten und am längsten von allen arbeiten und sich nie Zeit für sich selbst oder ihre Familie nehmen. Es herrscht die Vorstellung, dass man rücksichtslos gegen sich selbst und andere sein und die Arbeit über alles andere stellen muss, um erfolgreich sein zu können. Leider hat sich diese Auffassung überall in der Arbeitswelt verbreitet und eine Generation von ausgebrannten Workaholics hervorgebracht. Doch in Wirklichkeit haben Arbeitssucht und wirkliche Produktivität wenig miteinander gemein.

Um ein »Champion« zu sein, muss man diese innere Quelle anzapfen, die unsere Träume, Visionen und Wünsche nährt. Die Siegerposition anzustreben, ohne eine Vision zu haben, ist wie der Versuch, eine Pflanze ohne Wasser wachsen zu lassen. Eine Pflanze braucht Wasser, um gedeihen zu können, und sie braucht Zeit, um das Wasser zu absorbieren. Das Wasser muss zuerst in die Erde eindringen, wo es zu den Wurzeln gelangt. Die Wurzeln nehmen dann mit diesem Wasser gleichzeitig Mineralien und Nährstoffe aus der Erde auf. Dann beginnt der langsame Prozess, bei dem das Wasser und die Nährstoffe in alle Teile der Pflanze weitergeleitet werden.

Es braucht ebenso Zeit, Träume und Visionen zu nähren. Aber es sind die Träume und Visionen, die uns zu echten Champions machen.

Was sind Ihre Träume und Visionen?

Einzigartigkeit

Wakan Tanka erschafft keine zwei Vögel … oder zwei Menschen genau gleich, weil jeder hierher geschickt wird …, um ein unabhängiges, selbstverantwortliches Individuum zu sein.

Okute

Wir sind nicht nur von Geburt an einzigartig, auch die Erfahrungen, die wir im Leben machen, können von niemand anderem in derselben Weise gemacht werden. Wir sind eine individuelle Mischung des von den Vorfahren Ererbten und der Erfahrungen, die wir an jedem Tag unseres Lebens erschaffen und durchlebt haben.

Aufgrund unserer Einzigartigkeit ist jeder von uns verantwortlich für das Gleichgewicht, das nötig ist, um ein großes Ganzes entstehen zu lassen.

Das Universum kann man in diesem Zusammenhang wie ein riesiges Puzzle auffassen, in dem jedes Teilchen der Schöpfung seinen Platz hat. Wenn wir unsere Position nicht einnehmen, bleibt an dieser Stelle ein »Loch« im Universum. Dadurch, dass wir unseren Platz einnehmen, werden wir Teil des Gesamtbildes und erkennen, dass wir trotz unserer Einzigartigkeit Teil eines größeren Ganzen sind. Mit dem Wissen um diese beiden Tatsachen gelangen wir zu einem Gefühl innerer Ausgeglichenheit.

Bringen Sie heute in allem, was Sie tun, Ihre Einzigartigkeit und Ihre Verbundenheit mit dem großen Ganzen zum Ausdruck. Setzen Sie eine eigene, neue Idee oder Methode um. Besinnen Sie sich dann darauf, dass diese neue Idee oder Methode auf Geschenken basiert, die Sie von anderen erhalten haben.

Warten

Still sitzen und nichts tun –
der Frühling kommt und das Gras wächst von allein.
Zen-Spruch

Einer der Wege, die zum inneren Gleichgewicht führen, ist die Erkenntnis, dass wir *es* (was immer »es« sein mag) nicht ganz allein und auch nicht auf einmal tun müssen.
Viele Aufgaben und Angelegenheiten in unserem Leben erledigen sich von selbst, wenn wir sie nur lassen. Die schier »unbewältigbare« Aufgabe, die unbedingt sofort erledigt werden müsste, sieht morgen oder nächste Woche schon wieder ganz anders aus. Ich habe oft festgestellt, dass es gerade dann, wenn andere etwas als besonders dringend bezeichnen und ein definitives Zeitlimit setzen, am besten ist, zunächst einmal langsamer zu machen. Nicht zuletzt deshalb, weil ich unter solchen Umständen nicht immer die besten Entscheidungen treffe (und das gilt auch für andere, wie ich beobachten konnte).
Meine Entscheidung, mir Zeit zu nehmen, wird von den Menschen, mit denen ich zu tun habe, nicht immer geschätzt, und sie müssen sich mit den Gefühlen auseinander setzen, die das bei ihnen auslöst. Dass ich mir Zeit nehme, kann dazu führen, dass ich einen Termin oder eine Gelegenheit verpasse, aber ich habe gelernt, darauf zu vertrauen, dass das Richtige geschieht, und mit dem Resultat zu leben. Es ist fast immer so, dass im Nachhinein Informationen auftauchen, die mir bestätigen, dass es richtig war, zu warten.
Den meisten Menschen in unserer modernen Gesellschaft fällt die Entscheidung, nichts zu tun, am schwersten, und doch ist sie oft ein großer Fortschritt im Vergleich zu hektischer Aktivität.

»Im Zweifelsfall lass es sein« – üben Sie ein paar Tage lang, nach diesem Grundsatz zu leben, und schauen Sie, was geschieht.

Wut

Wut ist ein Symptom, eine Art, Gefühle zu verschleiern und auszudrücken, die zu schmerzhaft sind, um sie direkt zu erfahren – Verletztheit, Bitterkeit, Trauer und vor allem Angst.
Joan Rivers

Wut und alle unsere anderen Emotionen sind Geschenke, die uns gegeben wurden, damit wir die Türen zu immer tieferen Schichten unseres Selbst aufstoßen können. Emotionen und Gefühle sind die Wege jenseits des rationalen, denkenden Verstandes, die uns auf schwieriger zugängliche Ebenen der Spiritualität führen können.
Wut an sich ist kein »negatives Gefühl«. Wichtig ist, wie wir mit unserer Wut umgehen. Wenn wir sie wahllos auf andere abladen, müssen wir uns nicht nur auf eine entsprechende Reaktion gefasst machen, sondern werden uns wahrscheinlich auch selbst unwohl fühlen.
Wenn wir aufhören, uns vor unserer Wut zu fürchten, wenn wir unser Bedürfnis, sie zu rechtfertigen, aufgeben und wenn wir sie nicht mehr einfach ausspeien, haben wir die Möglichkeit, sie als die Tür zu erkennen, die sie ist, und durch sie auf den schwach erleuchteten Pfad zu gehen, der uns zum Licht der Spiritualität und Weisheit bringt.

Wenn Sie das nächste Mal wütend sind,
dann »kotzen« Sie Ihre Wut nicht einfach aus.
Heißen Sie sie willkommen und lassen Sie sich von ihr
zu den darunter liegenden Gefühlen und noch weiter führen,
in Bereiche Ihres Selbst, die der Heilung bedürfen,
und zu Orten des Lichts.

Kritiksucht – Positivismus

Es wurde noch nie eine Statue für einen Kritiker aufgestellt.
Martha Graham

Kritiksucht und Zynismus sind weit verbreitete Übel. Und das bedeutet, dass Menschen, die eh schon zu viel tun, sich nicht noch übermäßig mit ihnen belasten sollten.
Obwohl Kritik und Analyse immer noch als Ausdruck von Intelligenz und wissenschaftlichem Denken betrachtet werden, haben wir auch andere Möglichkeiten, um eine Wendung zum Besseren zu bewirken. Wir können uns mit Positivismus »impfen«, um uns vor der Ansteckungsgefahr zu schützen, die von der Kritiksucht ausgeht. Destruktive Kritik führt selten zu Verbesserungen, aber in den meisten Fällen zu Ärger und Misstrauen. Wenn wir uns beim Kritisieren ertappen, können wir eine Kehrtwendung machen. Wir können Mängel und veränderungswürdige Zustände zur Kenntnis nehmen, während wir unseren Blick gleichzeitig auf Positives und die Güte richten.
Kritisieren kann zu einer Angewohnheit werden, und wie wir alle wissen, ist es leichter, eine Angewohnheit zu entwickeln, als sie wieder loszuwerden. Man kann sich aber auch eine positive Lebenseinstellung angewöhnen. Wir können dankbar sein für das, was wir haben, für das, was ein anderer Mensch in unser Leben bringt, für alles, was wir bisher empfangen und gelernt haben.
Wenn wir die negative durch die positive Sichtweise ersetzen, machen sich subtile, aber bedeutsame Verbesserungen bemerkbar – auch bei den Umständen, die wir so sehr kritisiert hatten.

Versuchen Sie, Ihren inneren Kritiker wahrzunehmen und durch etwas Positives zu ersetzen, und schauen Sie, was geschieht.

Loslassen – Festhalten

Wenn ich dich loslassen kann, so wie Bäume loslassen / ... Verlieren kann, was ich verliere, um zu behalten, was ich behalten kann, / Bleibt die starke Wurzel unter dem Schnee lebendig. / Die Liebe wird überdauern – wenn ich dich loslassen kann.

May Sarton

Wunderbare Worte zu einem wichtigen Thema! Wie oft verbiegen wir uns und bringen uns völlig aus dem Gleichgewicht, indem wir versuchen, an etwas oder jemandem festzuhalten, das oder der aus unserem Leben gehen muss oder bereits gegangen ist – einem Job, einem Gegenstand, einer Person, einem Lebensabschnitt.

Zu erwarten, dass alles für immer so bleibt wie im Augenblick, ist eine gefährliche Illusion. Wie viel unserer Zeit und Energie verschwenden wir mit dem nutzlosen Versuch, etwas festzuhalten? Und wir versuchen nicht nur, an Menschen festzuhalten. Wir klammern uns auch an Gegenstände. Wir müssen uns ins Gedächtnis rufen, dass Materialien verschleißen, zerbrechen und verloren gehen. Jobs werden gekündigt. Beziehungen werden beendet.

Aber wir können unsere Betrachtungsweise ändern. Wir können dankbar für die Erfahrung und die gute Zeit sein und den Menschen oder die Sache dann »loslassen«, wenn es unvermeidlich ist. Freuen Sie sich über das Schöne. Freuen Sie sich über die Erfahrung. Freuen Sie sich über die gemeinsame Zeit, akzeptieren Sie dann aber den Verlust und lassen Sie los.

Im Laufe dieses Prozesses verändert sich vielleicht unsere Wahrnehmung der Dinge und unsere Erfahrung.

Schauen Sie, ob es in Ihrem Leben Menschen, Erfahrungen, Gegenstände oder Jobs gibt, an denen sie festhalten, obwohl die Beziehung zu ihnen eigentlich längst zu Ende ist. Sind Sie bereit, loszulassen?

Fehler

Wenn ich mein Leben noch einmal leben müsste,
würde ich es wagen, mehr Fehler zu machen.
Nadine Stair

»Vorsicht, Vorsicht – mach keinen Fehler. Vorsicht, Vorsicht – falls wir einen Fehler machen, sind wir eine Fehlbesetzung. Wenn wir mehr tun als nötig, wenn wir bis zum Umfallen arbeiten, bemerken die anderen unsere Fehler vielleicht nicht (oder sehen sie uns nach, weil wir so viel tun). Gib Acht! Behalte alles unter Kontrolle! Bleib auf der sicheren Seite!«
So oder so ähnlich spukt es in vielen Köpfen herum. Doch ironischerweise ist der Versuch, keinen Fehler zu machen, vielleicht unser größter Fehler überhaupt. Missgeschicke sind keine Katastrophe. Sie geschehen einfach.
Wenn ich mich wirklich geerdet und ausgeglichen fühle, kann ich in Fehlern sogar viel Positives entdecken. Sie haben fast immer etwas Anregendes. Aus der inneren Ruhe heraus betrachtet, sind sie unsere Chance, zu lernen, zu wachsen und unsere Grenzen zu erweitern. Übermäßige Vorsicht hingegen kann sehr einengend sein!

Wenn Sie überängstlich und übervorsichtig sind, sollten Sie einmal einen Fehler riskieren. Versuchen Sie etwas, was Sie bisher noch nie versucht haben, und lernen Sie daraus.

Ärgernisse

Letzte Nacht entdeckte ich etwas Wichtiges: Ich verschaffe mir meine eigenen Ärgernisse. Ich lag wach im Bett; ich war müde, aber ich konnte nicht schlafen, weil mein Hund krank ist und nachts immer wieder aufwacht. Als ich so dalag, begann ich, über Dinge nachzudenken, die völlig in Ordnung gewesen waren, bevor ich angefangen hatte, mir Gedanken über sie zu machen, und dann fing ich an, mich zu ärgern.

Conny

Geht es Ihnen auch so, dass bestimmte Verhaltensweisen Ihrer Mitmenschen Sie manchmal überhaupt nicht stören, während Sie ein paar Augenblicke (oder Monate) später »an die Decke gehen«, wenn diese Personen dasselbe tun? Die Situation ist die gleiche. Nur *wir* haben uns geändert. Wenn wir die Aufmerksamkeit auf uns selbst richten, können wir erkennen, dass unsere Reaktionen das Ärgerliche sind, nicht die Anlässe. Und wenn wir erkennen, dass unser Ärger *unsere* Angelegenheit ist, können wir auch die Möglichkeit sehen, ihn wieder loszuwerden. Was wir erschaffen haben, können wir auch wieder ändern. Wenn wir Ärger aufgebaut haben, können wir ihn auch wieder abbauen. Es ist eigentlich so einfach, wenn wir die Sache nicht dadurch komplizierter machen, dass wir anderen die Schuld für unseren Ärger zuschieben. Damit will ich nicht sagen, dass andere keine schrecklichen Dinge tun. Natürlich tun sie das. Doch damit müssen *sie* fertig werden. Unser Ärger schadet aber *uns selbst*, und damit müssen *wir* zurechtkommen.

Sorgen Sie dafür, dass Sie nie zu hungrig, zu wütend, zu einsam oder zu müde werden. Diese Zustände schaffen einen guten Nährboden für Ärger. Wenn Sie also bemerken, dass Sie anfangen, ein »Ärger-Gebäude« zu errichten, sollten Sie sofort innehalten und es wieder einreißen. Sonst wird dieses Gebäude Sie unter sich begraben.

Sich durch praktische Dinge erden

Das Gras steht hoch in frischem Frühlingsgrün, voller neuem Leben, und wiegt sich in der leichten Brise. Ich rieche seinen Duft, und diese rein physische Empfindung hilft mir, andere Gedanken loszulassen, sie bringt mich hier und jetzt in meine Mitte.
Olga Kharitidi

Manchmal hilft uns die bewusste Wahrnehmung der materiellen Welt, der Natur bzw. unserer Mitmenschen, wieder in unsere Mitte zu kommen.
Das Flugzeug wackelt, und wir umklammern die Armlehnen. Wir haben das Gefühl, dass sich alles dreht und außer Kontrolle gerät, und müssen uns nur auf den Boden legen. Wir sind innerlich aus dem Gleichgewicht geraten – und fangen an, den Herd zu putzen oder den Boden zu wischen. Wir kommen an einen Punkt, an dem wir verzweifelt sind, und nehmen unser Kind in den Arm. Ein Gedanke jagt den anderen bei dem Versuch, »wieder Halt zu finden«, und was wir brauchen, ist eine Tasse Tee.
In vielen Fällen ist es tatsächlich die praktische physische Aktivität, die in irrationalen Situationen auf wunderbare Weise eine Lösung bringt.

Fühlen Sie sich emotional überwältigt? Gehen Sie ins Bad und putzen Sie Ihre Zähne, wischen Sie den Boden oder bereiten Sie ein Sandwich zu (und genießen Sie es) – tun Sie etwas Praktisches, um wieder auf den Boden zu kommen.

Fehler

Der Fehler, den ein Kind nie ablegt, ist der,
für den es am meisten bestraft wurde.
Mignon McLaughlin

Nicht unsere Fehler werfen uns aus dem Gleichgewicht, sondern unsere Einstellung dazu. Viele Menschen sind aufs Engste mit ihren Fehlern verbunden, denn diese sind Teil ihrer Identität geworden. Als sie Kinder waren, wurde diesen Fehlern so viel Bedeutung beigemessen, so viel Aufmerksamkeit geschenkt, dass sie sich heute ohne sie verloren fühlen würden. Manche der so genannten Fehler waren eigentlich Überlebensstrategien, die es ihnen überhaupt erst ermöglichten, in einer problematischen Familie aufzuwachsen. Schwindeln, Sturheit, Abschottung, Angst und Selbstbezogenheit waren vielleicht absolut notwendig fürs Überleben. Wie soll man jetzt ohne sie weiterexistieren?

Sie halfen uns, zu leben. Halten Sie uns jetzt vom Leben ab? Ist es Zeit, sie loszulassen und weiterzugehen?

Wie alles andere können auch unsere Fehler Lehrer sein. Dass wir sie an uns wahrnehmen, bedeutet nicht, dass wir nicht trotzdem großartige Menschen sein können. Gerade das Erkennen und Arbeiten an unseren Fehlern kann zu menschlicher Größe beitragen.

Welche der Fehler, die Sie an sich wahrnehmen,
stören Sie am meisten? (Falls Ihnen dazu nichts einfällt,
könnten Sie Angehörige und Freunde fragen!) Schreiben Sie sie auf.
Schauen Sie sich die Liste genau an. Prüfen Sie,
was Sie an dem einen oder anderen Fehler festhalten lässt,
und fragen Sie sich, ob Sie bereit sind, ihn loszulassen.

Annehmen

Du musst irgendwie mit dem arbeiten, was du hast,
und annehmen, was du bekommst.
Überlebende des Hurricans Floyd

Diese Worte einer Frau, die im Schlamm neben ihrem zerstörten Heim und Laden stand, gingen mir ziemlich nahe. Wie viel einfacher könnte unser Leben sein, wenn wir tatsächlich in der Lage wären, »mit dem zu arbeiten, was wir haben, und anzunehmen, was wir bekommen«!

Dazu müssen wir zuerst einmal erkennen, was wir haben. Ich arbeitete einmal für einen Mann, der der beste Abteilungsleiter war, den ich je gekannt hatte. Er führte die Abteilung mit bewundernswerter Leichtigkeit und ermutigte jeden Einzelnen von uns, kreativ, produktiv und professionell zu sein. Er selbst arbeitete sehr hart, aber er übte nie Druck auf seine Angestellten aus. Er würdigte ihre Talente und ihre Einzigartigkeit und war sehr kompetent in seinem Bereich.

Doch leider schätzte er seine eigenen hervorragenden Qualitäten nicht! Er wollte ein Theoretiker und kreativer Denker sein. Er wirkte stets rastlos und unerfüllt.

Es fiel ihm leicht, zu akzeptieren, was seine Angestellten leisteten, aber er war nicht gut darin, seine eigenen Talente zu schätzen und zu würdigen.

Wenn wir nutzen, was wir haben, und akzeptieren, was wir bekommen, ist unser leben »im Fluss«.

Können Sie mit dem arbeiten, was Sie haben,
und annehmen, was Sie bekommen?

Wut

Niemand, so dachte Dora bei sich, konnte die grausame Langeweile im Alltag einer jungen Ehe durchstehen, ohne wütend zu werden, sodass schon die Art, wie ein Ehemann seine Mahlzeit zu sich nahm, Mordgelüste auszulösen vermochte.
Polly Devlin

Wut ist ein so machtvolles Gefühl. Schade, dass wir es an diejenigen verschwenden, die wir lieben, wo wir doch so viel mehr damit anfangen könnten!
In den meisten Fällen hat unsere Wut wahrscheinlich wenig oder gar nichts mit den uns nahe stehenden Menschen zu tun. Der Feigling in uns hat den einfachen Weg gewählt, indem er seinen Groll auf die Menschen ablädt, die ihm am vertrautesten sind, anstatt sich ein Herz zu fassen und sich der Wut selbst zu stellen.
Wenn dieses Gefühl in uns aufsteigt, so ist das oft ein Warnsignal, welches uns darauf hinweist, dass wir uns mit unseren innerseelischen Prozessen auseinander setzen müssen. Tun wir es nicht, wird die Wut in unserem Leben und unseren Beziehungen verheerenden Schaden anrichten.
Die Wut ist so etwas wie eine rote Warnlampe, die uns auffordert, nach innen zu gehen. Sie ist ein leuchtendes Signal, das den Schleier der Dunkelheit durchdringt, hinter dem wir uns häuslich eingerichtet haben. Wut gibt uns Gelegenheit, etwas über uns selbst zu lernen, die scharfe Klinge unseres Zorns zu nutzen, um den Acker der Erkenntnis zu pflügen, anstatt die Menschen, die wir lieben, damit niederzumachen.

Wenn Sie das nächste Mal wütend sind, lassen Sie Ihre Wut nicht an anderen aus. Gehen Sie an einen Ort, wo Sie allein sind – toben Sie, wenn nötig –, und öffnen Sie sich für das, was hinter Ihrer Wut steckt. Sie werden – vielleicht angenehm – überrascht sein.

Mit Kritik und Selbstzweifel umgehen

Ich zweifle nie an mir selbst ... Ich mache mich nicht auf diese Weise fertig. Ich vertraue auf mich und meine Fähigkeiten, und alles, was dann geschieht, ist Gottes Wille.

Cynthia »Coop« Cooper

Es besteht ein großer Unterschied zwischen dem Überprüfen und Annehmen von Kritik und dem Zweifeln an sich selbst. Selbstzweifel (oder auch ein Mangel daran) berühren eine viel tiefere Ebene als der Umgang mit Kritik. Nur wenn wir eine tiefe, stabile Beziehung zu uns selbst haben – die Basis des Selbstvertrauens, auf der wir Kritik anhören, überprüfen und klar akzeptieren oder zurückweisen können –, kommen keine grundlegenden Selbstzweifel auf.

Gehen wir bei Kritik generell in die Defensive, ist es offensichtlich, dass wir uns selbst nicht genug vertrauen, um uns kritischen Äußerungen zu stellen, das Nützliche daran anzunehmen und das weniger Sinnvolle zu übergehen. Schlagen wir erbarmungslos auf uns ein, kreisen wir letztendlich wieder nur um uns selbst. Auch das ist ein Form von Egozentrik, die niemand braucht. Wenn wir lernen, auf uns und unsere Fähigkeiten zu vertrauen, und unser Bestes tun, können wir den Ausgang unserer Unternehmungen getrost höheren Mächten überlassen.

Wie gehen Sie mit Kritik um? Falls Sie in einen Teufelskreis des Zweifelns an sich selbst geraten, sollten Sie versuchen, innerlich ein wenig Distanz zu gewinnen, sich für eventuell berechtigte Aspekte der Kritik öffnen, sie überprüfen und das Nützliche einfach annehmen. Dann haben Sie Ihr Bestes getan. Grübeln Sie nicht länger darüber nach.

Hoffnung

Es gibt keine hoffnungslose Lage; es gibt nur Menschen, die angesichts bestimmter Situationen hoffnungslos geworden sind.
Clare Booth Luce

Eine jener Empfindungen, die unmerklich auf der Strecke bleiben, wenn unser Leben zu hektisch und strapaziös wird, ist die Hoffnung. Die Hoffnung ist nie auf das Unerreichbare beschränkt. Hoffnung ist jener Prozess in unserem Innern, der uns über das Gewöhnliche hinausträgt – vom Möglichen hin zum scheinbar Unmöglichen. Hoffnung nährt unsere Seele, unser ganzes Wesen. Sie ist jene unermessliche Kraftquelle, die von einer anderen Ebene kommt und nicht von uns kontrolliert werden kann.
Wenn wir uns selbst der Hoffnung berauben, beschränken wir uns auf eine Welt ohne Farben und Überraschungen. Wir können die Blumen und den Regenbogen nicht mehr sehen.
Hoffnung ist nicht teuer, aber es kostet uns eine Menge, ohne sie zu sein.
Hoffnung ist eines jener unveräußerlichen Geschenke, die wir Menschen bekommen haben. Es kann nie vergeudet oder überstrapaziert werden.

Wenn Sie verzweifelt oder ohne Hoffnung sind, machen Sie sich das Gefühl bewusst und akzeptieren Sie es. Lassen Sie dieses Gefühl zu, um sich für die Rückkehr der Hoffnung in Ihr Leben zu öffnen.

Unvollkommenheit akzeptieren

Deshalb ist Demut – das Wissen um unsere eigene Unvollkommenheit – so wichtig, und deshalb geht Spiritualität immer weiter und weiter und weiter, ist ein nie endendes Abenteuer der Selbsterkenntnis; wir sehen uns immer klarer und lernen, uns mit uns selbst wohl zu fühlen.

Ernest Kurtz und Katherine Ketcham

Es ist schon ein Unterschied, ob wir unsere Unvollkommenheit als einen Mangel betrachten oder einfach als eine gegebene Realität, die uns auch eine Chance bietet. Wenn wir dem Mythos des Perfektionismus zum Opfer fallen, sehen wir unsere Fehler als grelle und schreckliche Mahnungen, dass wir nicht sind, wie wir sein sollten, dass wir versagt haben und eigentlich eine »Niete« sind. Diese Haltung lässt nicht viel Raum für Demut, Vergebung, Liebe, Akzeptanz oder spirituelles Wachstum. Kurz, diese Einstellung ist ziemlich selbstzerstörerisch. Unsere Unzulänglichkeiten sind aber nicht das Problem, unsere Einstellung dazu ist es. Akzeptieren wir hingegen unsere Unzulänglichkeiten, können wir in Demut an der »niemals endenden Reise der Selbsterkenntnis« teilnehmen. Um uns selbst kennen lernen zu können, müssen wir bereit sein, die Schleier der Illusion, in die wir uns gehüllt haben, fallen zu lassen, unsere Verleugnungshaltung aufzugeben und uns zu akzeptieren, wie wir sind. Ironischerweise werden wir erst freier, uns zu verändern und zu wachsen, und *besser*, wenn wir uns so akzeptieren, wie wir nun einmal sind.

Nehmen Sie sich täglich ein wenig Zeit, um aufzuschreiben, was Sie als Ihre Unzulänglichkeiten betrachten. Machen Sie sich Ihre Einstellung im Hinblick auf diese Unzulänglichkeiten bewusst. Üben Sie sich darin, sie anzunehmen.

Sich selbst verstehen

Ich will nicht den Frieden, der das Verstehen übersteigt,
ich will das Verstehen, das den Frieden bringt.
Helen Keller

Die weiteste Reise, die wir je machen können, ist die Reise in uns selbst, denn in unserem Mikrokosmos spiegelt sich alles, was existiert. Wir können (und müssen) von allem lernen, was uns umgibt. Indem wir uns selbst verstehen, erfahren wir den Frieden, der mit dem inneren Gleichgewicht verbunden ist.
Dies ist jedoch nicht mit Denken und Analysieren allein zu bewerkstelligen. Sich selbst zu verstehen, hat auch nichts mit selbstvergessener Nabelschau zu tun. Es ist vielmehr das Gewahrsein der Seele. Selbst-Verständnis stellt sich ein, wenn wir zulassen, dass das in uns bereits vorhandene Wissen ins Bewusstsein dringt.
Viele brillante und begabte Menschen vergeuden ihre Talente, weil es ihnen an der Demut mangelt, die der Prozess der Selbsterkenntnis erfordert. Wenn wir glauben, wir wüssten alles, gehen wir am Wesentlichen vorbei, und wenn wir glauben, wir wüssten alles über uns selbst, offenbaren wir nur unsere Unwissenheit und Arroganz. Das Wunder der menschlichen Existenz ist, dass wir unser ganzes Leben damit zubringen können, unser inneres Universum und seine Verbindung zum äußeren Universum zu erforschen, und dennoch kaum an der Oberfläche gekratzt haben.

Hören Sie nie auf, etwas über sich selbst zu lernen,
sonst werden Sie zu einem unwissenden Narren
ohne inneren Frieden. Sich selbst kennen zu lernen,
ist ein Prozess, der nie endet. Wir machen uns etwas vor,
wenn wir glauben, wir wüssten bereits genug.

Sorgen

Ich habe einige schreckliche Dinge in meinem Leben durchgemacht, von denen ein paar tatsächlich geschahen.
Mark Twain

Hektik, Sorgen, Eile – Hektik, Sorgen, Eile. Unser Leben gleicht vielfach einem Hamsterrad, wir scheinen im Käfig unserer eigenen Sorgen und Hetzerei gefangen zu sein. Wie der kleine Hamster rennen wir oft wie wild herum, ohne irgendwo anzukommen. Das sorgt dafür, dass wir so beschäftigt und abgelenkt sind, dass wir gar nicht vorankommen können.

Sorgen sind eines jener »Hamsterräder«, die uns Gelegenheit geben, schreckliche Dinge zu durchleben, die nie geschehen müssen. Wenn wir innehalten, um Atem zu holen, könnten wir uns fragen: »Warum sollte ich in meiner Fantasie etwas durchleben, das nicht geschehen ist und vielleicht nie geschehen wird?« Glauben wir wirklich, wir wären besser vorbereitet, wenn wir uns darin üben, uns zu sorgen?

Bedenken wir, dass alles einen Anfang und ein Ende hat. Wir müssen uns mit bestimmten Situationen nur auseinander setzen, wenn sie eingetreten sind – nicht vorher. Die Katastrophe von heute entpuppt sich vielleicht morgen oder nächste Woche als eine Chance zu etwas Besserem.

Wenn Sie anfangen, sich Sorgen zu machen, sollten Sie innehalten, um zu schauen, ob Sie sich gerade in der Vergangenheit oder in der Zukunft befinden. Konzentrieren Sie sich wieder auf die Gegenwart und prüfen Sie, was jetzt zu tun ist.

Mentoren – Demut

Manche Frauen finden es nicht allein deshalb hilfreich, einen Mentor oder eine Mentorin zu haben, weil er/sie ihnen hilft, vorwärts zu kommen, sondern weil es sie davon abhält, abzuspringen.
Susan Caminiti

»Das muss ich allein schaffen.« – »Wenn ich gut genug wäre, bräuchte ich keine Hilfe.« Wo in aller Welt haben wir solche Ideen her? Selbst John Wayne brauchte viele Leute – einen Regisseur, einen Produzenten und Hunderte von Statisten –, um wie der starke Selfmadeheld auszusehen.

Jeder von uns hat Mentoren und Mentorinnen gehabt. Generationen von Menschen haben uns unterstützt, damit wir dahin gelangen konnten, wo wir jetzt sind. Niemand von uns ist völlig unabhängig. Vielleicht hatten wir in einer günstigen Situation den Mut und die Intelligenz, den Augenblick zu nutzen, aber diese Chance hätte sich uns vielleicht gar nicht geboten, wenn nicht andere für uns den Weg bereitet und uns offen und unbemerkt unterstützt hätten.

Ohne unsere Vorfahren wären wir gar nicht hier. Das ist eine Tatsache. Dieser Gedanke hilft uns, die Dinge zu relativieren.

Wir hätten nicht tun können, was wir taten, ohne die Erfinder, Lehrer und kreativen Genies, die die Bausteine lieferten, welche uns als Fundament für unsere Arbeit dienen.

Wir hätten ohne Eltern und Lehrer, gute und schlechte, nichts gelernt, denn sie halfen uns herauszufinden, wer wir sein wollen und wer nicht.

Wir sind nicht von selbst an diesen Punkt gelangt.

Heute wäre ein geeigneter Tag, um einmal anzuerkennen, welche Rolle andere in Ihrem Leben gespielt haben, was sie Ihnen mitgegeben und wie sie Sie unterstützt haben. Das ist eine gute Übung in Demut.

Sich selbst zuhören

Die einzige Art des Zuhörens, die wirklich zählt, ist die des Redners, der abwechselnd Ideen aufnimmt und ausdrückt.
Agnes Repplier

Wenn wir wollen, dass uns jemand zuhört, geht es uns oft eigentlich darum, unsere Worte, Ideen, Vorstellungen und Gefühle in die Welt hinauszugeben, damit *wir* sie hören und betrachten können.
Manche von uns sind sehr auditiv veranlagt (jeder ist es bis zu einem gewissen Grad). Deshalb geraten wir in unserer von visuellen Eindrücken dominierten Welt oft ein wenig aus dem Gleichgewicht.
Wir müssen manchmal *hören*, was wir fühlen, um es so real werden zu lassen, dass wir uns damit auseinander setzen können. Wir müssen *hören*, was wir denken, um unsere Gedanken hin und her wälzen und auf unseren Ideen aufbauen zu können. Wir müssen unsere Beobachtungen *hören*, damit wir sie beim Einschätzen der Realität gewichten können. Wir müssen uns selbst zuhören, und eine der besten Möglichkeiten, das zu tun, ist, mit jemandem zu sprechen, der ein guter Zuhörer ist.

Suchen Sie sich einen Menschen, mit dem Sie sprechen können und der Sie dabei unterstützt, sich selbst zuzuhören.

Vielfalt

Vielfalt ist das Grundprinzip der Schöpfung. Es gibt keine zwei Schneeflocken, Grashalme oder Menschen, die sich genau gleichen.
Lynn Maria Laitala

Vielfalt ist die Mutter des Ausgleichs. – Wie gesagt: Es ist seltsam, dass wir immer wieder der Illusion erliegen, Gleichgewicht und Gleichheit seien ein und dasselbe. Gleichheit nährt unsere Illusion, dass wir die Dinge unter Kontrolle haben. Die Vielfalt bietet uns hingegen die kreative Möglichkeit, nach einem Gleichgewicht zu suchen, es zu finden, zu verlieren und wieder zu finden. Ausgewogenheit ist ein fortwährender Prozess. Gleichgewicht ist nichts Statisches. Es ist nicht so, dass wir ein Gleichgewicht ein für alle Mal erreichen und uns dann anderen Dingen zuwenden. Wir Menschen streben immer angestrengt nach Gleichheit und erkennen nicht, dass das zu unserem Gefühl der Unausgewogenheit beiträgt. Wir wollen uns mit Menschen umgeben, die uns ähnlich sind. Wir wollen unsere Kultur über den ganzen Globus verbreiten. Auf Reisen suchen wir nach Unterkünften, die uns »vertraut« sind. Wir wollen, dass unsere Kinder jemanden heiraten, der wie wir ist. Vielleicht gefällt uns die Vorstellung der Vielfalt, und doch wünschen wir uns Gleichheit, weil sie so praktisch ist!

Hören Sie auf, die Wege, auf denen Sie Vielfalt in Ihr Leben einladen, zu versperren. Wie könnten Sie mehr davon in Ihren Alltag bringen? Sind Sie offen dafür, die mannigfachen Ausdrucksformen der Existenz zu erforschen? Lesen Sie ein Buch oder einen Artikel von Menschen, die ganz anders sind als Sie. Suchen Sie Orte auf, denen Sie normalerweise keinen Besuch abstatten würden. Versuchen Sie sogar, mehr Vielfalt in Ihre Mahlzeiten zu bringen. Schauen Sie, was geschieht.

Gebet

Bestimmte Gedanken sind Gebete. Es gibt Augenblicke, in denen, ungeachtet der Haltung des Körpers, die Seele niederkniet.
Victor Hugo

Manchmal scheint es, als hätte die Rolle der traditionellen Religion darin bestanden, das Gebet aus dem Alltag zu verbannen und es zu etwas besonders »Heiligem« zu machen. Aus irgendeinem unerfindlichen Grund sind viele von uns zu der Überzeugung gelangt, dass man uns das Beten erst beibringen müsse. Ja, man muss es uns nicht nur beibringen, es gibt auch eine richtige und eine falsche Art zu beten, und wir sollten es besser nicht auf die falsche Art tun. Kein Wunder, dass schon der Gedanke ans Beten uns schaudern lässt!
Wir müssen aufhören, auf »Experten« solcher Couleur zu hören. Wenn Gott die gesamte Schöpfung erschaffen hat und wir Teil von ihr sind (auch wenn einige sich gern als über ihren Mitgeschöpfen stehend betrachten), dann haben wir eine direkte Verbindung zum Göttlichen. Wir müssen nicht perfekt sein; wir müssen uns nur öffnen ... Dann wird schon »irgendetwas durchdringen«.

Welche Einstellung haben Sie zum Gebet?
Wurde Ihre Vorstellung vom Beten von anderen herabgesetzt?
Wie wäre es, wieder zu den Wurzeln zurückzukehren?

Wunder

Wer in diesem heiligen Land nicht an Wunder glaubt, ist kein Realist.
David Ben Gurion

Ben Gurion spach diese Worte bei der Gründung des Staates Israel. Die Existenz von Wundern zu leugnen, hieße, die Existenz der überall sichtbaren und unsichtbaren Lebensprozesse infrage zu stellen. Kann jemand, der schon einmal die winzigen Hände eines Neugeborenen gesehen hat, Wunder leugnen? Jeder Keim, der aus einem Samen sprießt, ist ein Beweis für Wunder.
Aber Wunder geschehen nicht nur in unserer Außenwelt. Wir erleben sie täglich in unserem Innern. Ist es nicht ein Wunder, dass unser inneres Selbst in seiner unendlichen Weisheit Erinnerungen in unserem Geist und unserem Körper speichert, damit wir sie verarbeiten können, sobald wir das Bewusstsein, die Stärke und Reife dazu erlangt haben? In dem Moment, da uns etwas widerfährt, sind wir oft noch nicht bereit oder fähig, uns damit auseinander zu setzen, und »vergessen« es. Und diese Erinnerungen warten in uns, scheinen zu schlummern, bis wir bereit sind, die damit verbundenen Gefühle und Erfahrungen zu durchleben und dieses bestimmte Ereignis aufzuarbeiten. Dieser Heilungsprozess, der in jedem von uns abläuft, ist ein Wunder.
Unser Körper und unser Geist – unser ganzes Sein – ist ein Wunder.

Denken Sie einmal daran, wenn Sie das nächste Mal morgens auf die Toilette gehen, was für ein Wunder es ist, dass Ihre Nieren funktionieren.

Prahlerei

Prahlerei ist immer ein Schrei der Verzweiflung,
außer bei den ganz Jungen, da ist sie ein Ruf der Hoffnung.
Bernard Berenson

Ist es nicht nett, wenn jemand einer Sache, die immer als absolut negativ betrachtet wurde, wie in diesem Zitat einen positiven Beigeschmack gibt?
Bleiben wir beispielsweise bei der Prahlerei. Die meisten von uns wurden dazu erzogen, zu glauben, dass es nicht gut ist, zu prahlen, und dass wir schlecht dastehen, wenn wir angeben. Doch hier ist ein Mann, der behauptet, dass Prahlerei bei den Jungen ein Ruf der Hoffnung sei. Wie gut für die Jungen, dass sie einen Hoffnungsschimmer haben!
Vielleicht hat die Prahlerei nur einen schlechten Ruf. Möglicherweise wurde sogar das Etikett »Prahlerei« falsch angewandt. Es gibt zum Beispiel eine allgemeine Regel, nach der es sich nicht gehört, zu sagen, dass man etwas gut kann (selbst wenn wir wissen, dass wir es sehr gut können). Aber das bringt uns unnötigerweise in eine Zwickmühle. Es scheint, dass die Konvention uns sagt, es sei besser, zu lügen, als mit der Wahrheit »anzugeben«. Was für ein Unsinn!
Da wir »die Wahrheit sagen« mit »Angeben« verwechseln, haben wir uns selbst und die Menschen in unserer Umgebung aus dem Gleichgewicht gebracht. Angeberei setzt ein gewisses Maß an Überheblichkeit und Unehrlichkeit voraus. Die Wahrheit über unsere Fähigkeiten und Talente zu sagen, erfordert Demut und Ehrlichkeit. Die Wahrheit brauchen wir nicht zu verleugnen.

Sagen Sie die Wahrheit über sich selbst. Versuchen Sie nur ein einziges Mal zu sagen: »Das kann ich gut«, wenn es wirklich so ist.

Respekt für lebendige Dinge

Für uns war unser Haus keine unbelebte Materie – es hatte ein Herz und eine Seele und Augen, mit denen es uns sehen konnte; es drückte Zustimmung und Diensteifrigkeit und tiefe Sympathien aus; es gehörte zu uns, und wir genossen sein Vertrauen und lebten in seiner Schönheit und seinem Frieden, der ein Segen war. Nie kamen wir nach Hause zurück, ohne dass sein Gesicht aufleuchtete und es uns seinen Willkommensgruß zurief.
Und wir konnten es nicht ohne Rührung betreten.
Mark Twain

Was für eine Kehrtwendung in Richtung eines inneren Gleichgewichts wir machen, wenn wir anfangen, das Leben in den angeblich unbelebten Dingen unserer Umgebung wahrzunehmen! Vor ein paar Jahren kauften wir, eine Gruppe von Freunden, ein altes Hotel in der Nähe von heißen Quellen in Montana. Es sollte ein Ort werden, an dem Menschen Heilung finden konnten. Als wir uns zusammensetzten, um zu besprechen, was als Erstes zu tun sei, stellte sich heraus, dass das Gebäude zuallererst einmal abgedichtet werden musste. Wir überlegten, wie man das Dach ausbessern könnte und dann sagte einer aus der Gruppe: »Wieso sprechen wir über das Ausbessern des Dachs? Diese alte Dame braucht einen neuen roten Hut.« Plötzlich wussten wir, dass es hier um mehr ging als eine schnelle Reparatur. Wir mussten das alte Haus von unseren Absichten und unserem Respekt überzeugen.
Denken Sie daran, dass Häuser, Autos und Kleidungsstücke aus lebendigen Materialien bestehen. Sie sind voller Energie. Unser Leben wird einfacher, wenn wir sie mit Liebe und Respekt behandeln.

Schauen Sie sich einmal um. Welche Dinge in Ihrem Leben haben gut für Sie gesorgt? Erkennen Sie diese Fürsorge an. Geben Sie sie zurück, wenn Sie können.

Wasser

Mein alter Freund, das Wasser, mein guter Gefährte,
meine geliebte Mutter und mein geliebter Vater:
Ich bin sein ganz natürlicher Sprössling.
Doris Grumbach

Seit alter Zeit wird das Wasser als heilsames Element betrachtet. Wir beginnen unser Leben im Fruchtwasser der Gebärmutter. Wir werden aus dem Wasser geboren, unser Körper besteht zum größten Teil aus Wasser, und Wasser hilft uns, Nahrung zu verdauen und Nährstoffe in unserem Organismus zu verteilen. Wir brauchen das Wasser auf der physischen, psychischen und spirituellen Ebene.
Wir haben viele verschiedene Möglichkeiten, in den Genuss der Heilkräfte des Wassers zu kommen. Eine davon ist das Baden. In den vergangenen Jahren hatte ich die wunderbare Gelegenheit, verschiedene Badekurorte in Europa zu besuchen, wo die warmen Mineralquellen aus der Erde sprudeln. In einem dieser Kurzentren ist die Wasseranwendung eine locker strukturierte Prozedur von etwa achtzehn aufeinander folgenden Arten des Badens. Zum Schluss wird der ganze Körper mit einer Lotion eingerieben und für die zwanzigminütige Ruhephase in Decken gehüllt. Ich habe mich noch nie so sauber gefühlt!
Baden, Duschen, im Wasser liegen – Wasser sollte eine wichtige Rolle in unserem Leben spielen.

Verwöhnen Sie sich mit einer langen »Wasser-Sitzung«.

Gärtnern

Die mehrjährigen Pflanzen sind die, die wie Unkraut wachsen, die zweijährigen sterben im ersten Jahr ab anstatt im zweiten, und die winterharten einjährigen kommen überhaupt nicht heraus.
Katharine Whitehorn

Endlich einmal jemand, der eine Ahnung vom Gärtnern hat!
Ich habe mir stundenlang die Schwärmereien von Freunden und Bekannten über die beruhigende, verjüngende Wirkung des Gärtnerns angehört. Sie erzählen begeistert, wie sie mit ihren Händen in der Erde wühlen (wahrscheinlich sind die Dinger an ihren Fingerspitzen künstlich und können vor dem nächsten Exkurs in den schlammigen Garten abgenommen werden ...). Ich habe aufmerksam zugehört, wenn Leute (die anscheinend wissen, was sie tun) sich im Detail darüber ausließen, welche Pflanzen miteinander harmonieren und wie man einjährige, zweijährige und mehrjährige in einem Garten platzieren sollte. Ich weiß nicht, was mit mir während solcherlei Konversationen geschieht: Mein Geist zieht sich an den gleichen dunklen, leeren Ort zurück, den er stets bei theoretischen Diskussionen über die Weltwirtschaft aufsucht.
Ich habe um Hilfe gebeten und festgestellt, dass die meisten, die auf meinen Hilferuf reagierten, »theoretische Gärtner« sind, Leute, die lieber über das Gärtnern reden, als es zu tun.
Ich liebe Blumen und frische Kräuter. Meine Lösung bestand darin, Blumen zu kaufen und einen Gärtner zu beauftragen. So habe ich weiterhin kräftige, gepflegte Fingernägel.
Wenn Sie das Produkt mögen, aber nicht den Herstellungsprozess, sollten Sie diesen vielleicht jemand anderem überlassen.

Uns muss nicht alles Spaß machen. Verbannen Sie eine Sache aus Ihrem Leben, die angeblich »gut für Sie« ist, die Sie aber trotzdem nicht mögen.

Zuhören

Weise Lebensführung gelingt keinem Menschen durch Zufall.
Seneca

Zwischen Weisheit, Zuhören und Demut scheint ein direkter Zusammenhang zu bestehen. Die weisesten Menschen, die ich je getroffen habe, waren auch die bescheidensten und fähigsten Zuhörer, die mir je begegnet sind.
Indem ich gute Zuhörer beobachtete und so lernte, selbst eine bessere Zuhörerin zu sein (ich bin Irin, und wir Iren lieben es, zu reden!), blieb mir genug Zeit, an solchen weisen Menschen einige Gemeinsamkeiten zu entdecken, die mir bedeutsam scheinen.
Zunächst einmal besitzen gute Zuhörer die Fähigkeit, sich selbst zuzuhören. Dabei sind sie aber nicht egoistisch oder selbstbezogen. Sie sind einfach aufmerksam. Sie achten auf die kleinen inneren Regungen, die ihnen zeigen, was in ihrem Inneren vorgeht, und ihnen so helfen, im Einklang mit sich selbst zu sein.
Zweitens hören sie ihrem Gott, ihrer höheren Macht, ihrem Schöpfer oder der universalen Weisheit zu, die uns alle erhält und mit den wichtigen Informationen ausstattet.
Drittens hören sie liebevoll anderen Menschen zu und entdecken in allem, was gesagt wird, irgendetwas von Bedeutung.
Und nicht zuletzt lauschen sie der Natur. Ihnen ist bewusst, dass die Äußerungen der sie umgebenden Welt älter sind als jeder von uns und achtsam wahrgenommen werden müssen, wenn man in einem harmonischen Gleichgewicht leben will.

Üben Sie sich in den oben beschriebenen vier Künsten des Zuhörens und schauen Sie, ob diese Art des Lauschens zu positiven Veränderungen in Ihrem Leben führt.

Kinder

Vielleicht würden Eltern die Zeit mit ihren Kindern mehr genießen, wenn sie sich einmal bewusst machten, dass der Film der Kindheit kein zweites Mal abgespielt werden kann.

Evelyn Nown

Möglicherweise schenkt uns Gott die Kinder nicht nur, um die menschliche Rasse am Leben zu erhalten: Gott schenkt uns die Kinder, um uns Gefährten zu geben, die tun werden, was sie können, um uns daran zu erinnern, dass wir ganz »da« sein und in der Gegenwart leben sollen.

Kinder sind die besten Gedächtnisstützen, wenn es darum geht, sich daran zu erinnern, dass das Leben ein Prozess ist, der sich verändert, indem wir daran teilnehmen. Kinder sind bereit, Menschen zu helfen, die innerlich zu erstarren beginnen, die sich ständig mit unwichtigen Dingen herumschlagen und dabei sind, den Kontakt mit der sie umgebenden Welt zu verlieren.

Die Kinder werden uns geschenkt, um uns ins Gedächtnis zu rufen, dass wir unser Leben *leben* und keine Hetzjagd daraus machen sollen. Im Gegensatz zu der weit verbreiteten Meinung, dass Kinder Unruhe in ein ansonsten geordnetes Dasein bringen, rütteln sie uns in unserer distanzierten, mechanischen Lebensweise auf. Kinder akzeptieren Distanziertheit einfach nicht.

Beobachten Sie einmal ein Kind, das einen Käfer beobachtet.

Spaß bei der Arbeit

Arbeiten macht mehr Spaß, als herumzusitzen
und sich Sorgen wegen des Geldes zu machen.
Pete

Vor ein paar Tagen saßen wir in einer Gruppe von Freunden zusammen und unterhielten uns über die verschiedenen Tätigkeiten, denen wir als junge Leute nachgegangen sind, und darüber, wie viel Spaß wir dabei hatten.
Zuerst erzählten wir uns Geschichten aus der Zeit der Semesterferienjobs. Ein paar von uns arbeiteten in Krankenhäusern als Schwesternhelferinnen.
Einmal hatten wir als zwei Schwesternhelferinnen geräuschvoll mit einer riesigen Bodenpoliermaschine zu kämpfen, die uns für einen kurzen Moment in ihre Gewalt gebracht hatte. Unsere schrillen Lachsalven störten die Mutter Oberin. Angestrengt versuchten wir, uns wieder unter Kontrolle zu bringen, als wir hörten, wie sich die steif gestärkte weiße Schwesterntracht über den Flur näherte. Nachdem wir ermahnt worden waren, erklärten wir ein bisschen hinterhältig, wir wüssten nicht, wie man die Poliermaschine bediene (natürlich ohne zu erwähnen, dass sie uns bereits kräftig herumgeschleudert hatte!). Die Mutter Oberin schluckte den Köder und meinte, das könne ja wohl nicht *so* schwierig sein (das hatten wir auch gedacht!). Zu unserem Entzücken packte sie die Griffe und wies uns an, den Stecker in die Steckdose zu stecken. Das Resultat: eine fliegende Nonne! Inzwischen hatten sich Patienten und Angestellte eingefunden, die sich das Schauspiel ansahen. Man befahl uns, sofort den Stecker herauszuziehen und die ganze Sache zu vergessen ...

Denken Sie einmal daran, wie viel Spaß Sie
bei verschiedenen Jobs in der Vergangenheit hatten.

Verlorene Perspektiven

Als ich mit der Organisation der Tournee beschäftigt war, verlor ich mich ganz und gar in meiner Arbeitssucht. Ich schnappte völlig über, begriff aber, dass das Einzige, was mir noch helfen konnte, ein Gespräch mit einer Gruppe von Freunden war, die mit mir reden und mich wieder auf den Boden der Realität zurückbringen mussten.

Ulrike

Wie leicht verlieren wir unter Stress den Blick für die Realität. Aber gerade dann, wenn wir Unterstützung und Hilfe am nötigsten brauchen, entscheiden wir uns oft dafür, uns in die gestellte Aufgabe zu verbeißen. Wir schauen weder nach links noch nach rechts. Wir mutieren zum Tyrannen und erwarten, dass unsere gesamte Umgebung sich auf uns und *unsere* Arbeit einstellt. Plötzlich werden wir und unsere Aufgabe zum Nabel der Welt, und oft sind wir ehrlich überrascht, wenn andere die »Realität« nicht so sehen wie wir.

Gerade wenn wir Rückmeldungen von außen am dringendsten brauchen, isolieren wir uns, ziehen uns in uns selbst zurück und konzentrieren unser Denken wie einen Laserstrahl auf das, was getan werden *muss*.

Das ist genau der Punkt, an dem wir innehalten und mit Freunden reden sollten, um die richtige Perspektive zurückzugewinnen.

Wenn Sie sich das nächste Mal in einer Aufgabe »verbeißen«, sollten Sie eine Pause einlegen und sich mit Freunden, Angehörigen oder Kollegen zu einer »Realitätskontrolle« treffen.

Veränderung

Ich dachte, ich könnte die Welt verändern. Ich brauchte hundert Jahre, um zu begreifen, dass ich die Welt nicht ändern kann. Ich kann nur Bessie ändern. Und das ist auch nicht einfacher, Schätzchen.

Bessie Delany

Genau da liegt das Problem! Leider leben einige von uns nicht lange genug, um diese Lektion zu lernen!

Es ist so einfach, zu sehen, was »da draußen« nicht in Ordnung ist, und seine ganze Energie in den Versuch zu stecken, Menschen, Orte und Gegebenheiten zu ändern (und sich damit *schrecklich* beschäftigt zu halten!). Und das hindert uns dann daran, zu erkennen, wie *wir* uns ändern müssten, um unser Leben und das Leben der Menschen in unserer Umgebung zu verbessern.

Nachdem wir uns in dem Versuch, das Unmögliche zu erreichen, verausgabt haben, bekommen wir in der Ruhe der Erschöpfung Gelegenheit zu erkennen, was möglich ist. Oft ist es selbst unter den schlimmsten Bedingungen und Umständen machbar, die eigene Einstellung oder Sichtweise zu ändern. Wenn wir das tun, beginnen sich Türen zu öffnen, die wir vorher nicht einmal sehen konnten.

Denken Sie an eine problematische Situation, für die Sie seit längerem eine Lösung suchen. Überlegen Sie, ob Sie hier Ihre Einstellung oder Wahrnehmung ändern können, anstatt besessen zu versuchen, alles zu kontrollieren.

Geistige Fluchten

Wir müssen nicht sagen oder denken, was wir nicht sagen oder denken wollen. Wir haben eine Wahl in diesen Dingen, und wir müssen das erkennen und uns darin üben, von dieser Wahlmöglichkeit Gebrauch zu machen.

Rolling Thunder

Nur zu oft geben wir unseren Gedanken die Erlaubnis, verrückt zu spielen. Nehmen wir an, wir rufen eine Freundin an, die gerade sehr beschäftigt ist und zu diesem Zeitpunkt nicht mit uns sprechen möchte. Unser Denken schwenkt auf »Selbstbezogenheit« um, wir entscheiden uns dafür, zu glauben, dass sie überhaupt nicht mit uns sprechen will, und beschließen, uns nicht wieder in eine Position zu begeben, in der wir so gedemütigt werden können. Also rufen wir sie gar nicht mehr an. Unser Gedankenkarussell dreht sich wie verrückt.

Dann treffen wir sie Monate später zufällig auf der Straße, und sie begrüßt uns sehr liebevoll, nimmt uns in den Arm und sagt uns, wie glücklich sie ist, uns zu sehen. Sie erzählt uns außerdem, dass sie und einige ihrer Angehörigen krank waren – sie hatte also weiß Gott genug mit sich selbst zu tun. Unser Denken hat uns einen Streich gespielt! Wir erkennen plötzlich, dass wir sie nicht nur vermisst, sondern auch die Gelegenheit verpasst haben, mit ihr in Kontakt zu sein oder sie vielleicht sogar zu unterstützen.

Üben Sie sich darin, sich nicht von Ihrem Gedankenkarussell mitreißen zu lassen. Erfinden Sie ein inneres Warnsystem, das Ihnen hilft, zu erkennen, wann Sie anfangen, sich in bestimmten Denkmustern zu verrennen.

Leere – Beziehungen

Ton knetend bildet man Gefäße;
doch erst ihr Hohlraum gibt ihnen Brauchbarkeit.
Lao-tzu

Die moderne Gesellschaft hat in uns das Bedürfnis erzeugt, immer bis obenhin »ausgefüllt« zu sein. Wir wollen mehr essen, mehr Alkohol, mehr Sex; wir glauben, dass wir mehr Geld, mehr Dinge, mehr Macht brauchen – mehr, mehr, mehr.
Wir fürchten uns so sehr vor der Leere, die wir im Innern fühlen, dass jedes Gewahrwerden dieses Vakuums uns veranlasst, hastig nach etwas zu suchen, womit wir es füllen können ... irgendetwas – Hauptsache, es ist gefüllt.
Doch es ist unmöglich, ein harmonisches Gleichgewicht zu erfahren, wenn man ständig bis obenhin »zu« ist. Wir müssen lernen, Leere wahrzunehmen und zu schätzen.
Viele Menschen haben beispielsweise nach einer Trennung bereits einen anderen Partner in petto oder rennen sofort los, um sich an irgendjemanden zu hängen, wobei sie oft eine schlechte Wahl treffen.
Es ist normal und gut, eine Leere und ein Verlustgefühl zu spüren, wenn eine Beziehung endet. Nimmt man sich die Zeit, diese Leere, die Einsamkeit und den Verlust zu erfahren und zu durchleben, wird sich das in der Zukunft mehr als auszahlen.
Wenn wir die ausgleichende Kraft der Leere in unserem Leben akzeptieren, beginnen wir auch, das Ich besser zu verstehen.

Jeder Tag ist mit Verlusten verbunden. Nehmen Sie sich die Zeit, sie wahrzunehmen und zu spüren.

Die Dinge in Gottes Hand legen

Was auch immer geschieht, das Leben geht weiter.
Mexikanisches Sprichwort

Manchmal sind es die einfachen, kleinen Dinge, die uns wieder ins Gleichgewicht bringen. Die komplizierten Theorien und blumigen Phrasen klingen vielleicht schön und verlockend, aber wenn unser Leben aus den Fugen zu geraten scheint, sind es oft die einfachen Worte, die ins Schwarze treffen.
Wenn man eigentlich gar nichts mehr sagen kann, wie beim Tod eines Kindes, habe ich schon die oben stehenden Worte vernommen und gespürt, dass sie in ihrer Schlichtheit heilsam sind. *Was auch immer geschieht, das Leben geht weiter.*
Wenn wir am Boden zerstört sind und nicht länger der Illusion anhängen, dass wir etwas *tun* können, damit unser Leben weitergeht, ist es seltsam tröstlich, zu wissen, dass nicht wir es sind, die das Steuer in der Hand halten. Das Leben wird mit oder ohne uns weitergehen.
Für diejenigen unter uns, die gern alles kontrollieren (und wer tut das insgeheim nicht?), kann es eine tiefe Erleichterung sein, zu erfahren, dass wir die Dinge in Wirklichkeit nicht steuern und es eigentlich auch gar nicht *können*. Wir sind einfach nicht qualifiziert genug für diesen Job!

Lassen Sie den Sinnspruch »Was auch immer geschieht, das Leben geht weiter« in sich einsinken. Denken Sie daran, dass immer ein neuer Tag vor Ihnen liegt.

Kontrolle

Du kannst die Leute so weit bringen, wie sie wollen,
nicht so weit, wie sie deiner Meinung nach gehen sollten.
Jeannette Rankin

Kürzlich machte ich eine Erfahrung, bei der ich etwas über »Kontrolle« lernte. Ich ging zum Treffen einer Gruppe, an der ich regelmäßig teilnehme und in der Beschlüsse durch Konsens erreicht werden sollen. Dort gibt es eine Person, die nicht nur nie zu hören scheint, was die anderen wollen, sondern anscheinend nur hört, was ihr passt, und dann auch noch *glaubt*, die anderen hätten das Gleiche gesagt. Wenn sie sich so verhält, löst das immer eine Abwehrreaktion in mir aus, die ich aber meistens ziemlich schnell wieder loslassen kann (manchmal schneller als andere, muss ich sagen). In meinen Augen ist diese Frau sehr kontrollierend.

An diesem Abend plauderte sie nach dem Meeting mit mir. Wir sprachen über die Ehe, das Zusammenleben mit anderen und so weiter, und sie sagte: »Sag nichts Schlechtes über Ehemänner.« Sie erzählte mir von einer ihrer Freundinnen, die allein lebt, sich aber ohne Mann unvollständig fühlt und sich verzweifelt danach sehnt, zu heiraten.

»Wie schrecklich«, sagte ich, da ich mich ja schon vor Jahren von dieser gesellschaftliche Gehirnwäsche (so sah ich es) gelöst hatte.

»Nicht unbedingt«, erwiderte sie. »Das ist der Punkt, an dem sie steht, und das ist es, woran sie innerlich gerade arbeitet.«

Volltreffer! Manchmal müssen wir mit jemandem in Kontakt kommen, der eine Eigenschaft hat, die wir als absolut negativ betrachten (in diesem Fall Kontrolle), damit wir sie in uns selbst erkennen können.

Welche eher subtilen und kreativen Methoden
haben Sie entwickelt, um andere zu kontrollieren?

Abenteuer

Ein Abenteuer lohnt sich um seiner selbst willen.
Amelia Earhart

Und Amelia Earhart war mit Sicherheit eine Abenteurerin! Nicht jeder von uns kann es ihr gleichtun, aber wir alle können Abenteurer(innen) sein.
Das aufregendste Abenteuer, an dem jeder von uns teilhaben kann, ist das Abenteuer eines ganz gewöhnlichen Tages.
Das Leben setzt sich aus solchen gewöhnlichen Tagen zusammen, die durch das, was wir aus ihnen machen, außergewöhnlich werden. Wir besitzen diese Fähigkeit.
Wir sehen im Leben, was wir darin sehen wollen. Wir haben täglich die Möglichkeit, die wunderbarsten oder auch erstaunlichsten Dinge um uns herum zu sehen. Die Gesichter im Bus, in der Menschenmenge, in einem Geschäft. Wenn wir sie einmal wirklich anschauen, werden sie außergewöhnlich.
Das Wasser, das aus dem Wasserhahn fließt, das Gefühl der Sauberkeit, nachdem wir unsere Zähne geputzt haben, oder die süße Explosion in unserem Mund, wenn wir in eine Frucht beißen – das sind alles heilige Erfahrungen.
Wir haben auch die Fähigkeit, überall, wo wir hingehen, Freude und nette Worte wie Feenstaub zu verteilen. Was könnte abenteuerlicher sein?

Schauen Sie, welche Abenteuer Sie heute erleben können.
Vergessen Sie Ihren »Feenstaub-Streuer« nicht.

Was wichtig ist

Wir haben die Aufgabe, an zwei Dingen zu arbeiten, während wir hier in unserem Körper leben. Unsere erste Aufgabe besteht darin, unsere physische Realität zu gestalten. Die zweite ist die Erschaffung unseres Selbst – jenes inneren Selbst, das in dieser äußeren Realität lebt. Beides, das Innere und das Äußere, erfordern unsere Aufmerksamkeit. Und es ist eine heilige und anspruchsvolle Kunst, beides im Gleichgewicht zu halten. Sobald wir eine der beiden Aufgaben vernachlässigen, kann die andere von uns Besitz ergreifen und uns für immer versklaven.

Olga Kharitidi

Wir müssen in unserer physischen Welt leben. Das ist unsere Realität. Also müssen wir uns ein äußeres Umfeld schaffen, in dem wir überleben, wachsen, gedeihen und lernen können. Es ist wichtig für uns, uns unser eigenes, bequemes Nest zu schaffen. Doch dieser Gestaltungsprozess unserer physischen Realität wird uns nie befriedigen, wenn er auf Kosten unserer zweiten Realität geht: der Entwicklung unseres Selbst.

Die Entwicklung unseres Selbst erfordert, dass wir nach innen gehen und uns mit unseren inneren Dämonen konfrontieren, unsere eigenen Tiefen ausloten und unsere Grenzenlosigkeit erfahren.

Wir brauchen dieses Gleichgewicht.

Ist Ihr Leben im Hinblick auf die Gestaltung Ihrer physischen Realität und die Entwicklung Ihres inneren Selbst im Gleichgewicht?

Hartnäckigkeit

Angesichts eines Hindernisses,
das unmöglich zu überwinden ist, ist Starrsinn Dummheit.
Simone de Beauvoir

Ah, Starrsinn! Das ist einer dieser wunderbaren kleinen Freunde, die uns in jungen Jahren vielleicht überleben halfen und uns jetzt fast umbringen. Oh, wie wir es hassen, sie aufzugeben, nicht wahr? Vergessen Sie nicht: Wir müssen überhaupt nichts aufgeben, bevor wir dazu bereit sind, und starrsinnigen Menschen fällt es sehr schwer, dazu bereit zu sein.
Meistens bekommen wir ziemlich deutliche körperliche Hinweise auf unseren Starrsinn. Unsere Kiefer sind zusammengepresst, unsere Hände verkrampfen sich, unsere Lippen werden schmal, unsere Kopfmuskeln spannen sich an, unser Rücken versteift sich, unsere Schultern ziehen sich hoch und unser Gesäß zusammen. Macht uns das Spaß? Ach ja, ich vergaß noch zu erwähnen, dass unsere Augen zu Schlitzen werden. Selbst unsere Ohren scheinen sich zu verschließen. Starrsinn belastet sowohl den Körper als auch Beziehungen.
Wir haben unsere Vorstellungen und Ziele, und wir werden sie nicht ändern. Doch wenn wir genau hinschauen, sehen wir, dass wir zu Personen werden, die wir gar nicht sein wollen, Personen, die wir überhaupt nicht mögen! Ist es das wert? Wir haben doch andere Möglichkeiten. Es ist noch keiner daran gestorben, dass er seinen Starrsinn aufgegeben hat.

Setzen Sie sich hin und schreiben Sie ein paar Dinge auf, die Sie mit großer Sturheit vertreten. Sind Sie bereit, Ihre starrsinnige Haltung aufzugeben? Denken Sie darüber nach. Sie selbst und Ihre Freunde und Angehörigen werden sich darüber freuen.

Die Finanzen

Ich glaube, dass unsere grundlegende Einstellung zu Geld – wie die Neigung zu dicken Beinen – wahrscheinlich schon im Mutterleib oder spätestens in der Wiege entsteht.
Peg Bracken

Wir viel beschäftigten Menschen müssen uns abhetzen, um eine Art finanzielles Gleichgewicht aufrechtzuerhalten. Und wenn wir beruflich erfolgreich sind, vergrößern sich die Probleme noch.
Ein Gleichgewicht im Hinblick auf die Finanzen zu finden, erfordert ein hohes Maß an emotionaler, mathematischer, ökonomischer und organisatorischer Kompetenz. Zunächst einmal: Es gibt nur sehr wenige Menschen, die sich von finanziellen Dingen nicht überfordert fühlen. Sie können sich also entspannen.
Beim Umgang mit Finanzen geht es nicht nur darum, Geld zu verdienen und auszugeben, ja nicht einmal nur darum, emotional abhängig oder besessen von Geld zu werden (obwohl das auch ein Problem sein kann). Der harmonische Umgang mit unseren Finanzen erfordert, dass wir innerlich einen Schritt zurücktreten, das Ganze von einer höheren Warte aus betrachten und uns daran erinnern, dass der kreative Umgang mit Geld vielleicht ein bisschen an ein Hütchenspiel erinnert – *beobachten Sie also* und spielen Sie nicht herum.
Finanziell im Gleichgewicht zu sein, kann heutzutage bedeuten, dass man mit einer ganzen Reihe von Experten sprechen muss. Haben Sie dann eine Vielzahl von Meinungen gesammelt und vielleicht ein paar Informationen erhalten, besteht der letzte Schritt darin, sich zu entspannen und zu tun, was Ihnen selbst sinnvoll erscheint.

Was müssen Sie tun, um Ihre Finanzen mit Ihren anderen Lebensbereichen in Einklang zu bringen?

Staunen

Wenn ich einen Einfluss auf die gute Fee hätte, die über die Taufe aller Kinder wacht, würde ich sie bitten, jedem Kind als Geschenk eine Fähigkeit zum Staunen mitzugeben, die so stark und unzerstörbar ist, dass sie das ganze Leben als zuverlässiges Gegengift gegen die Langeweile und Ernüchterung der späteren Jahre wirkt, gegen die sterile Beschäftigung mit künstlichen, leblosen Dingen und die Entfremdung von den Quellen unserer Kraft.

Rachel Carson

Wie kostbar ist doch unsere Fähigkeit zu staunen!

Sie ist eine der großartigen ausgleichenden Kräfte der menschlichen Existenz und schützt uns davor, zu vergessen, dass die Realität relativ ist und dass unsere Vorstellungen und Überzeugungen die von uns wahrgenommene Realität beeinflussen. Unsere Fähigkeit zum Staunen ist die Grundlage, die uns erlaubt, an unserem tiefen Wissen um unsere Realität festzuhalten, selbst wenn sie von einigen Menschen in unserer Umgebung nicht gesehen oder geteilt wird. Das Staunen erinnert uns daran, dass wir uns so sehr in den praktischen Dingen des Alltags verstricken können, dass wir das Wesentliche aus den Augen verlieren. Es verbindet uns mit den unsichtbaren Kräften, die unser Leben gestalten und lenken. Es ist die Tür zum Jenseitigen, die wir brauchen, um wieder hierher zurückkehren zu können. Wir können es uns eigentlich nicht leisten, an einen Punkt zu kommen, an dem wir uns erstaunt fragen müssen, wo unser Staunen geblieben ist.

Ziehen Sie einmal Bilanz: Sind Sie in letzter Zeit einmal ins Staunen gekommen? Falls nicht, holen Sie sich Hilfe. Tiere, Neugeborene, die erwachende Natur und Erwachsene, in denen alle Lebensphasen lebendig geblieben sind, können in dieser Hinsicht hilfreiche Führer sein.

Klug sein

Für jeden Klugen gibt es einen noch Klügeren.
Mexikanisches Sprichwort

Manchmal müssen wir überbeschäftigten Leute einfach wieder auf die Plätze verwiesen werden. Wenn wir aus dem Gleichgewicht geraten, pendeln wir zwischen den zwei Polen eines unserer bevorzugten Dualismen hin und her – zwischen dem Gefühl, wertlos zu sein, und dem, der oder die »Größte« zu sein. Wenn wir uns in diesem Widerspruch verlieren, spielt es natürlich keine Rolle, welchen der beiden Pole wir bevorzugen, denn wir sind auf jeden Fall nicht im Gleichgewicht.
Es kann uns ein gewisses Gefühl der Erleichterung verschaffen, zu wissen, dass es immer Menschen geben wird, die »wertloser«, und andere, die »klüger« sind als wir. Dieses Wissen enthebt uns der Verantwortung, der »Schlechteste« oder der »Beste« zu sein zu müssen; es befreit uns, sodass wir uns mit unserer Realität auseinander setzen können. Es wird immer irgendjemanden geben, der über ein bestimmtes Thema mehr weiß als wir. Das bedeutet nicht, dass wir nichts wissen, und es bedeutet auch nicht, dass wir *alles* wissen müssen.
Das Potenzial zu einem harmonischen Gleichgewicht liegt in uns selbst – nicht außerhalb.

Immer wenn Sie sich wie ein »Ass« fühlen, sollten Sie sich an das oben stehende Sprichwort erinnern. Fühlen Sie sich dagegen wertlos, sollten Sie sich den Gegenpol vergegenwärtigen.

Familien

Das große Geschenk, welches uns durch das Familienleben zuteil wird, ist, dass wir eine Intimität und Nähe zu Menschen haben, mit denen wir uns vielleicht nie aus eigenem Antrieb bekannt gemacht hätten.
Kendall Hailey

Ist es Ihnen schon einmal passiert, dass Sie sich in Ihrer Familie umschauten und Ihnen plötzlich der erschreckende Gedanke durch den Kopf schoss: »Wer *sind* eigentlich diese Leute?«? Nun, es sind die Menschen, mit denen Sie zusammen sind und die Ihnen die vertrauteste Spielwiese bieten, um die Lektionen des Lebens zu lernen.

Wenn Sie erkennen, dass es weder darum geht, sich auf die anderen und ihre Fehler zu konzentrieren, noch darum, wer Sie selbst lieber wären, sondern um die Tatsache, dass diese Familie das reichhaltige Mahlgut für *Ihre* Lernmühle ist, wird sich Ihre Wahrnehmung ändern: Was können Sie von jedem einzelnen Familienmitglied lernen? Welche Eigenschaften mögen Sie? Welche sind Ihnen eher unangenehm? Welche der angenehmen oder unangenehmen Eigenschaften haben Sie mit anderen Familienmitgliedern gemein? (Seien Sie ehrlich!)

Können Sie Mitgefühl für Ihre Angehörigen empfinden, wenn Sie angefangen haben, sie so zu sehen?

Die Familienmitglieder sind nicht die Ursache Ihres gegenwärtigen Schmerzes. Sie sind nur Auslöser, die Sie mit Ihrem Schmerz konfrontieren.

Eine Familie ist ein Segen, und wir können sie wiederum dafür segnen.

Treten sie innerlich einen Schritt zurück und versuchen Sie, Ihre Familie objektiver zu sehen. Würdigen Sie die Gefühle, die in Ihnen wach werden, und seien Sie offen dafür, von ihnen zu lernen.

Denken

Setzen Sie sich hin, halten Sie den Mund
und gönnen Sie Ihrem Verstand eine Pause.
Ein Sponsor einer Anonymen-Alkoholiker-Gruppe

Manchmal gibt es nichts Besseres als eine direkte Anweisung, um wieder ins Gleichgewicht zu kommen!
Der »Hauptverursacher« unserer inneren Disharmonie ist unser Denken. Verstehen Sie mich nicht falsch – unser Verstand ist etwas Großartiges. Aber unser Denken kann uns auch in größere Schwierigkeiten bringen, als wir manchmal glauben. Die Wahrheit ist, dass es uns fast nie gelingt, uns aus einem Problem »herauszudenken«. Normalerweise ist es so, dass wir uns immer tiefer darin verstricken, je mehr wir versuchen, es durch Denken zu lösen.
Unser Verstand ist mit einem verborgenen Teleskop ausgestattet, das selbst die unwichtigste Angelegenheit wie ein weltbewegendes Problem aussehen lassen kann. Die Kapazität dieses Fernrohrs würde die Benutzer der größten Teleskope der Welt sicher vor Neid erblassen lassen. Wenn wir etwas zerbrechen, wird es normalerweise kleiner. Doch wenn wir uns angesichts eines Problems den Kopf »zerbrechen«, wird es größer und größer. Und irgendwann ist die Angelegenheit für unseren Geist *und* unsere Seele zu einem unüberwindbaren Hindernis geworden.
Wenn wir in diese Spirale des Denkens hineingezogen werden, können wir nichts Besseres tun, als uns hinzusetzen, den Mund zu halten und unserem Verstand eine Pause zu gönnen.
Anderen zuzuhören ist ein gutes Gegenmittel gegen unser »Gedankenkarussell«.

Versuchen Sie einmal einen ganzen Tag lang anderen zuzuhören,
ohne Ihre wichtigen Kommentare dazuzugeben.
Das Ergebnis wird Sie überraschen.

Aus dem Gleichgewicht

Wenn mich meine Arbeitssucht überfällt, kann ich mir noch nicht mal die Zeit nehmen, um mit meiner Partnerin zu sprechen oder mit einem Freund zu telefonieren. Ich hetze durch die Unterhaltung und halte sie so kurz wie möglich.

Roland

Eine der zerstörerischen Nebenwirkungen von Arbeitssucht und Überaktivität ist die Verwirrung, die in unserem Gehirn entsteht. Wir verlieren das Wesentliche aus dem Blick.

Unser Verstand ist ein erstaunliches Phänomen. Er findet immer eine Möglichkeit, fast alles, was wir tun wollen, zu rationalisieren und zu rechtfertigen. Wenn wir uns zu Tode arbeiten wollen, kann unser Verstand uns einen Grund dafür liefern, der vollkommen logisch und rational klingt – er macht nur absolut keinen Sinn. Wenn wir so beschäftigt sein wollen, dass wir keine Zeit mehr haben, mit unseren Partnern oder Freunden zu sprechen, kann uns unser Verstand versichern, dass dieses Verhalten im Moment völlig in Ordnung ist, und uns mit der Rationalisierung beruhigen, dass wir uns nach diesem »Arbeitsendspurt« wieder mehr Zeit für sie nehmen werden.

Es ist nicht so, dass wir unsere Partner und Freunde wirklich vernachlässigen *wollen*. Wir sind einfach aus dem Gleichgewicht geraten und müssen versuchen, es wieder zu finden.

Rufen Sie heute eine Freundin/einen Freund an und nehmen Sie sich die Zeit, bei der Unterhaltung ganz präsent zu sein.

Das Naheliegende

Ihre größte Qualität war, dass sie einen klaren Blick für das Naheliegende hatte.
Diane

Wenige von uns haben einen klaren Blick für das Naheliegende. Wir sind so damit beschäftigt, besessen von einer Sache zur nächsten zu jagen, dass wir auf unserer Suche nach dem Besonderen am Naheliegenden vorbeirennen.
Wenn wir einen klaren Blick für das Naheliegende in unserem Leben haben, erkennen wir, dass es oft gerade das Offensichtliche ist, das uns ein Gefühl der Gelassenheit und Ruhe gibt. Oft fühlen wir uns unausgeglichen und nicht »ganz da«, weil wir die Verbindung zum Naheliegenden verloren haben.
Was sind die nahe liegenden, offensichtlichen Dinge in unserem Leben? Eines, das wir wohl am stärksten vernachlässigen, ist, dass unser Körper funktioniert. Vielleicht tut er dies nicht perfekt, aber wenn er gar nicht funktionierte, wären wir nicht hier. Ebenso offensichtlich ist es, dass wir Luft zum Atmen haben. Die Qualität mag fragwürdig sein, aber wenn unsere Lungenflügel das Bedürfnis haben, Luft einzusaugen, ist sie ganz selbstverständlich da, bereit, in uns einzuströmen und den Prozess in Gang zu halten, der für unseren Körper notwendig ist.
Wir sind von vielen Dingen abhängig, die nahe liegend und offensichtlich sind, und doch haben wir vielleicht keinen klaren Blick dafür.

Was sind die nahe liegenden oder selbstverständlichen Dinge, deren Sie sich bewusst werden müssen? Geben Sie sich Gelegenheit, diese wahrzunehmen. Nehmen Sie sich die Zeit, Ihre gegenwärtige Definition von »praktisch« und »wichtig« niederzuschreiben.

Definitionen und das Praktische

Ich brauche Worte der Weisheit, die praktisch und alltagstauglich sind.
Jim

Die Bereitschaft, uns unsere lieb gewonnenen Erklärungsmodelle anzuschauen und wenn nötig zu ändern, ist eine jener Qualitäten, die wir für den kontinuierlichen Prozess des Ausgleichs brauchen. Unser Leben ist nun einmal ein sich ständig wandelnder Prozess, und auch die Ereignisse und Situationen, die auf uns einwirken, verändern sich ständig. Wir erreichen ein Gleichgewicht, wachsen weiter, geraten dadurch ins Ungleichgewicht und finden irgendwann ein neues Gleichgewicht. Und das gilt auch für die Definitionen in unserem Leben. Wir verstehen eine Sache auf eine bestimmte Weise, und irgendwann machen die inneren und äußeren Veränderungen es erforderlich, dass wir unsere Definitionen ändern.

Nehmen wir beispielsweise die »praktischen« bzw. »notwendigen und nützlichen Dinge«. In einer bestimmten Lebensphase sind das für uns vielleicht die Grundbedürfnisse des Lebens wie Geldverdienen, Kochen und Saubermachen. Wenn wir dann einen bestimmten Standard erreicht haben, sind »die praktischen Dinge« vielleicht die »neuen Notwendigkeiten« – gute Restaurants, teure Geschenke, schöne Autos und Häuser. Spirituelles wird oft nicht als »praktisch« betrachtet. Doch wenn wir innerlich wachsen, werden »Dinge« vielleicht weniger wichtig, während wir spirituelle Prozesse und Beziehungen als Grundbedürfnisse sehen.

Das »Praktische« sollte immer im Dienste des Wichtigen stehen, und was »praktisch« ist, hängt von der Sichtweise des Betrachters ab.

Nehmen Sie sich die Zeit, Ihre gegenwärtige Definition von »praktisch« und »wichtig« niederzuschreiben.

Zuhören und Reden

Könnte man nur den Engländern beibringen, wie man redet, und den Iren, wie man zuhört, dann könnten wir hier eine recht zivilisierte Gesellschaft haben.
Oscar Wilde

Da stimme ich zu. Doch wir können in diesem Zitat von dem brillanten Oscar Wilde noch einen viel tieferen Sinn entdecken. Die Iren und die Engländer mit ihren Schwierigkeiten im Umgang miteinander können uns eine Menge über uns selbst lehren.
Kürzlich hatte ich Gelegenheit festzustellen, wie wenige Menschen wirklich die Kunst des Zuhörens beherrschen – des aktiven, positiven *Zuhörens*. Zuhören bedeutet nicht, darauf zu warten, dass der andere zu sprechen aufhört, damit wir sagen können, was wir sagen wollen. Zuhören bedeutet nicht, sich schon auf den eigenen nächsten Satz vorzubereiten, während der andere noch spricht. Zuhören bedeutet, einen tiefen Atemzug zu nehmen und sich selbst »leer« zu machen, damit man aufnehmen kann, was der andere sagt – ohne ihn zu unterbrechen. Zuhören bedeutet, die Worte, Gefühle und Regungen des anderen in den eigenen inneren Raum hineinzulassen, sodass man ihn auch ohne Worte verstehen könnte.
Dann sind wir an der Reihe zu sprechen. Wenn wir sprechen, tragen wir eine große Verantwortung für alles, was aus unserem Munde kommt. Wir müssen klar, wahrhaftig und prägnant sprechen, sodass die größtmöglichste Chance besteht, dass das, was wir vermitteln möchten, auch verstanden wird.

Wie steht es mit Ihren Fähigkeiten, zuzuhören und zu reden?
Müssen Sie an der einen oder anderen oder gar an beiden arbeiten?
Dann tun Sie es.

Sich fehl am Platz fühlen

Ich fühlte mich also nicht aufgrund meines Geschlechts oder meiner Hautfarbe fehl am Platz. Ich fühlte mich fehl am Platz, weil es Dinge gab, die ich nicht wusste. Es lag an mir, wie ein Schwamm zu werden und all diese Informationen aufzusaugen und zu verstehen, sie zu durchforsten und mich wirklich auf das nächste Meeting vorzubereiten.

Cynthia »Coop« Cooper

Weshalb sollten wir unsere Zeit mit dem verschwenden, was andere vielleicht über uns denken, in Bezug auf uns fühlen oder auf uns projizieren? Haben wir nicht genug damit zu tun, vor unserer eigenen Tür zu kehren? Wenn wir das Gefühl haben, fehl am Platz zu sein, werden wir uns auf keinen Fall dadurch besser fühlen, dass wir andere für dieses Gefühl verantwortlich machen. Wir fühlen uns so viel besser, wenn wir sehen, was wir tun können, um gründlicher informiert und vorbereitet zu sein. Es gibt immer noch etwas dazuzulernen, immer noch mehr Möglichkeiten, uns zu informieren und zu verstehen, was nötig ist. Wenn wir uns darauf konzentrieren, uns so gut wie möglich vorzubereiten, haben wir gar keine Zeit, uns auf »die anderen« zu konzentrieren.

Letztendlich sind wir selbst die einzige Person, die wir ändern können, und diese Aufgabe ist bereits anspruchsvoll genug. Sollten Sie sich dennoch weiterhin fehl am Platz fühlen, dann sind Sie es vielleicht wirklich. Akzeptieren Sie es und ziehen Sie weiter.

Wenn Sie sich in irgendeiner Situation fehl am Platz fühlen, sollten Sie sofort schauen, was Sie tun können, um das zu ändern. Wesentlich ist in diesem Fall, was Sie an Ihrer eigenen Person tun.

Hoffnung

Hoffnung sieht das Unsichtbare, fühlt das Unfassbare und erreicht das Unmögliche.
Anonym

Wie sehr brauchen wir das Unsichtbare, Unfassbare und Unmögliche, wenn wir das Gefühl haben, aus dem Gleichgewicht geraten zu sein! In unserer typisch menschlichen Art reagieren wir auf Stress, indem wir noch rigider und kontrollierender werden. Wir halten den Atem an und glauben, wir müssten nur die Zähne zusammenbeißen und die Sache durchstehen, um uns wieder entspannen und in den »normalen« Zustand zurückkehren zu können.
Wir konzentrieren uns auf das Sichtbare, das Greifbare und das Mögliche in der Hoffnung, unsere Welt auf etwas Handliches reduzieren zu können.
Ironischerweise brauchen wir das Ungreifbare in stressigen Zeiten mehr denn je. Aber gerade wenn wir die Hoffnung am dringendsten benötigen, bewegen wir uns meistens in die entgegengesetzte Richtung und betrachten sie als Luxus, den wir uns nicht leisten können.
Wenn wir nur einen Augenblick innehalten, können wir uns entsinnen, dass wir bereits mit solchen Situationen konfrontiert waren, sie durchlebt haben und auch wieder heil herausgekommen sind. Dies kann uns Hoffnung geben.

Wir sollten uns daran erinnern, dass das Unfassbare und Unsichtbare eine wichtige Rolle in unserem Leben spielt. Wir können uns darauf verlassen, dass es für uns da ist. Wir können uns daran erinnern, dass manches nur unmöglich »scheint«, wenn wir noch nicht alle notwendigen Informationen haben. Wir werden mehr Informationen bekommen. Die Hoffnung lässt uns das wissen.

Höhen und Tiefen

Immer und überall muss ein Ausgleich geschaffen werden – wenn wir »unten« sind, müssen wir wieder hochkommen; und wenn wir »oben« sind, müssen wir uns daran erinnern, dass wir schon einmal »unten« waren und es mit Sicherheit irgendwann wieder sein werden.

Ernest Kurtz und Katherine Ketcham

Wie wichtig ist doch unser Gedächtnis bei unserem Streben nach innerem Gleichgewicht! Nur zu oft verstricken wir uns so sehr in unseren gegenwärtigen Zustand, ganz gleich, ob angenehm oder unangenehm, dass wir jegliche Perspektive verlieren. Wir sind niedergeschlagen und depressiv und fangen an zu glauben, das sei unsere einzige Realität. Wir erleben Tage voller Freude und beginnen uns in der Illusion zu wiegen, dass das Leben eine stetige Aufwärtsbewegung ist und auch sein sollte; und wenn es dann wieder abwärts geht, werden wir wütend und fühlen uns vom Leben betrogen.

Irgendwie erleben wir dann die natürlichen Prozesse der Veränderung als gegen uns persönlich gerichtete Angriffe.

Verzweifeln Sie nicht. Das Leben greift uns niemals an. *Wir* greifen uns an durch unseren Gedächtnisverlust. Unser Gedächtnis lässt uns auf einer emotionalen Ebene wissen, dass die Dinge sich ändern werden und dass Veränderung die Realität des Lebens ist. Wenn wir niedergeschlagen sind, können wir uns an vergangene »Tiefen« erinnern und uns klar machen, dass wir sie überlebt haben und (wahrscheinlich) etwas aus ihnen lernten. Wenn wir ganz »oben« sind, können wir diesen Zustand würdigen und genießen und müssen trotzdem nicht unsere Perspektive verlieren.

Behalten Sie den Überblick und trainieren Sie Ihr Gedächtnis.
Vielleicht möchten Sie sich sogar ein paar Notizen machen,
wenn Sie »oben« oder »unten« sind.

Vorurteile

Jeder ist ein Gefangener seiner eigenen Erfahrungen.
Man kann Vorurteile nicht ausmerzen – nur klar erkennen.
Edward R. Murrow

Voreingenommenheit ist etwas Erlerntes, aber sie scheint uns so in Fleisch und Blut übergegangen sein, dass es schwer fällt, sie getrennt von unserem eigentlichen Wesen zu sehen. Voreingenommenheit wird uns auch beigebracht. Wir lernen sie zu Hause, in der Schule, der Kirche und ganz allgemein in unserer Gesellschaft. Sie dringt ins Unterbewusstsein und schleicht sich in unsere Vorstellungen von uns selbst und anderen ein. Voreingenommenheit beraubt uns des Gefühls der Einheit mit der gesamten Schöpfung und entfremdet uns sowohl von uns selbst als auch von anderen.

Wir haben vielleicht rassistische Vorurteile, Vorurteile gegenüber Frauen, Männern, bestimmten Nationalitäten, die Liste ist unerschöpflich. Natürlich haben unsere Vorurteile eine destruktive Wirkung auf andere, und die meisten von uns erkennen gar nicht, wie sehr sie unseren Blick vernebeln. Sie verzerren unsere Wahrnehmung, unsere Realität und unsere Visionen. Sie verhindern mögliche Freundschaften und hindern uns am Lernen und Wachsen. Sie nehmen zu viel und geben zu wenig. Sie sind eine schlechte Investition in uns selbst.

Doch während wir innerlich wachsen, stellen wir fest, dass wir es uns gar nicht länger leisten können, unsere Vorurteile aufrechtzuerhalten.

Setzen Sie sich mit ein paar Menschen zusammen, denen Sie vertrauen, und untersuchen Sie – ehrlich – Ihre Vorurteile.
Sie werden nicht über Nacht verschwinden,
aber der erste Schritt besteht darin, sie zu benennen.

Kleine Gesten mit großer Liebe

Wir können keine großen Taten vollbringen –
nur kleine Taten mit großer Liebe.
Mutter Teresa

Wenn wir auf große Ereignisse warten, könnte es sein, dass wir in der Zwischenzeit viele kleinere verpassen.

Ich habe eine Nachbarin, die den herrlichsten Pampelmusenbaum der Welt besitzt. Dieser Baum trägt die saftigsten, süßesten Pampelmusen, die ich je gegessen habe. Nachbarn und Freunde wollen immer Ableger von diesem Baum haben. Wenn ich von einer längeren Reise zurückkehre, liegen gewöhnlich ein oder zwei Tüten voll Grapefruits vor meiner Eingangstür. Ich fühle mich nicht nur gemocht, weil ich dieses Geschenk bekomme, ich fühle mich auch erkannt, weil meine Nachbarin weiß, wie sehr ich diese Früchte liebe. Eine kleine Geste, die mit großer Liebe ausgeführt wird.

Wenn ich etwas Besonderes backe, bereite ich oft eine Extraportion zu und bringe sie nach nebenan. Oder ich teile besondere Leckerbissen, die ich geschenkt bekomme. Eine kleine Geste, die mit großer Liebe ausgeführt wird.

Das Wunderbare an diesen kleinen Taten, die mit großer Liebe getan werden, ist, dass wir dabei tief im Innern auf ein Gefühl der Selbstliebe stoßen. Die meisten wichtigen Taten im Leben sind sehr schlicht.

Halten Sie täglich nach Gelegenheiten Ausschau, kleine Taten mit großer Liebe auszuführen. Es wird Sie überraschen, wie gut Sie sich fühlen und welche Resonanz diese Gesten hervorrufen.

Normalität

Normale Leute wie du und ich müssen von Gott wohl sehr geliebt werden, denn es gibt so viele von uns, es gab immer viele und wird wahrscheinlich auch immer viele geben.

Thérèse von Lisieux

Wir verwenden eine Menge Energie darauf, jemand zu *werden*, obwohl wir doch schon jemand *sind*. Wir sind einzigartig. Es gibt niemanden auf dieser Welt, der ist wie Sie, es gab niemals so einen Menschen, und es wird auch nie wieder solch einen geben. Aber vielen von uns genügt das noch nicht. Wir haben so viel Angst davor, »normal« zu sein, dass wir manchmal die absurdesten Dinge tun, um »anders« zu sein. Wir wollen aus der Menge herausragen. Wir wollen der Kopf sein, der die anderen überragt. Doch jeder von uns hat bereits die Möglichkeit, seine einzigartige »Normalität« zu feiern.

Gewöhnliche Leute haben unglaubliche Möglichkeiten. Gott liebt uns unendlich. Mit diesem Gefühl können wir uns entspannen. Und wir haben die wunderbare Möglichkeit, ein Privatleben zu führen. Wir werden nicht von der Presse und den Medien gejagt. Wir können nach unserer alltäglichen, gewöhnlichen Arbeit gelassen nach Hause fahren, können ganz ruhig und entspannt aus unserem Auto steigen und den Abend mit unseren Lieben verbringen, wie es uns gefällt.

Normalität bringt auf jeden Fall Vorteile mit sich.

Baden Sie heute im »Glanz der Normalität«. Machen Sie sich die Vorteile und Möglichkeiten bewusst, die sich Ihnen dadurch bieten.

13. Juni

Zuhören

Eines der grundlegendsten Bedürfnisse des Menschen ist, jemanden zu haben, dem man »es« erzählen kann.
Miles Franklin

Wir brauchen jemanden, der uns zuhört. Gehört zu werden, ist nicht bloß ein Wunsch, es ist ein grundlegendes menschliches Bedürfnis. Es gibt viele Leute, die bereit sind, mit uns zu sprechen. Ein paar von ihnen sind auch sicher, dass sie wissen, was wir tun sollten. Doch sehr selten haben wir einen Menschen, der wirklich *zuhört*.

Oft sind die einzigen Menschen, die uns zuhören, unsere Ehe- oder Lebenspartner. Miteinander sprechen oder zuhören sind sicher unsere wichtigsten Möglichkeiten, um Nähe herzustellen. Doch wenn wir nur einen einzigen Menschen in unserem Leben haben, der uns zuhört, kann das für diese Person auch zu einer Belastung werden.

Wir sollten uns innerhalb der Familie und im Freundeskreis noch mehr Menschen suchen, die uns zuhören können. Es herrscht eine allgemeine Übereinkunft, dass Frauen normalerweise besser zuhören können als Männer. Aber Männer können es lernen, wenn die Motivation dazu da ist. Es ist wirklich gut, wenn wir sowohl Männer als auch Frauen in unserem Leben haben, die uns hören können.

Natürlich ist es immer am besten, wenn man sich gegenseitig zuhört.

Denken Sie einmal darüber nach, wer Ihnen in Ihrer Familie oder im Freundeskreis zuhört. Haben Sie Menschen um sich, zu denen Sie ehrlich sein können? Was müssen Sie in dieser Hinsicht (wenn überhaupt) ändern?

Tagebücher

Damit sich nicht alle meine Träume als Nichtigkeiten erweisen, habe ich diesen nutzlosen Bericht geschrieben – obwohl ich daran zweifle, dass er mich lange Zeit überdauern wird.
(Geschrieben im Jahre 1306)
Lady Nijo

Viele Menschen sind überzeugt, dass ein Tagebuch ihnen hilft, ihr inneres Gleichgewicht aufrechtzuerhalten. Es gibt so viele Methoden, ein Tagebuch zu führen, wie es Grashalme gibt. Leider geben viele von uns schon auf, bevor sie richtig damit begonnen haben, weil ihnen die Aufgabe zu anspruchsvoll erscheint. Wir fürchten, dass wir nicht wissen, wie man so etwas *richtig* macht.
Aber es gibt keine *richtige* Art und Weise, ein Tagebuch zu führen. Ich habe eine faltbare Mappe mit Notizblock, eingebauter Leselampe und angehängtem Kugelschreiber, die mir das Schreiben unter allen Bedingungen ermöglicht. Genau das Richtige für mich. Manche Leute geben uns Tipps, aber zuallererst sollten Sie bedenken, dass das Tagebuch nur für *Sie* ist. Es ist eine ganz besondere Erfahrung, diese eine Sache ganz für sich zu haben. Unser Tagebuch kann aus einer Liste der Aufgaben bestehen, die zu erledigen sind. Es kann ein Ort für völlig beiläufige oder zufällige Gedanken und Ideen sein, die uns in den Sinn kommen und uns gefallen. In unserem Tagebuch vermag sich aber auch der in uns verborgene Dichter zu äußern. Es kann unsere Hoffnungen und Träume beherbergen.
Am wichtigsten aber ist, sich daran zu erinnern, dass wir nicht der Sklave unseres Tagebuchs sind. Wir führen es, weil wir es *wollen.*

Würden Sie vielleicht gern mit einem Tagebuch experimentieren (oder mit einer neuen Art von Tagebuch, falls Sie schon eines führen)? Besorgen Sie sich dafür ein spezielles Heft und einen besonderen Stift.

Gott sehen – Gebet

Wenn man anfängt, das Leben so zu leben, dass man in allem nach Gott Ausschau hält, wird jeder Augenblick zu einem Gebet.
Frank Bianco

Bei der Beschäftigung mit meinem indianischen Erbe habe ich erstaunt festgestellt, wie demütig und gelassen meine »Altvorderen« waren. Trotz allem, was ihnen und ihrem Volk widerfuhr, stieß ich bei ihnen auf einen Frieden und eine Harmonie, die ich kaum irgendwo anders bei »normalen« Menschen gefunden habe (außer beim Dalai-Lama und anderen Menschen wie ihm). Im Laufe der Jahre bin ich zu der Erkenntnis gelangt (und erlebe zunehmend), dass Gelassenheit und Gleichgewicht der grundlegenden Neigung entspringen, Gott in allem zu sehen, was uns umgibt.
Das ist eigentlich ganz einfach. Wenn wir einen Baum betrachten, sehen wir Gott. Wenn wir eine Blume anschauen, sehen wir Gott. Wenn wir in den Himmel blicken, sehen wir Gott. Wenn wir die Erde betrachten, sehen wir Gott.
Wir können Gott in den Gesichtern der Menschen sehen, die auf der Straße an uns vorbeigehen, in den Gesichtern unserer Kinder, unserer Freunde, unserer Partner, unserer Kollegen und unserer Vorgesetzten. Wenn wir Gott durch die Gesichter aller Menschen in unserer Umgebung hindurchscheinen sehen – Menschen, die uns ähneln, und solchen, die anders sind als wir –, wird jeder Augenblick zu einem Gebet, und die Welt wird zu einem anderen Ort.

Üben Sie sich darin, Gott in allem zu sehen. Schauen Sie, was sich dadurch bei Ihnen ändert.

Neugier – Langeweile

Gelangweilte Leute sind grausam, es sei denn, sie schlafen viel.
Renata Adler

Gelangweilt zu sein, ist nicht vornehm; es ist langweilig.
Wann sind wir gelangweilt? Wir sind gelangweilt, wenn wir in unserem Leben nicht präsent sind. Langeweile weist auf den Verlust von Neugier und Forscherdrang hin, ein Verlust, der letzten Endes wohl bedeutet, dass wir uns auf unseren Tod zubewegen.
Neugier ist nicht nur etwas für Kinder! Neugier ist jene Regung in unserem Innern, die durch Staunen ausgelöst und von dem tiefen inneren Wissen wach gehalten wird, dass es immer wieder neue Welten zu entdecken gibt, wie viel wir auch bereits wissen mögen.
Vor ein paar Jahren betrat ich ein Bilderrahmen-Geschäft, um mir einen einfachen Druck rahmen zu lassen. Zwei Stunden später verließ ich den Laden, nachdem ich mir eine Million (zumindest kam es mir so vor) Arten von Glas, Rahmen und Einfassungen angeschaut hatte. Ich wusste nicht, dass es so viele Möglichkeiten gibt, einen kleinen Druck zu rahmen! Ich war fasziniert von der Auswahl und hatte das Gefühl, dass sich mir eine ganz neue Welt erschlossen hatte, in der es noch viel zu entdecken gab.

Picken Sie sich irgendetwas heraus, das diese Woche
Ihre Neugier geweckt hat, und untersuchen Sie es genauer.
Neugier ist weit besser als grausame Langeweile.

Entscheidungen

Jede Entscheidung ist ein Risiko, das im Mut zur Freiheit wurzelt.
Paul Tillich

Wenn es um das Fällen von Entscheidungen geht, sind wir sehr trickreich und kreativ. Müssen wir eine Wahl treffen, greifen manche von uns zu extremen Mitteln, um genau das zu vermeiden. Vor einer Entscheidung sammeln wir Informationen über Informationen, denn wir wollen ja, dass alles vollkommen klar ist. Wir glauben, dass wir uns mithilfe von genügend Hintergrundinformationen unserer Entscheidung sicher sein können. Wir glauben, dass es in jeder Situation eine richtige Entscheidung geben muss. Wenn wir dann Unmengen von Informationen gesammelt haben, fangen wir an zu denken. Wir denken und denken und denken. Wir zwingen uns, uns alle möglichen Konsequenzen und Ergebnisse vorzustellen. Wir wollen auf Nummer Sicher gehen.
Wenn das alles nichts nützt, versuchen wir, jemanden zu finden, der uns die Entscheidung abnimmt. Leider gibt es viele Leute, die uns eifrig mit Ratschlägen versorgen, während sie sich selbst davor drücken, ihre eigenen Entscheidungen zu fällen.
Still und unmerklich geben wir unsere Macht an diejenigen ab, die bereit sind, für uns Entscheidungen zu treffen. Und wir entspannen uns. Doch nachdem wir unsere persönliche Macht und unseren Mut verloren haben, beginnen wir uns oft unwohl mit uns selbst und anderen zu fühlen.

Üben Sie sich bei kleinen Entscheidungen darin, Ihre Macht nicht abzugeben, und die großen werden Ihnen leichter fallen. Beginnen Sie mit so einfachen Dingen wie der Auswahl von Lebensmitteln, die Sie wirklich gern essen, oder Kleidungsstücken, die Sie wirklich gern tragen möchten.

Schmeichelei

Ich hasse unbedachte Schmeicheleien von der Sorte, bei der man sich anstrengen muss, um sie zu glauben.
Wilson Mizener

Wie tückisch ist Schmeichelei. Sie ist wie Alkohol oder Drogen. Wenn wir auf die Welt kommen, wissen wir nicht, dass wir sie brauchen, aber wenn wir erst einmal ein wenig davon gekostet haben, kommen wir leicht zu dem Schluss, dass sie eine der kleinen, unentbehrlichen Notwendigkeiten des Lebens ist. Selbst eine oberflächliche Berührung mit ihr kann sie zu einer verzweifelt gesuchten Droge werden lassen. Aber leider hält auch die Schmeichelei, wie alle Drogen, kaum, was sie verspricht.

Am erstaunlichsten an guter Schmeichelei, die wir gewöhnlich »Komplimente« nennen, ist, dass wir ohnehin bereits wussten, was sie uns sagen soll. Schmeichelei ist deshalb keine Überraschung; sie ist eine Bestätigung dessen, was wir bereits wussten oder vermuteten, durch andere. Abhängigkeit kommt ins Spiel, wenn wir anfangen zu glauben, andere hätten die Macht, uns in unserem Wert zu bestätigen. Niemand hat diese Macht. Wir können uns nur selbst bestätigen.

Das Problem mit »fahrlässiger« Schmeichelei besteht darin, dass wir – selbst wenn wir wissen, dass es sich um eine Schwindelei handelt – in Versuchung geraten können, uns selbst etwas vorzumachen und sie zu glauben. Es gibt kaum etwas Unangenehmeres und Ärgerlicheres als solch einen doppelten Schwindel – einen, der unsere Beteiligung erfordert. Wenn wir die Wahrheit über uns selbst akzeptieren, trifft echte Schmeichelei auf diese Wahrheit und öffnet uns für die Möglichkeit, sie zu anzunehmen.

Können Sie Komplimente annehmen?
Müssen Sie an diesem Bereich ein wenig arbeiten?

Heiterkeit

Das deutlichste Anzeichen der Weisheit
ist eine immer gleich bleibende Heiterkeit.
Michel de Montaigne

Die weisesten Menschen, die ich kenne, sind fast immer heiter gestimmt. Das heißt nicht, dass ihr Leben vollkommen wäre oder dass sie alles auf einem Silbertablett serviert bekämen. Oft trifft gerade das Gegenteil zu. Nicht was ihnen serviert wird, erfüllt ihr Leben mit Heiterkeit, sondern ihre Art, damit umzugehen.
Eine meiner Nachbarinnen, eine Frau in den Achtzigern, die ich sehr gern mag, wurde kürzlich in eine Klinik eingeliefert, weil sie ein wenig verwirrt und vergesslich wurde. Sie ist eine meiner wichtigsten »Quellen der Weisheit«; ich lerne viel von ihr. Als ich sie besuchte, flüsterte sie mir verschwörerisch zu: »Manchmal werde ich verwirrt, weißt du. Ich weiß nicht, in welcher Klinik ich mich befinde.«
Ich sagte ihr, dass ich ihre gelegentlichen Verwirrtheitszustände bemerkt hatte, und versicherte ihr, dass sie meiner Meinung nach nicht wirklich von Bedeutung seien, solange sie sich wohl fühle und zufrieden sei. Außerdem sagte ich ihr, dass ich froh darüber sei, dass diese Klinik näher bei meinem Haus lag. Sie stimmte sofort zu und erwiderte dann: »Ja, man stirbt, wenn man sich Sorgen macht, und man stirbt auch, wenn man sich keine macht – wozu sich also Sorgen machen?«
Sie hatte ein gutes Leben – kein leichtes, aber ein gutes. Ihre Heiterkeit hat ihr oft geholfen.

Schalten Sie einmal auf Heiterkeit um, wenn Sie eigentlich Anlass hätten, trübsinnig zu sein, und schauen Sie, was passiert. Sie werden vielleicht überrascht sein. Es kann eine Weile dauern, bis sich echte Heiterkeit einstellt; lassen Sie nicht nach, bis es so weit ist.

Kinder aufziehen

Zwei Elternteile können ein Kind nicht besser aufziehen als einer.
Es braucht eine ganze Gemeinde – alle –, um ein Kind aufzuziehen.
Toni Morrison

Wie schwierig es doch ist, zu einem inneren Gleichgewicht zu finden, wenn wir kleine Kinder haben. Das Aufziehen von Kindern besteht nicht nur daraus, sie zu behüten und auf ihre Gesundheit und ihr Wohlergehen zu achten. Kinder aufzuziehen, heißt, sie zu lehren, zu lieben, ihnen Achtung vor anderen zu vermitteln, ihnen Türen zu öffnen, hinter denen sie die Welt entdecken können, sich zurückzunehmen und zu warten, sie nur so lange zu unterstützen, bis sie etwas selbst können, ihnen zu zeigen, was Liebe und Beziehung bedeuten, und ihnen Gelegenheit zu geben, die verschiedensten Menschen kennen zu lernen und Nähe mit ihnen zu erleben ...

Die Vorstellung, dass ein oder zwei Elternteile den Kindern alles geben könnten, was sie brauchen, ist Nonsens. Kein Wunder, dass sich so viele junge Elternpaare überlastet und gehetzt fühlen. Sie sind es wirklich.

Kinder sind eine Bereicherung für die ganze Gemeinde und für die ganze Welt. Sie »gehören« nicht uns oder unserer Familie. Sie gehören der Zukunft, und wir haben das heilige Geschenk erhalten, eine Zeit lang für sie sorgen und sie begleiten und führen zu dürfen.

Betrachten Sie Ihre Kinder einmal als ein »heiliges Geschenk«. Schauen Sie, welche Möglichkeiten es gibt, noch andere Menschen in ihre Erziehung einzubeziehen. Kinder brauchen den Reichtum der Vielfalt.

Geruhsamer Schlaf

Väter, unsere Herzen sind gut ... Wenn wir inneren Frieden haben ...
Schlafen wir gut ...
Spotted Tail

Der Schlaf ist eines der kostbarsten Geschenke. Eine ungestörte Nachtruhe wird oft als selbstverständlich betrachtet, doch der Schlaf ist für uns etwas so Wichtiges wie Nahrung, Luft und Wasser.

Im Schlaf regeneriert sich der Körper. Das sagen uns die Wissenschaftler, und, was noch wichtiger ist, wir wissen es aufgrund unserer eigenen Erfahrung. Im Schlaf begibt sich unser Selbst auf Ebenen jenseits unseres bewussten Denkens – in Bereiche, wo wir die Dinge lernen können, die wir auf anderen Ebenen der Realität wissen müssen. Dieses Wissen kann uns dann in allen Lebensbereichen zugute kommen und ist besonders hilfreich, wenn wir Entscheidungen hinsichtlich unseres weiteren Lebensweges fällen müssen.

Im Schlaf können wir auch spirituell »auftanken«: Wir lassen unsere Alltagssorgen hinter uns und verbinden uns mit dem innersten Kern unseres Wesens. Diese Vereinigung regeneriert uns und unterstützt uns auf unserem spirituellen Weg.

Der Schlaf ist etwas Magisches und zugleich eine praktische Notwendigkeit, etwas, das wir ernst nehmen und dem wir uns mit höchstem Respekt nähern sollten. Wir müssen tun, was wir können, um für eine ungestörte Nachtruhe zu sorgen.

Machen Sie es sich zur Gewohnheit, abends vor dem Schlafengehen ungelöste Probleme zu klären, soweit das in Ihrer Macht steht, damit sie friedlich und ruhig schlafen können. Manchmal bedeutet das einfach auch, Dinge loszulassen, die Sie nicht ändern können.

Aus Widrigkeiten lernen

Die Scheune ist abgebrannt – jetzt kann ich den Mond sehen.
Masahide

Nichts ist nur schlecht. Wie schlimm es auch sein mag, es besteht immer die Möglichkeit, dass auch etwas Gutes daraus erwächst. Letztendlich wird eine Situation durch unseren Umgang mit ihr definiert.

Wir erfahren von einer Ehefrau und Mutter, deren Mann und Kinder bei einem Unfall ums Leben kamen. Sie war natürlich am Boden zerstört. Aber nach einiger Zeit entwickelte sie sich zu einer cleveren und erfolgreichen Geschäftsfrau, die die Führung des Familienunternehmens übernahm und ihre Trauer nutzte, um sich selbst zu heilen und gleichzeitig die Firma zu sanieren.

Oder wir hören von einem Freund, der bei einer Beförderung übergangen wurde und überzeugt war, nun keine Lebensperspektive mehr zu haben. Doch diese Erfahrung zwang ihn, eine Firma zu verlassen, in der er sich seit langem unwohl fühlte, und brachte ihn dazu, ein eigenes Unternehmen aufzuziehen, innerhalb dessen er seine Spiritualität zum Ausdruck bringen konnte. Er wurde erfolgreich damit und war glücklich.

Ein Sprichwort lautet: »Gott tut für uns, was wir nicht selbst für uns tun können.« Manchmal ist der »göttliche Anstoß« alles andere als das, worum wir gebeten hätten, aber er beschert uns vielleicht genau das, was nötig ist, damit wir uns wirklich am Anblick des Mondes erfreuen können.

Versuchen Sie, den Mond zu betrachten, und schauen Sie, ob Ihnen einige hinderliche »Scheunen« in den Sinn kommen, die Sie aufgebaut haben.

Sport

Ich bin davon überzeugt, dass ein Großteil unserer Beschwerden von unserer Sportbesessenheit herrührt.
Marie de Rabutin-Chantal, Marquise de Sévengé

Trainieren, sich in Form bringen, Stress reduzieren, Endorphine produzieren – wer schön sein will, muss leiden ...
Wie sind wir nur zu der Vorstellung gelangt, dass es nicht in Ordnung ist, von anderen gequält zu werden, dass aber durchaus nichts dagegen einzuwenden ist, sich selbst zu quälen? Quälerei ist Quälerei.
Beschäftigte Menschen, die stets zu viel tun, haben keine Zeit für allmähliche Veränderungen. Wir wollen alles sofort.
Körperliches Training ist gut für uns. Daran besteht kein Zweifel. Und ein Sport, der unser Wohlbefinden fördert und gleichzeitig die Seele nährt, ist sogar noch besser für uns. Unsere Körper sind nicht von uns getrennt, sie sind wir und wir sind sie. Das beste Training, das wir uns gönnen können, ist eines, das uns auf allen Ebenen entspannt und nährt, während es gleichzeitig unseren Körper gesund erhält.
Nur zu oft meiden wir körperliches Training, weil wir uns gar nicht die Zeit nehmen, herauszufinden, was wirklich zu uns passt. Wir gehen an den Sport heran wie an vieles anderes: Wir betrachten es als etwas, das wir »hinter uns bringen« müssen, weil es gut für uns ist. Kein Wunder, dass wir es meiden, wo wir nur können.

Nehmen Sie sich die Zeit, verschiedene Trainingsmethoden auszuprobieren – Stretching, Aerobic, Gehen, Gerätetraining, Jogging. Schauen Sie, was zu Ihnen passt, und vergessen Sie nicht, dass sich bestimmte Vorlieben auch wieder ändern können.

Gefühle

Unsere Gefühle sind unsere authentischsten Wege zum Wissen.
Audre Lorde

Gefühle sind die Türen, durch die wir schreiten müssen, um über uns selbst hinausgehen zu können. Vielen von uns wurde beigebracht, dass wir unseren Gefühlen nicht trauen können, und so haben wir unser inneres Gleichgewicht und die Verbindung zu unserer Spiritualität verloren. Über unseren Verstand können wir uns nicht mit unserem spirituellen Selbst verbinden. Der Verstand »denkt über« das Spirituelle nach, während wir es mithilfe unserer Gefühle »erfahren«. Sowohl unser Geist als auch unsere Gefühle mehren unser Wissen über unser spirituelles Selbst. Wir können auf die spirituelle Ebene allein durch unsere Gefühle gelangen. Aber der Verstand kann, auf sich selbst gestellt, nur auf abstrakte Vorstellungen stoßen.
Stellen Sie sich vor, was geschehen könnte, wenn wir genauso viel Zeit für die Bereicherung unserer Gefühlswelt und die Bewusstmachung unserer Gefühle aufwendeten wie zur Kultivierung des Verstandes!

Beginnen Sie, mit Ihren Gefühlen zu arbeiten und sie zu würdigen. Wenn Sie eine bestimmte Regung spüren, dann erkennen Sie dieses Gefühl an; gehen Sie davon aus, dass es aus gutem Grund entstanden ist, und lassen Sie es ganz zu. Üben Sie sich darin, die kleinen »Vorboten« wahrzunehmen, die einem stark ausgeprägten Gefühl vorausgehen. Apropos: Viel beschäftigte Leute »fühlen sich herausgefordert«.

Sich gut fühlen

Ich will mich einfach gut fühlen.
Anonym

Dieser Wunsch ist völlig legitim. Sich wohl zu fühlen, ist eines der Geschenke des Menschseins. Was uns manchmal allerdings in Schwierigkeiten bringt, sind die Methoden, die wir wählen, um uns gut zu fühlen.
Wir werden uns niemals gut fühlen, wenn wir versuchen, das auf Kosten anderer zu erreichen. Wir werden es nie genießen können, an die Spitze gelangt zu sein, wenn wir auf unserem Weg dorthin andere niedertrampeln und zerstören müssen. Wir mögen uns selbst auch nicht besonders, wenn wir versuchen, gut dazustehen, indem wir andere schlecht machen. Irgendwann durchbricht der Hüter der Wahrheit in unserem Inneren unsere sorgsam aufgebaute Mauer der Verleugnung und lässt uns spüren, dass wir uns mit uns selbst oder mit dem, was wir getan haben, nicht gut fühlen.
Seltsamerweise fühlen wir uns fast immer dann am besten, wenn wir etwas für jemand anderen tun, etwas zum Allgemeinwohl beitragen oder einfach sensibel für andere sind. Tun wir aber etwas, nur damit wir ein gutes Gefühl zu uns selbst bekommen, funktioniert es in der Regel nicht. Vielleicht müssen wir dann noch ein paar Übungsrunden drehen, bis wir es verstanden haben ...

Beginnen Sie mit einfachen Gesten: Grüßen Sie freundlich; machen Sie sich nützlich, wenn sich die Gelegenheit dazu ergibt. Sich gut zu fühlen, ist nicht so schwierig, wie es vielleicht scheint.

Abschiede

Jede Ankunft weist schon auf den Abschied hin; jede Geburt auf den Tod. Doch jeder Tod und jeder Abschied trifft uns überraschend, ein Leid, mit dem wir nie gerechnet haben. Das Leben ist eine lange Serie von Abschieden; nur die Umstände sollten uns überraschen.
Jessamyn West

Würdevoll Abschied zu nehmen, ist vielleicht eine der wichtigsten Qualitäten, die wir uns als Menschen aneignen können. Es fällt uns so schwer, die offensichtliche Tatsache zu akzeptieren, dass »das Leben eine lange Serie von Abschieden ist«. Wir wünschen uns Dauerhaftigkeit. Wir wollen, dass alles so bleibt, wie es ist. Wir wünschen uns Sicherheit. Wir betrachten die Berge und alte Bäume und wollen von ihnen etwas über Dauerhaftigkeit lernen. Doch wir vergessen dabei, dass auch sie sich langsam und unmerklich verändern und auflösen und uns etwas über Abschied lehren. Wir setzen unser Vertrauen in Strukturen, die der Mensch errichtet hat, in der Hoffnung, hier einen Beweis dafür zu finden, dass Dauerhaftigkeit möglich ist, aber auch sie lassen uns im Stich.
Mit unbeirrbarer Hartnäckigkeit verlangen wir nach Bleibendem. Doch unsere Pläne werden mit erbarmungsloser Präzision durchkreuzt. Es ist sinnlos, sich gegen die Realität aufzulehnen.
Wir können unsere Zeit auch besser nutzen. Zum Beispiel, indem wir lernen, würdevoll mit Veränderungen umzugehen. Das einzig Beständige ist der Wandel. Wir sagen immer Lebewohl – zu Beziehungen und Freundschaften, die sich auflösen, oder zu Autos und Büchern, die wir einst liebten. Wir können natürlich auf unserem Recht bestehen, von den Umständen überrascht zu sein. Und wir können in die Schönheit würdevoller Ab-schiede hineinwachsen.

Üben Sie sich darin, würdevoll Abschied zu nehmen.

Schnelle Lösungen

Es war so kalt, dass ich fast geheiratet hätte.
Shelley Winters

Eine jener Methoden, mit denen wir uns aus dem Gleichgewicht bringen, ist die Suche nach einer schnellen, oberflächlichen Lösung, wenn man sich eigentlich mit dem wirklichen Problem auseinander setzen müsste. Wenn wir sehr beschäftigt sind, stürzen wir uns auf die schnelle Bedürfnisbefriedigung (einen Schokoladenriegel, ein Getränk, einen neuen Job, eine Heirat ...), obwohl dies unser Problem auf lange Sicht vielleicht noch verstärkt. Das ist die Schwierigkeit mit gewissen schnellen Lösungen. Um eine echte Lösung zu finden, braucht man normalerweise eine angemessene Zeit.

Dass wir unser Leben in hohem Tempo führen, bedeutet nicht unbedingt, dass wichtige Probleme und Lösungen sich einfach unserer Geschwindigkeit anpassen. Vielleicht ist das gerade der Sinn der großen Probleme: Möglicherweise tauchen sie ab und zu in unserem Leben auf, um uns das Warten zu lehren – das Warten auf die Klarheit, die die Voraussetzung für eine »richtige« Lösung ist.

Wenn etwas wichtig ist, dann ist diese Angelegenheit es auch wert, dass wir uns Zeit für sie nehmen, dass wir ihretwegen beten, dass wir sie mit Menschen, denen wir vertrauen, besprechen und auf eine Weise mit ihr umgehen, die gut für uns ist.

Immer wenn Sie sich auf eine schnelle Lösung stürzen wollen, sollten Sie diesen Drang als Hinweis darauf betrachten, dass hinter dem offensichtlichen Problem vielleicht noch etwas Wichtigeres steckt, und sich dafür öffnen, es zu sehen.

Gott

Diejenigen, die niemals gegen Gott rebelliert oder irgendwann ihre Faust zum Himmel erhoben haben, sind Gott überhaupt noch nicht begegnet.
Catherine Marshall

Gott ist viel zu komplex, um nicht mit ihm zu ringen. Doch unser Menschsein zeigt sich zum Teil auch darin, dass wir Gott auf Konzepte, Vorstellungen und Erfahrungen reduzieren wollen, mit denen wir umgehen können. Das ist etwa so, als würden wir versuchen, einen Sumo-Ringer in eine Miederhose der Größe »S« zu zwängen. Viel Glück!

Unser Verstand kann einfach nicht besonders gut mit Gott umgehen.

Gott scheint es da viel leichter zu fallen, mit unserer Art, unseren Hoffnungen und Träumen, unserem Staunen und unserer Teilnahme umzugehen. Ich glaube, Gott liebt es vor allem, wenn wir uns auf etwas einlassen.

Und das bedeutet, dass das Kämpfen oft über die Heiligkeit und die Fehler oft über die Korrektheit triumphieren. Manchmal glaube ich, Gott will einfach ab und zu einmal herzhaft lachen, und wer könnte ihn besser zum Lachen bringen als wir Menschen?

Stellen Sie sich einmal vor, wie Gott dröhnend lacht, wenn er Sie bei dem Versuch beobachtet, Ihr kleines Universum zu kontrollieren. Vielleicht haben Sie dann auch mehr Spaß.

Nützlich leben

Ich glaube, dass jeder Mensch in seinem Leben immer wieder unerwartete Unterstützung erhält ... wenn er sich entschließt, an jedem Tag seines Lebens sein Bestes zu geben – das heißt, jeden Tag dem hohen Anspruch einer reinen, großmütigen, nützlichen Lebensweise so gut wie möglich gerecht zu werden.

Booker T. Washington

Wenn wir zu beschäftigt sind, um ein nützliches Leben zu führen, sind wir wirklich in Schwierigkeiten. Vielleicht hetzen wir hierhin und dorthin und erwecken so den Eindruck, dass wir etwas Wichtiges zu tun haben. Möglicherweise sind wir überlastet, überarbeitet und überstrapaziert, aber sind wir auch nützlich? Ist das, was wir tun, wirklich von Nutzen? Für uns? Für irgendjemand anderen? Der am schlechtesten bezahlte Job mit dem niedrigsten Prestige kann sehr nützlich sein, während eine Spitzenposition im Management so beschaffen sein kann, dass sie äußerst sinnlos ist. Wenn wir unsere Arbeit als etwas erleben, das zu einem nützlichen Leben beiträgt, fühlen wir uns im Reinen mit uns selbst, ganz gleich, was für einer Tätigkeit wir nachgehen.
Wenn wir allerdings hektisch werden und nur viel tun, verlieren wir die Bedeutung unserer Arbeit aus den Augen. In diesem Fall ersetzt das Tun den Sinn. Die Arbeit leidet, und wir leiden auch. Wir verstricken uns in einem Teufelskreis der Aktivität um der Aktivität willen und vergessen, dass es eigentlich darum geht, einen Beitrag zu leisten.

Wir sollten uns daran erinnern, warum wir einmal mit dieser Arbeit begonnen haben. Denken Sie an Zeiten zurück, in denen Sie an das glaubten, was Sie taten.
Eine sinnvolle und nützliche Lebensweise ist ein wesentliches Element auf unserem Weg zu innerem Gleichgewicht.

Hektik – Entscheidungen – Überreaktionen

Eile, Hektik, Panik – es dauerte ziemlich lange, bis mir klar wurde, dass das Leben nicht unbedingt so ist.
Anonym

Wie kamen wir eigentlich zu der Überzeugung, wir müssten uns so verhalten, als ob das Leben ein ständiger Notfall sei? Wir haben die Vorstellung entwickelt, dass wir, um lebendig zu sein, ein Drama nach dem anderen erleben müssen. Wir reagieren unverhältnismäßig, bauschen Dinge auf, werden gereizt, verwirrt, verärgert und negativ eingestellt.
Einen Augenblick mal, wir sind doch nicht in einem Actionfilm! Kürzlich sah ich einen ebensolchen Film, in dem der Hauptdarsteller sich fast die ganze Zeit über schreiend verständigte und die Szenen erfüllt waren von dem Geräusch von Körpern, die auf Kühlerhauben krachten. Am Schluss saßen wir nur noch still da, völlig erschöpft und ausgelaugt. Imitiert Kunst (und ich verwende diesen Begriff sehr weit gefasst!) das Leben, imitiert das Leben das Leben oder besteht da keine Beziehung ...?
Wenn wir erkennen, dass wir der Hektik und Panik nicht hilflos ausgeliefert sind, dass unsere Einstellung zu unserem Leben einen großen Einfluss darauf hat, wie unser Alltag ist und wird, und dass Überreaktionen in Frustration münden, haben wir die Chance, anders zu leben.

Schauen Sie sich einmal an, auf welche Weise Sie an Ihre Probleme herangehen. Neigen Sie zu Überreaktionen? Versuchen Sie, innerlich einen Schritt zurückzutreten, atmen Sie ein paarmal tief durch und geben Sie sich etwas Zeit. Denken Sie daran – im Zweifelsfalle lieber nicht reagieren.

Humor als ausgleichende Kraft

Humor ist die verrückt gewordene Vernunft.
Groucho Marx

Sehr gut ausgedrückt! Manchmal ist es notwendig, dass die Vernunft »verrückt« spielt. Vernunft ist sehr gut, aber hier kommt es, wie bei vielen anderen Dingen, auf das rechte Maß an, denn zu viel Vernunft kann lähmend und bedrückend wirken.
Wir wollen den Verstand damit nicht unterbewerten. Er ist unentbehrlich, wenn wir beispielsweise eine Operation durchführen, unsere Einkommensteuererklärung machen oder Quantenphysik lehren (es gibt bestimmt noch viele andere gute Beispiele, wo Vernunft und Ernsthaftigkeit höchst angemessen sind). Wenn ich jedoch an eine solche ernsthafte Situation denke, schleicht sich leider oft eine witzige Idee ein und macht den ganzen würdevollen Ernst zunichte. Nehmen wir beispielsweise Beerdigungen. Natürlich müssen wir uns bei einer Beerdigung angemessen verhalten. Ich erinnere mich an das Begräbnis meines Vaters, bei der die Trauerfeier in sehr ernster, gedrückter Stimmung begann. Dann fingen wir an, »Papa-Geschichten« zu erzählen, die uns zum Lachen und zum Weinen brachten. Ich bin sicher, meinem Vater hätte das gefallen. Uns hat es jedenfalls geholfen.
Humor hat nichts mit Respektlosigkeit zu tun. Er ist der ausgleichende Pol zur Vernunft, der die Komplexität des Lebens letztlich überschaubar zu machen scheint.

Wie steht es um Ihren »Humor-Quotienten«? Sind Sie übermäßig ernst geworden? Versuchen Sie, über sich selbst und Ihre düstersten Stimmungen zu lachen, und schauen Sie, was passiert.

Was ist real?

Und sie glauben, was sie tun, sei das wirkliche Leben.
Pete

Diesen Satz sagte einer meiner Freunde, als wir eine Straße in Sydney, Australien, hinunterfuhren. Gerade waren wir noch in den blauen Bergen gewesen und fühlten uns nun von den Eindrücken der Stadt ein wenig überwältigt. Ich hatte zu meinem Freund gesagt, dass ich es wahrscheinlich nicht aushalten würde, in einem dieser Gebäude zu arbeiten, als Hunderte von Menschen aus den Ausgängen strömten, um irgendwo ihre Mittagspause zu verbringen. Daraufhin sagte Pete: »Und sie glauben, was sie tun, sei das wirkliche Leben.«

Dieser Satz blieb mir im Gedächtnis haften, und ich habe seitdem oft darüber nachgedacht. Geld ist etwas, das sich die Menschen ausgedacht haben: Ein anerkanntes Zahlungsmittel, das durchaus seine nützlichen Seiten hat. Aber Ureinwohner fragen zum Beispiel: »Kann man es essen? Kann man etwas daraus bauen? Kann es dich warm halten?« Es ist nicht real, doch wir investieren einen sehr großen Teil unserer Zeit in den Erwerb von Geld.

Irgendwann begann ich, andere Dinge aus der gleichen Perspektive zu betrachten. Und wenn ich mich einmal furchtbar über jemanden aufrege, halte ich inne und frage mich: »Ist es von wirklicher Bedeutung?« Oft lautet die Antwort dann ganz klar: »Nein.« Wenn wir innehalten und uns fragen, ob der Versuch, Sieger in einer Debatte zu sein, von Belang ist, könnte die Antwort überraschenderweise lauten: »Nein, nicht wirklich ...«

Wenn Sie sich das nächste Mal über irgendetwas aufregen, fragen Sie sich zunächst einmal, ob die Sache wirklich von Bedeutung ist oder nicht.

Einstellungssache

Kein Leben ist so schwer, dass man es nicht durch seine Einstellung dazu leichter machen könnte.
Ellen Glasgow

Manchmal wird einem fast schwindelig, wenn man daran denkt, wie viel Macht wir doch eigentlich haben! Es steht beispielsweise in unserem Ermessen, uns unser Leben durch unsere Einstellung dazu leichter zu machen. Was für ein revolutionärer Gedanke! Das Leben ist ein Prozess, an dem wir teilhaben können; wir können lauthals unser Schicksal beklagen oder aber versuchen, nach vorn zu schauen und das Beste daraus zu machen. Die Entscheidung liegt bei uns.

Eine der Methoden, mit denen wir uns das Leben schwer machen, ist die, dass wir uns einreden, wir seien Opfer. Opfer haben nicht viel zu lachen. Vielleicht wurden wir sogar wirklich auf verschiedene Weisen gequält oder missbraucht, aber es liegt an uns, ob wir auf Dauer die Opferrolle annehmen oder nicht. Vielleicht mag ich nicht, was andere mir antun. Vielleicht gefällt mir meine Position im Leben nicht. Vielleicht mag ich nicht, was das Leben mir zugeteilt hat. Doch niemand außer mir selbst kann den nächsten Schritt tun und mich zum Opfer machen. Opfer sind unglücklich und voller Groll, sie führen ein elendes und isoliertes Dasein. Ist es nicht großartig, zu wissen, dass wir die Wahl haben?

Denken Sie einmal darüber nach, in welchen Bereichen Sie sich als Opfer fühlen, und schauen Sie, ob Sie Ihre Einstellung ändern können.

Etwas Positives

Ich versuche, aus allem etwas Positives zu machen.
Cynthia »Coop« Cooper

Was uns auch widerfährt, am Ende wird unsere Erfahrung davon bestimmt, was wir aus ihr machen.

Vor ein paar Jahren drohte mir eine in meinen Augen furchtbare gerichtliche Auseinandersetzung (Ich hatte noch nie zuvor mit solchen juristischen Dingen zu tun gehabt). Die Sache war so an den Haaren herbeigezogen und erschien mir so unfair, dass ich sofort auf die Barrikaden ging. Mein erster Gedanke war: »Ich kann es nicht glauben. Denen werd ich es zeigen.« Doch so schnell mir dieser Gedanke in den Sinn gekommen war, so schnell folgte ihm ein anderer, der mich ins Wanken brachte. Plötzlich wusste ich, was meine Aufgabe in diesem Prozess war. Es war ganz klar, dass ich lernen sollte, mich aus der Opfer-Täter-Dualität herauszuhalten. Da ich davon überzeugt bin, dass Menschen, die sich selbst als Opfer sehen, zu Tätern werden und dass alle Täter sich selbst als Opfer betrachtet haben, war das eine sehr wichtige Erkenntnis.

Ich hatte mich beispielsweise sofort als unschuldiges Opfer gefühlt und wurde sogleich zur Täterin: Ich wollte es den anderen »geben«. Doch mein spirituelles Selbst griff kurzerhand ein und zeigte mir, dass meine Aufgabe, unabhängig vom Ausgang des Prozesses, darin bestand, weder zum Opfer noch zum Täter zu werden. Als ich das verstanden hatte, regelte sich der Rest von allein.

Nie zuvor war ich hinsichtlich meines Opfer-Täter-Verhaltens so geprüft worden. Es war eine gute Lernerfahrung!

Wir wissen, wie man aus sauren Zitronen süße Limonade herstellt. Wie wäre es, wenn wir heute aus allem etwas Positives machten und versuchten, zu erkennen, welche Lektion für uns darin steckt?

Die Erde

Es ist für uns heilsam und notwendig, uns der Erde und der Kontemplation über ihre Schönheiten zuzuwenden, um wieder zu wissen, was Staunen und Demut bedeuten.
Rachel Carson

Wir haben unseren Planeten und das, was er uns gibt, lange Zeit als etwas Selbstverständliches betrachtet. Deshalb ist es nicht immer leicht, wieder eine bewusste Beziehung zu ihm zu entwickeln. Probleme wie Umweltverschmutzung, Giftmüllentsorgung und zerstörte Landschaften scheinen darüber hinaus so groß, dass wir einfach nicht wissen, wo wir anfangen sollen. Wie wäre es, bei uns selbst zu beginnen?
Wenn man ein Samenkorn in der Erde vergräbt, wird es sprießen und wachsen. Ohne die Erde, die es nährt, wäre dieser Prozess nicht möglich. Wir können jeden Grashalm und jede Blume anschauen und zusehen, wie sich ein Wunder entfaltet. Wir können zum Staunen zurückkehren. Die Erde hält so viele Wunder bereit, dass wir selbst dann, wenn wir einige der Prozesse verstehen (beispielsweise wie Diamanten entstehen), wirklich ins Staunen kommen können, sofern wir uns nur erlauben, das Wunder zu sehen.
Und mit dem Staunen kommt die Demut. Die Erde weist uns letztendlich unseren Platz zu. Sie nährt, kleidet, beherbergt und hält uns am Leben. Das ist keine Binsenweisheit. Wir empfinden Ehrfurcht und Demut, wenn wir diese Tatsache bewusst erkennen und würdigen.

Wo sind Ihr Staunen und Ihre Demut angesichts der Erde geblieben? Beginnen Sie da, wo Sie stehen, und beobachten Sie, was diese beiden Qualitäten zu Ihrem Umweltbewusstsein beitragen.

Sprechen

Die meisten meiner indianischen Freunde waren der Meinung, dass das Reden, sofern es nicht weise ist und so knapp wie möglich gehalten wird, an der Kraft des Redenden zehrt und ihn einfach auf eine weitere unnötige Lärmquelle reduziert.

J. Allen Boone

Es ist wirklich nicht einfach, es richtig zu machen. Einerseits sagt man uns, wir müssten forsch auftreten und beredsam sein, um es in dieser Welt zu etwas zu bringen, und andererseits sagt uns J. Allen Boone, dass es an unserer Kraft zehrt, wenn unsere Worte nicht weise oder knapp gehalten sind. Was soll man tun?

Aktiv still zu sein, ist eine Kunst, die zu lernen sich wirklich lohnt. Haben Sie sich je in einer Gruppe von Menschen befunden, in der jeder einfach drauflosplapperte, um bemerkt zu werden und seinen Standpunkt »rüberzubringen«, und die Worte einer Person, die zuvor geschwiegen hatte, dann die anderen sprachlos werden ließ?

Vielleicht verlieren wir unsere Kraft, wenn unsere Aufmerksamkeit nicht dort ist, wo sie sein sollte. Wollen wir weise und knapp sprechen, haben wir nicht viel zu sagen, und deshalb zählt jedes Wort. Ist unser Schweigen allerdings Ausdruck unserer Verwirrung, Selbstbezogenheit oder Kontrollsucht, haben wir wenig beizutragen.

Wir können lernen, an der Stille teilzuhaben und etwas Sinnvolles zu äußern. Niemand will als eine »unnötige Lärmquelle« empfunden werden, und jeder von uns hat das Potenzial, etwas anderes zu sein.

Verlieren Sie durch Reden manchmal Kraft? Sehen Sie zu, was Sie lernen müssen, um weise und knapp sprechen zu können.

Freiheit – Verantwortung

Der ungefragt in die Welt geworfene Mensch ist zur Freiheit verdammt. Er macht aus sich selber, was er ist.
Jean-Paul Sartre

Freiheit und Verantwortung – diese beiden Begriffe scheinen untrennbar miteinander verbunden zu sein.
Wir können keine wirkliche Freiheit haben, solange wir nicht bereit sind, Verantwortung für unser Leben zu übernehmen, und nur indem wir Verantwortung übernehmen, beginnen wir, ein Gefühl für persönliche Macht und Freiheit zu entwickeln.
Es scheint vielfach so, als hätte die moderne Psychologie uns dermaßen von unserer angeblichen Opferrolle überzeugt, dass wir bereit sind, das Kind mit dem Bade auszuschütten und unsere Chance zur Freiheit aufzugeben, um keine Verantwortung übernehmen zu müssen. Was für ein Verlust!
Verantwortung dreht sich nicht um Rechenschaft oder Schuld. Rechenschaft und Schuld sind viel zu »klein«, um der Größe der Verantwortung gerecht zu werden. Diese beiden Begriffe haben unsere Vorstellung von Verantwortung verzerrt.
Wir sind nicht verantwortlich für Ereignisse, die wir nicht verursacht haben und nicht kontrollieren können. Wir sind verantwortlich für das, was wir sagen und tun, und für die Art und Weise, in der wir auf Ereignisse reagieren, die nicht unserer Kontrolle unterliegen. Das ist schon eine Menge; das ist genug.

Übernehmen Sie einen ganzen Tag lang bewusst die volle Verantwortung für alles, was Sie tun. Spüren Sie, wie Sie Ihre persönliche Macht und Freiheit wiedererlangen.

Sein Lied singen

Diejenigen, die singen wollen, werden ein Lied finden.
Anonym

Wir können fast jedes »Lied« singen, das wir singen wollen. Wir müssen uns nur erst einmal im Klaren darüber sein, dass wir wirklich singen wollen. Im Laufe der Jahrhunderte gab es immer wieder weise Menschen, die darauf hinwiesen, was für eine mächtige Kraft die Absicht ist. Erzählungen, Filme und große Romane drehen sich oft um eine Person, die etwas Bestimmtes so sehr will, dass sie sich entsprechend dafür einsetzt und Erfolg hat. Das Lied, das wir wählen, und das Finden dieses Liedes sind sehr wichtig für uns. Und der Weg dorthin kann das Lied noch so viel süßer klingen lassen, wenn es dann schließlich gesungen wird. Wir müssen uns daran erinnern, dass jeder Schritt, den wir auf unserer Reise machen, letztendlich in unser Lied einfließt. Wenn wir auf anderen herumtrampeln, um zu unserem Lied zu gelangen, werden wir Misstöne erzeugen. Wenn wir beim Komponieren uns selbst und unsere Bedürfnisse vernachlässigen, erzeugen wir ebenfalls disharmonische Klänge. Und wenn wir auf unserer Reise nicht auch die kleinen Nebenstraßen beachten, werden wir nicht die richtigen Harmonien für das vollständige Lied finden. Indem wir auf unserem Weg unsere Liebe mit anderen teilen und uns selbst als Teil eines Entwicklungsprozesses begreifen, den wir unterstützen, und indem wir offen für neue Strophen und andere Richtungen sind, wird unser Lied harmonisch und voller Freude sein.

Vertrauen Sie darauf, dass Ihr persönliches Lied existiert
und dass Sie es finden werden.

Von allem lernen

Wie wir lernen, ist, was wir lernen.
Bonnie Friedman

Heute könnte einer jener Tage sein, an denen unsere Welt sich auf ein neues Gleichgewicht zubewegt.

Jeder von uns hat Lehrer in seinem Leben, und wir alle brauchen Lehrer. Sie sind ständig in unserer Nähe, aber was wir von ihnen lernen, liegt an uns. Unsere Fähigkeit, uns mit dem Lehrer zu identifizieren und zu lernen, hängt davon ab, wie offen wir sind und mit welcher Haltung wir uns den Dingen und Wesen nähern, die uns im Leben begegnen. Betrachten wir alles als potenzielle Lehrer, haben wir einen großen Sprung in Richtung eines inneren Gleichgewichts gemacht. Diese Haltung setzt natürlich voraus, dass wir in der Lage sind, zu erkennen, dass jeder und alles irgendetwas »weiß«, das wir nicht wissen.

Kürzlich begegnete ich einem Baum, der seinen Entwicklungsprozess als kränkliche Zimmerpflanze begonnen hatte. Irgendein Unkundiger hatte ihn an einen Platz gepflanzt, der für diese Art von Pflanze ziemlich ungeeignet war. Doch trotz all der Hindernisse, die ihm in den Weg gelegt wurden, konzentrierte dieser Baum sich auf das Wachsen. Er wuchs und wuchs und wurde zu einem majestätischen Banyanbaum mit kräftigen Wurzeln. Jedes Mal, wenn ich ihn sehe, wird mir bewusst, wie sehr ich mich von Hindernissen aufhalten lasse. Dieser Baum weiß über das Wachsen mehr als ich.

Beginnen Sie heute, die Einstellung zu entwickeln, dass alles, dem Sie begegnen, Sie etwas lehren kann, was Sie noch nicht wussten. Gehen Sie auf die Welt in dem Bewusstsein zu, dass sie voller Lehrer ist – auch wenn Sie manche vielleicht nicht mögen oder als Vorbild ansehen.

Schreiben

Für mich war Schreiben der einzige Ausweg.
Anne Tyler

Jeder von uns ist ein Schriftsteller. Vielleicht werden wir keine brillanten und berühmten Vertreter dieser Zunft, aber wir sind dennoch Autoren. Es gibt wenige Dinge, die so beruhigend sind, wie einen Stift über das Papier oder Finger über die Tasten gleiten zu lassen. Wenn wir etwas niederschreiben, erhält es bereits dadurch eine neue Bedeutung, aber Schreiben ist noch viel mehr als das. Der simple Akt des Schreibens setzt chaotische Energien frei und lässt sie aus unserem Körper hinausfließen.
Wir halten uns durch alle möglichen selbst auferlegten Einschränkungen vom Schreiben ab: »Ich bin kein guter Schreiber.« (Wen interessiert das, und wer hat gesagt, dass wir gut sein müssen, und wer bestimmt überhaupt, was ein guter Schreiber ist?) »Ich muss einen Anlass zum Schreiben haben; ich muss wissen, dass das, was ich geschrieben habe, einem bestimmten Zweck dient.« (Unsinn. Das Schreiben besitzt seinen eigenen Wert als ein Prozess, auf den wir uns einlassen und der uns fesselt; es muss überhaupt nicht zu irgendeinem Ziel führen!) »Ich weiß nicht, wie ich es richtig anfangen soll.« (Viele berühmte Autoren erfanden einen eigenen Stil, der dann zu der Methode wurde.)
Warum sollten wir uns davon abhalten? Der Prozess des Schreibens ist das Wichtigste.

Suchen Sie sich einen guten Stift aus. (Ich mag gern die »Raumfahrerstifte« – sie schreiben so gut wie unter allen Bedingungen.) Legen Sie einen Notizblock oder ein Schreibheft zurecht oder schalten Sie den Computer ein. Es ist Zeit, anzufangen! Sogar Auflistungen können beruhigend wirken.

Lebensmuster

Alles ist ein Muster, alles Leben, aber wir können das Muster nicht immer sehen, wenn wir Teil davon sind.
Belva Plain

Meistens sind wir so geschäftig, dass wir überhaupt nicht mehr innehalten, um uns einmal das größere Bild des Lebens vorzustellen. Und noch öfter haben wir unseren Alltag so arrangiert, dass uns das hohe Tempo und die Überlastung gar nicht mehr gestatten, wirklich am Leben teilzunehmen. Wir werden von einem Plan angetrieben, den wir selbst auf eine Weise gestaltet haben, die uns mit Sicherheit an dem vorbeirennen lässt, worum es im Leben wirklich geht.

Wer wir auch sind und was wir auch tun – jeder von uns kann davon profitieren, einmal eine Pause einzulegen, sich aus der hektischen Geschäftigkeit zurückzuziehen und das Leben von einer höheren Warte aus zu betrachten.

Wir haben keine Zeit, sagen Sie? Unsinn! Wir können uns die Zeit nehmen. Diese Wahl haben wir immer. Wir brauchen solche Zeiten, in denen wir uns einen Tag, eine Woche oder einen Monat lang von unseren Verpflichtungen befreien, um aus der Adlerperspektive zu sehen, was wir tun und wozu wir überhaupt hier sind. Bewusst zu leben, ist eines der größten Geschenke, das wir uns selbst machen können.

Nehmen Sie sich regelmäßig ein wenig Zeit für sich
und sagen Sie Ihrem inneren Selbst, dass Sie bereit sind,
die Muster zu durchschauen, nach denen Sie leben.
Die Informationen, die Ihnen durch Gedanken, Träume,
Intuition oder Einsichten zugänglich werden, können viel
zu Ihrem inneren Gleichgewicht beitragen.

Verletzungen – Mut

Wussten Sie, dass die Heilung einer sehr tief gehenden Wunde fast genauso schmerzen kann wie das, was sie verursacht hat?
Lee David Zlotoff

Es gibt nur sehr wenige Menschen (vielleicht auch gar keine), die keine Verletzungen aus der Kindheit und der jüngeren Vergangenheit mit sich herumtragen. Diese Wunden und Erfahrungen sind die Lernchancen in unserem Leben.
Häufig versuchen wir, Verletzungen zu romantisieren, und halten an der Vorstellung fest, dass manche Traumatisierungen nicht heilbar seien. Doch diese Auffassung ist einfach falsch. Alle Wunden, wie schmerzhaft sie auch sein mögen, können heilen. Wir müssen nur bereit sein, durch den tiefen Heilungsprozess hindurchzugehen, was auch immer er erfordern mag.
Wenn wir uns mit diesem Problem der alten Verletzungen beschäftigen, ist es, als betrachteten wir den Unterschied zwischen chronischen Schmerzen und dem Schmerz der Geburt. Chronischer Schmerz (die Romantisierung der Wunden) tut endlos weh. Eine Geburt hingegen (die Heilung der Wunden) schmerzt ebenfalls wirklich höllisch, und doch gibt es, wenn der Schmerz vorüber ist, etwas, wofür es sich gelohnt hat.
Versuchen Sie niemals, Ihren alten Schmerz mit Gewalt ins Bewusstsein zu holen (und lassen Sie auch nicht zu, dass das jemand anders bei Ihnen probiert). Setzen Sie sich mit ihm auseinander, wenn er in Ihrem Leben von selbst auftaucht, und sorgen Sie dafür, dass Sie ein sicheres, unterstützendes, nicht eingreifendes Umfeld haben, das Ihnen ermöglicht, durch diesen Schmerz hindurchzugehen.

Entwickeln Sie die Einstellung,
dass alte Verletzungen geheilt werden können.

Touristen

Das Gebet ist für viele wie ein fremdes Land. Wenn wir dorthin reisen, kommen wir als Touristen. Und wie die meisten Touristen fühlen wir uns etwas unbehaglich und deplatziert. Wie die meisten Touristen ziehen wir deshalb bald weiter und gehen wieder woandershin.
Robert McAfee Brown

Wir besuchen so viele wichtige Lebensbereiche als »Touristen«! Wir gehen von einer Beziehung in die nächste, als versuchten wir, das beste Hotel zu finden. Und wir stellen fest, dass wir viele dieser »Hotels« aufgrund bestimmter Serviceleistungen empfehlen können, aber dennoch ist keines perfekt.
Wir besuchen verschiedene Gebiete und sehen die Schönheit und Grandiosität jedes wunderbaren Ortes. Doch wir nehmen uns nicht die Zeit, mit diesen Orten leben zu lernen. Wir sind wie jene Touristen, die Hawaii besuchen, entzückt von der üppigen Vegetation und Vielfalt, und uns dann aufregen, wenn es gerade in »unserer Woche« dort regnet.
Wir wissen, wie man sich als Tourist fühlt. Wissen wir auch, wie es ist, permanenter Bewohner im eigenen Leben zu sein?

Wie würde ein Sich-Einlassen auf Ihre Form des Gebets aussehen?

Die Verantwortung für den eigenen Mund

Ich lass meinen Mund nichts sagen,
was mein Kopf nicht ausstehen kann.
Louis Armstrong

Es ist wichtig, dass unser Mund mit unserem Verstand verbunden ist!
Wollen wir lernen, im Gleichgewicht zu leben, gehört dazu auch, dass wir Verantwortung für das übernehmen, was aus unserem Munde kommt.
Wir sind stolz darauf, dass wir »sagen, was wir denken«, selbst wenn unser Denken nicht klar oder verantwortungsbewusst ist. Nur allzu oft machen wir die Erfahrung, dass sich unser Mund öffnet und die Worte einfach nur so herauspurzeln. Manchmal haben wir Publikum, spielen eine Rolle und sind bereit, übers Ziel hinauszuschießen, nur um die Lacher auf unserer Seite zu haben – sogar wenn es auf Kosten eines anderen Menschen geht. Oder wir merken, dass wir wie ein Experte über etwas sprechen, von dem wir eigentlich sehr wenig Ahnung haben, wissen aber nicht, wie wir uns elegant aus der Affäre ziehen können. Manchmal machen wir auch die Erfahrung, dass wir Worte, die wir aussprachen und die nun im Raum stehen, am liebsten wieder in unseren Mund zurückstopfen würden.
Entspannen Sie sich. Es dauert ein bisschen, bis man gelernt hat, dass man verantwortlich für das ist, was man sagt, und es dauert sogar noch länger, bis man die Verantwortung dafür tatsächlich übernimmt. Aber es lohnt sich, es zu lernen.

Haben Sie vielleicht Worte ausgesprochen,
die Ihnen jetzt Leid tun? Unternehmen Sie, was nötig ist,
um wieder ein Gleichgewicht herzustellen.

Unterschiede und Gleichheit

Alles ist gleich; alles ist verschieden.
Zen-Spruch

Haben Sie je darüber nachgedacht, dass eine unserer wichtigsten Aufgaben im Leben darin besteht, zu erkennen, dass wir sowohl gleich als auch verschieden sind?
Allzu oft betrachten wir unsere Gleichheit und Verschiedenheit als Dualismus. Wir machen uns vielleicht vor, dass die Unterschiede zwischen uns und anderen Menschen weitgehend verschwinden, wenn wir die gleichen Werte und Visionen haben wie sie. Oder wir heben auf unsere Einmaligkeit ab und schlittern allmählich in den Wahn von der »absoluten Einzigartigkeit«.
Doch es gibt andere Möglichkeiten!
Wenn wir im tiefsten Innern um die wunderbare Einheit aller Schöpfung wissen und sie erfahren, spüren wir den Frieden und die Sicherheit einer wechselseitigen Verbundenheit, die unser Verstehen völlig übersteigt. Da ist eine Zugehörigkeit, die unser ganzes Sein und Tun durchdringt und Harmonie in unser Leben bringt.
Doch innerhalb dieser Einheit, dieser Verbundenheit, existiert die Verschiedenheit, eine Einzigartigkeit, die uns definiert. Und mit dieser Definition wissen wir, dass wir unseren Beitrag zur Welt leisten müssen – niemand kann das für uns tun. Wir haben eine einzigartige Verantwortung gegenüber dem Universum.
Das Wissen um die Wahrheit von Gleichheit und Verschiedenheit schenkt uns ein inneres Gleichgewicht.

Schauen Sie sich heute einmal genauer um und versuchen Sie,
die Gemeinsamkeiten zwischen Ihnen und anderen zu sehen –
selbst denen, die Sie nicht mögen oder
mit denen Sie sich unbehaglich fühlen.

Rechtes Handeln

Tu stets das Richtige! Das wird einige Leute zufrieden stellen und den Rest in Erstaunen versetzen.
Mark Twain

Was für eine Vorstellung: durch »richtiges Tun« zufrieden zu stellen und in Erstaunen zu versetzen! Uns wurde beigebracht, dass wir andere zufrieden stellen können, indem wir uns ein Bein für sie ausreißen, und dass wir Erstaunen und Verwunderung ernten, wenn wir »besonders« oder »anders« sind, wobei beides nicht gerade zu unserem inneren Gleichgewicht beiträgt.
Zu tun, was für uns richtig ist, scheint eine so viel größere Herausforderung zu sein. Zunächst einmal müssen wir bestimmen, was »rechtes Handeln« für uns bedeutet (in Anlehnung an das Zen-Konzept des »rechten Lebens«, das mir so gut gefällt). Rechtes Handeln ist keine abstrakte Vorstellung. Wenn wir wissen, was rechtes Handeln für uns bedeutet, müssen wir bereit sein, den Mut aufzubringen, uns auch danach zu richten, insbesondere wenn unser Image als »netter Mensch« dadurch in Gefahr gerät. Außerdem müssen wir bereit sein, uns mit den nicht immer positiven und oft erstaunten Reaktionen der anderen auseinander zu setzen. Gar keine leichte Aufgabe – aber es kann auch Spaß machen! Das Richtige zu tun, kann in der Tat mehr Spaß machen als vieles andere, und es verschafft uns ein Gefühl von Integrität und Freiheit.

Denken Sie an Momente, in denen Sie das Richtige getan haben.
Wie fühlten Sie sich dabei?
Vielleicht möchten Sie es wieder versuchen!

Schuld

Viele Leute fühlen sich »schuldig« an etwas, dessen sie sich nicht schuldig fühlen brauchen, um die Schuldgefühle für etwas zu verdrängen, dessen sie sich schuldig fühlen sollten.
Sydney J. Harris

Der Begriff »Schuld« hat eine schlechte Presse. Doch ist im Prinzip nichts Verkehrtes an der Schuld. Ein Schuldgefühl kann tatsächlich eine sehr angemessene Reaktion auf etwas sein, das wir getan haben und von dem wir wissen, dass es nicht in Ordnung war. Unser Umgang mit Schuld und Schuldgefühlen macht ein Problem daraus, nicht die Schuld an sich.
Wenn wir etwas tun, von dem wir wissen, dass es nicht unseren Wertvorstellungen entspricht, oder etwas, von dem wir erfahren, dass es uns selbst oder anderen schadet, ist ein Schuldgefühl eine angemessene Reaktion unseres inneren Selbst. Es ist normal und richtig, dass wir uns angesichts dessen, was wir getan haben, schlecht fühlen. Diese Schuldgefühle dienen einem guten Zweck, indem sie uns dazu bringen, Verantwortung für unser Verhalten zu übernehmen, Wiedergutmachung zu leisten und unseren Lebensweg klüger als zuvor fortzusetzen.
Andererseits können wir und unser Leben aus dem Gleichgewicht geraten, wenn wir uns in Schuldgefühlen »suhlen«. Das kann zu einem endlosen, egozentrischen »Trip« werden, der niemandem dient und keinen Lernprozess in Gang setzt.

Versuchen Sie, einem Schuldgefühl zu entfliehen, das eigentlich angemessen ist, oder beschäftigen Sie sich übermäßig mit einer vermeintlichen Schuld? Machen Sie reinen Tisch.

Kinder und Erinnerungen

Man weiß nie, wann man einen unvergesslichen Moment schafft.
Rickie Lee Jones

Beachten Sie, dass Jones nicht sagte: »... wann man einen unvergesslichen Moment konstruiert.« Und doch versuchen wir oft genau das. Leider bringen wir uns aus dem Gleichgewicht, wenn wir versuchen, ein »denkwürdiges Ereignis« zu planen und zu kreieren. Würden wir einmal innehalten, um in Erinnerungen zu schwelgen, stellten wir wahrscheinlich ziemlich schnell fest, dass unsere kostbarsten Erinnerungen jene sind, die uns geschenkt wurden; wir haben sie nicht geplant.

Manchmal versuchen wir zum Beispiel so angestrengt, unseren Kindern gute Eltern zu sein, dass wir uns ein Bein ausreißen, um ihnen ein »unvergessliches Erlebnis« zu verschaffen. Wir verlieren uns derart in Details, Überlegungen, Plänen, Vorbereitungen und Aufregungen, dass schließlich niemand mehr in der Lage ist, wirklich präsent für das eigentliche Ereignis zu sein. Es ist, als würde man eine üppige Party ausrichten und vergessen, den Gästen die Einladung zu schicken.

Setzen Sie sich einmal allein und still hin und lassen Sie Ihren »Gedächtnisspeicher« seinen Inhalt auswerfen. Sie werden feststellen, dass die schönsten Erinnerungen immer mit mit gemeinsamen Erlebnissen zu tun haben. Gemeinsame Erfahrungen bringen unser Leben mit unseren Kindern und uns selbst ins Gleichgewicht.

Schwelgen Sie in einem »Bad der Erinnerungen«.
Es kann entspannen, klären und heilen.

Balanceakte und »im Gleichgewicht leben«

Ein Balanceakt ist etwas anderes, als »im Gleichgewicht zu leben«.
Anonym

Aus unserem Leben einen Balanceakt zu machen, ist etwas völlig anderes, als zu lernen, wie man im Gleichgewicht bleibt. Ersteres gleicht einem Leben auf dem Drahtseil, wo ein falscher Schritt oder ein zu starkes Hinüberlehnen in eine Richtung zur Katastrophe führen kann.

Manche von uns haben sich Lebensbedingungen geschaffen, unter denen bei jeder Veränderung oder bei jedem Notfall das Chaos ausbricht. Wir haben beispielsweise unsere Kinder untergebracht, fahren sie jeden Morgen vor der Arbeit zur Tagesmutter oder Betreuungseinrichtung und holen sie nach der Arbeit wieder ab. Sorgfältig passen wir unsere Arbeitszeit diesem Kinderbetreuungsplan an. Dann wird ein Kind krank, oder wir müssen an einem besonderen Projekt mitarbeiten, und unser Alltag gerät aus den Fugen. Das Leben hat uns die Balancierstange aus der Hand geschlagen.

Wenn wir unser Dasein als eine vorausschaubare Reihe von Ereignissen betrachten und versuchen, die äußeren Bedingungen bis ins Letzte zu verplanen, werden wir immer wieder in solche Schwierigkeiten geraten. Das Geheimnis einer Existenz im Gleichgewicht liegt in unserem Innern. Wir können unser Leben nie allein durch die Manipulation der Umwelt ins Gleichgewicht bringen.

Achten Sie mehr auf das,
was Ihr Gefühl eines inneren Gleichgewichts verstärkt.

Große Herzen

Wir sind ein großherziges Volk.
Pearl Bailey

»Ein großherziges Volk« – was für ein beneidenswertes »Etikett«. Wenn wir zu viel tun, vergessen wir normalerweise als Erstes, uns in den wichtigen Aspekten unseres Lebens von unserem Herzen leiten zu lassen.

Der Verstand ist eine gute Sache, ja, er ist großartig, aber er funktioniert nicht allzu gut ohne die ausgleichende Kraft unseres Herzens, unserer Gefühle, unserer Intuition. Wir brauchen unser Herz, um unseren Verstand ins Gleichgewicht zu bringen. Und beide sind ohne unsere Gefühle und unsere Intuition nicht so machtvoll, wie sie sein könnten. Ein wahrhaft weiser und glücklicher Mensch ist in allen Aspekten seines Wesens ausgeglichen.

Noch wichtiger ist es sogar, ein großes Herz zu haben. Ein großes Herz ist für alles offen. Es erwartet, dass der Reichtum und die Fülle des Lebens aufregende neue Erfahrungen und Lektionen bereithalten, und seine Liebe und Fürsorge erstreckt sich auf alle, die ihm begegnen.

In unserer Zeit wird das rationale, logische Denken überbetont, was viele zu der Annahme verleitet, es sei gefährlich, sich vom Herzen leiten zu lassen. Vielleicht glauben wir sogar inzwischen, dass unser Herz »geschrumpft« ist und dass wir gar nicht mehr die Fähigkeit haben, »großherzig« zu sein. Gott sei Dank handelt es sich in all diesen Fällen um einen fatalen Irrtum.

Experimentieren Sie heute damit, ein offenes und großes Herz zu haben, und beobachten Sie einfach, was geschieht.

Die Erde – Materialismus

So denken wir Indianer: Wir setzen irdische Güter nicht mit der Erde gleich. Irdische Güter sind dafür da, dass man sie auf der Erde benutzt.
Yellow Serpent

Wenn wir an ein Gleichgewicht in unserem Leben denken, wissen wir irgendwie auch, dass wir Rücksicht auf die Erde und die Natur nehmen müssen. Doch die Herausforderung, diesen verseuchten und ausgebeuteten Planeten wieder ins Gleichgewicht zu bringen, erscheint uns oft so überwältigend, dass wir hilflos die Hände in die Höhe halten und so weitermachen wie bisher.
Vielleicht können wir uns diesem Problem aus einer Blickrichtung nähern, die uns den Umgang damit erleichtert. Wir sollten unsere irdischen Güter und unseren Materialismus als etwas von der Erde und ihrem Wohlergehen »Getrenntes« betrachten. Wir müssen uns klarer werden über den Unterschied zwischen dem, was wir brauchen, und dem, was wir wollen. Und wir müssen uns diese Frage jedes Mal dann stellen, wenn wir etwas kaufen möchten. Wir können dann immer noch Gegenstände erwerben, die wir wollen und nicht brauchen – unser Bewusstsein wird sich dennoch verändert haben.
Wir können anfangen, die Erde als einen lebendigen Organismus zu sehen, der die Verwendung materieller Dinge sowie natürlich unser Leben und das Leben derjenigen, die uns nachfolgen, überhaupt erst möglich macht. Wir können uns bewusst machen, dass wir aufs Engste mit ihr verbunden sind. Wenn wir nicht länger bereit sind, uns selbst zu schaden, werden wir auch nicht länger willens sein, der Erde Schaden zuzufügen.

Prüfen Sie einmal, ob oder wie sehr der Materialismus Sie im Griff hat. Schreiben Sie drei Möglichkeiten auf, wie Sie liebevoll mit der Erde umgehen können.

Höflichkeit

Seien Sie höflich. Vielleicht hat Ihre Familie nichts dagegen, wenn Sie bei ihr anfangen zu üben.
Minna Thomas Antrim

Bei all unseren Versuchen, freimütig, ehrlich, geradeheraus, durchsetzungsfähig und dynamisch zu sein, haben wir vielleicht, nur vielleicht, aus den Augen verloren, wie wichtig es ist, auch höflich zu sein.
Wie oft vergessen wir es, wenn wir mitten in einem wichtigen Projekt stecken oder unter Hochdruck arbeiten, um einen Termin einzuhalten? Wir übersehen die Tatsache, dass wir ohne viele helfende Hände und allerlei Unterstützung nicht in der Lage gewesen wären, die gestellte Aufgabe zu erfüllen. So »bellen« wir unsere Anweisungen, anstatt »Könntest du bitte ...?«, »Würde es dir etwas ausmachen ...?« oder »Danke für deine Hilfe« zu sagen.
Unter unseren »Ausrutschern« müssen natürlich zuallererst diejenigen leiden, die uns am nächsten und liebsten sind, denn von ihnen erwarten wir das meiste Verständnis und die größte Bereitschaft zu verzeihen. Doch wir vergessen, dass dies gerade die Menschen sind, deren Unterstützung wir am dringendsten brauchen und die den höchsten Preis für unsere Nachlässigkeit zahlen. Ein schlichtes »Ich danke dir« oder »Ich weiß das zu schätzen« können viel dazu beitragen, einen Mechanismus zu ölen, der dabei ist, aus dem Gleichgewicht zu geraten.

Machen Sie sich ihre »Ausrutscher« bei den Umgangsformen bewusst. Wahrscheinlich ist es sinnvoll, mit dieser Untersuchung zu Hause zu beginnen.

Träume

Träume sagen uns, was sie bedeuten,
aber sie sagen es nicht in unserer Alltagssprache.
Gail Godwin

Träume sind eine ausgleichende Kraft in unserem Leben. Es gibt zwei Hauptkategorien von Träumen, und beide sind wichtig. Manche Träume spiegeln unsere Hoffnungen und Wünsche wider. Viele davon entstanden bereits in der Kindheit. Sie geben unserem Leben eine Richtung und ein Ziel. Vielleicht wurden ihre Kanten im Laufe der Jahre ein wenig abgeschliffen, doch wenn wir sie liebevoll betrachten, erkennen wir, dass viele von ihnen uns als Wegweiser dienten, ob wir sie nun realisiert haben oder nicht.
Dann gibt es natürlich noch die Träume, die während des Schlafs und in jenem Zustand kurz vor dem Einschlafen zu uns kommen. Diese Träume enthalten Botschaften und spiegeln Erfahrungen wider, mit denen unser rationaler, logischer Verstand nicht ohne weiteres etwas anfangen kann. Träume sind der Versuch unseres Unbewussten, unseren Verstand zu umgehen, um uns mit tieferen Gefühlen, Instinkten und spirituellen Inhalten zu verbinden. Wir müssen die durch diese Träume wachgerufenen Gefühle und Botschaften tief in uns einsinken lassen, damit wir die verschiedenen Anteile unseres Wesens integrieren können. Die rein verstandesmäßige Interpretation von Träumen hilft uns vielleicht gar nicht so sehr weiter. Wir sollten uns stattdessen in unser inneres Wissen »einfühlen«.

Würdigen Sie Ihre Träume – sowohl die Tagträume als auch die, die während der Nacht zu Ihnen kommen. Respektieren Sie die Informationen, die sie Ihnen zugänglich machen.

Was wir wollen

Ich habe gelernt, mich auf das zu konzentrieren, was ich möchte, und meine Zeit nicht mit Dingen zu verplempern, die ich nicht will.
Susan

Zahlreiche Menschen bringen viel Zeit damit zu, sich darüber klar zu werden, was sie nicht möchten. Vielleicht bekamen sie als Kinder nicht ausreichend Gelegenheit, selbst zu entscheiden, was sie wollten. Auch in der Schule oder während der Berufsausbildung war das oft nicht viel anders, sodass sie, als sie schließlich auf eigenen Füßen standen, vor allem erst einmal dem ihre Aufmerksamkeit schenkten, was sie nicht wollten. Es ist wichtig, zu wissen, was wir nicht wollen; und es ist auch wichtig, sich die Zeit zu nehmen, um das herauszufinden. Doch wieso fällt es uns stets leichter, zu bestimmen, was wir nicht möchten, als zu wissen, was wir wollen?
Das kann doch so ein harter Brocken nicht sein: Was wollen wir? – Was wollen wir anziehen? Was möchten wir essen? Was gibt uns ein gutes Gefühl? In welchem Umfeld bevorzugen wir zu leben? Welche Wesen und Gegenstände in unserer unmittelbaren Umgebung schenken uns Ruhe, Frieden und Freude – Kunstwerke, Pflanzen, Haustiere, Kuschelecken? Brauchen wir einen Platz ganz für uns allein? Vielleicht ist ein eigenes Zimmer, »unsere eigene kleine Welt«, genau das, was wir benötigen.

Entwickeln Sie zunehmend ein Bewusstsein für das,
was Sie wollen und brauchen, und schauen Sie,
wie Sie diese Bedürfnisse befriedigen können.

Still sein

Du musst lernen, mitten in der Aktivität still zu sein
und dynamisch in der Ruhe.
Indira Gandhi

Für Menschen, die zu viel tun und dadurch aus dem Gleichgewicht geraten sind, ist es das Wichtigste, zu lernen, »mitten in der Aktivität still zu sein«. Für die meisten von uns ist nicht nur die äußere Aktivität das Problem; diejenige in unserem Innern ist genauso wichtig.
Folgendes können wir tun, um inmitten der Aktivität zur Ruhe zu kommen:

Wir können innehalten und ein paarmal tief durchatmen, unsere Aufmerksamkeit auf unseren Atem lenken und so dafür sorgen, dass sich unsere Gedanken klären.
Wir können aufhören, uns innerlich mit den Kleinigkeiten zu beschäftigen, die eigentlich unwichtig sind (Das meiste ist weit weniger bedeutsam, als wir glauben).
Wir können auf Signale achten, die uns darauf hinweisen, dass sich Stress aufbaut, und dann bewusst einen Gang zurückschalten.
Wir können uns unsere Dankbarkeit spüren lassen für die Angelegenheiten, die gut laufen (Das ist immer viel mehr, als wir bei unserer hektischen Betriebsamkeit wahrnehmen).
Wir können alles, was nicht in unserer Macht steht, an Gott, das Schicksal oder eine »Instanz«, die größer ist als wir, abgeben und uns dann entspannen.

Wenn Ihnen in der Außenwelt oder innerlich
alles zu viel wird, können Sie einige der soeben genannten
Empfehlungen ausprobieren.

Probleme

Unglücklicherweise können Probleme süchtig machen. Ob wir es gern hören oder nicht, wir sind bis zu einem gewissen Grad stolz auf die Probleme, die uns plagen.
Eloise Ristad

Wir Menschen sind wirklich seltsame Geschöpfe – und liebenswert, möchte ich hinzufügen. Denn welche Wesen wären gerade auf das stolz, was ihnen am meisten Schwierigkeiten bereitet – Probleme, die sie wahrscheinlich selbst geschaffen haben?
Welche Wesen fühlen sich so unbehaglich, wenn alles absolut reibungslos läuft, dass sie Schwierigkeiten provozieren, nur damit sie sich entspannen können?
Welchen Wesen fällt es viel leichter, eine Krise zu »managen«, als eine ganz gewöhnliche, ruhige Zeit zu ertragen?
Sie wissen schon ...
Ist es vielleicht einfach so, dass wir uns beschäftigt halten müssen, damit wir nicht in noch größere Schwierigkeiten geraten? Fühlen wir uns sicherer, wenn wir selbst geschaffene Krisen bewältigen, weil wir dann zumindest die Illusion der Kontrolle aufrechterhalten können?

Prüfen Sie, an welchen Problemen Sie »hängen«. Sind Sie bereit, sich zurückzulehnen und zuzulassen, dass die Schwierigkeiten sich von selbst lösen? Lassen Sie zu, dass Ihr Geist die Lösung entdeckt, während Sie sich auf etwas anderes konzentrieren.

Die inneren Wunder erforschen

Die Wissenschaftlerin war nur ein Teil von mir. Ich hatte auch schon immer eine tiefe Verbindung zu meiner Großmutter gespürt. Die Mutter meiner Mutter, Alexandra, war nicht sehr gebildet, aber als ich ein Kind war, schien sie der weiseste Mensch der Welt zu sein.
Olga Kharitidi

Welche verborgenen Anteile schlummern in unserem Erbgut? Ein Gleichgewicht schließt alle unsere Wesensanteile ein, selbst diejenigen, die über uns hinausreichen.
Oft erahnen wir Seiten an uns selbst, die uns gar nicht völlig bewusst sind. Wir betreten einen Buchladen, und ein Titel, den wir normalerweise überhaupt nicht beachtet hätten, fesselt plötzlich unsere Aufmerksamkeit. Wir sehen eine Fernsehshow, und auf einmal wird eine vergessene Sehnsucht in uns wach. In der Zeitung wird ein Vortrag angekündigt, und wir empfinden ein überraschendes Interesse daran.
All diese Situationen sind vielleicht die Art und Weise Ihres inneren Selbst, Ihnen zu sagen: »Hallo – ich bin hier drinnen, und das sind Teile von dir.«
Wir sind so viel mehr, als wir glauben, und wir können sogar mehr sein, als wir uns vorstellen.

Lernen Sie, dem leisen Flüstern Ihres inneren Selbst zu vertrauen, um Seiten an sich kennen zu lernen, die Ihnen bisher unbekannt waren – und halten Sie sich fest!

Abgeschiedenheit

Abgeschiedenheit ist heutzutage kostspieliger als eine Rolex-Uhr.
Anonym

Abgeschiedenheit scheint so viel erfüllender zu sein als bloßes Alleinsein, denn es kommen noch die Elemente Frieden und Zeit hinzu. Überlastete Mütter können sich manchmal Zeit nehmen, um eine Weile allein zu sein, und doch würden sie »alles« für eine längere Phase der Abgeschiedenheit geben.

Abgeschiedenheit gibt uns genügend Zeit, um zu uns selbst zu kommen und zu schauen, was wir brauchen, um zu tun, was für uns nötig ist; und sie gibt uns die Ruhe, um ihre Wohltaten auszuloten. Wenn wir Zeit für uns selbst haben, können wir ein entspannendes Bad nehmen. Wenn wir uns in die Abgeschiedenheit zurückziehen, können wir das entspannende Bad nutzen, um zu untersuchen, was wir mit dieser Abgeschiedenheit anfangen müssen.

Viel beschäftigte Leute können vielleicht hin und wieder ein wenig Zeit für sich selbst abknapsen. Denn Menschen, deren Leben im Gleichgewicht ist, brauchen Abgeschiedenheit.

Abgeschiedenheit ist jener stille Hauch des Friedens, der in unsere Ohren dringt und seine eigene Musik erzeugt, der in unsere Augen dringt und seine eigenen Kunstwerke erschafft, der in unsere Poren dringt und seine eigenen Gedanken hervorbringt.

Abgeschiedenheit führt uns zu uns selbst zurück, während sie uns über unsere Grenzen hinausführt.

Abgeschiedenheit ist kostbar und wichtig.

Es ist schön, Zeit für sich selbst zu haben,
aber nehmen Sie sich auch Zeit für Abgeschiedenheit?

Ausdauer

Große Werke werden nicht durch Kraft,
sondern durch Ausdauer geschaffen.
Samuel Johnson

Es ist sehr schwierig, ausdauernd zu sein und gleichzeitig hin und her zu rennen. Menschen, die zu viel tun, laufen gewöhnlich lieber herum. Natürlich können wir selbst dabei beharrlich wirken und sind vielleicht auch hartnäckig, aber hier kommen wir leider nicht in den Genuss der Belohnungen echter Ausdauer. Was kann man also tun?
Wir müssen zwischen Ausdauer (an einer Sache »dranbleiben«) und Festhalten (sich in etwas »verbeißen«) unterscheiden.
Oft bezieht sich unser Festhalten auf etwas, das bereits vorbei ist. Es ist aus und vorbei, doch wir wollen es nicht wahrhaben. Wir halten mit aller Kraft daran fest, häufig genug mit katastrophalen Folgen.
Wenn wir »dranbleiben«, halten wir in einer Situation oder bei einer Person aus, solange die Lage es erfordert oder der betreffende Mensch es braucht. Unsere Beharrlichkeit ist dann angemessen und situationsbezogen und hat nichts mit Eigenwilligkeit oder Sturheit zu tun.
Ausdauernd zu sein bedeutet, an etwas zu arbeiten, solange es sinnvoll ist. Es heißt, dass wir uns in angemessener Form und Dauer auf uns selbst, die Situation und andere Beteiligte beziehen. Beharrlichkeit ist das Engagement, »dranzubleiben«, bis etwas abgeschlossen ist, und die Fähigkeit, zu erkennen, wann dieser Punkt erreicht ist.

Können Sie bei sich selbst zwischen Festhalten und Beharrlichkeit unterscheiden? Prüfen Sie, welche Elemente Ihr inneres Gleichgewicht am meisten fördern.

Selbstsucht

Selbstsucht bedeutet nicht, dass man lebt, wie man leben möchte, sondern dass man von anderen erwartet, dass sie leben, wie man leben möchte.
Ruth Rendell

Manchmal ist uns einfach nicht klar, was wir tun. Wir sind nicht absichtlich selbstsüchtig. Wir denken, wir machen einfach nur »unser eigenes Ding«: Wenn wir nicht für die Nummer eins sorgen, wer wird es dann tun? Vielleicht sehen wir uns selbst sogar als besonders rücksichtsvollen Menschen, während wir uns selbstsüchtig verhalten.
Wenn wir beispielsweise Entscheidungen für andere treffen, die absolut in der Lage sind, ihre eigenen Entscheidungen zu treffen, sind wir selbstsüchtig. Wenn wir die Luft mit Zigarettenrauch oder schädlichen Substanzen verpesten, sind wir selbstsüchtig. Wenn wir etwas für andere tun, das diese gar nicht wollen (weil wir uns gut fühlen, wenn wir es tun), sind wir selbstsüchtig. Wenn wir in der Nähe von Menschen, die dies nicht wollen, Lärm machen, Kinder herumspringen lassen oder Rockmusik abspielen, sind wir selbstsüchtig. Wenn wir anderen Ideen, Entscheidungen oder Überzeugungen aufzuzwingen versuchen, sind wir selbstsüchtig.
Selbstsucht ist viel subtiler, als wir glauben, und viel verbreiteter, als wir uns wünschen würden.

Prüfen Sie einmal genau Ihr eigenes Verhalten: Versuchen Sie, andere dazu zu bringen, dass sie so leben, wie *Sie* es wollen? Was möchten Sie in dieser Hinsicht ändern?

Ein wertvolles Leben

Unser Leben hat einen Wert, solange es durch Liebe, Freundschaft, Empörung und Mitgefühl dem Leben anderer etwas Wertvolles hinzufügt.
Simone de Beauvoir

Wie drücken wir unsere Wertschätzung des Lebens anderer Menschen aus?
Wir hören ihnen zu. Sind wir anderer Meinung als sie, versuchen wir, die Angelegenheit auch von ihrem Standpunkt aus zu sehen. Ganz gleich, was sie sagen, wir suchen nach einem Körnchen Wahrheit darin. Wir sind mehr daran interessiert, sie zu verstehen, als von ihnen verstanden zu werden.
Wir lieben sie. Wir lassen Nähe zu, indem wir uns mitteilen und uns anhören, was sie mit uns teilen wollen. Wir riskieren die Verletzbarkeit der Liebe. Wir betrachten sie als einzigartige Wesen, aber auch als »Gleiche«, und wir würdigen beide Aspekte. Wir respektieren ihren Lebensweg, selbst wenn wir ihn nicht immer verstehen. Wir sind ihnen ein Freund. Wir sind empört, wenn sie schlecht behandelt werden, und bieten ihnen Unterstützung an, falls sie nötig ist. Wir sind loyal, ohne blind zu sein. Wir kritisieren sie, wenn nötig, ohne sie zu verurteilen. Wir lieben sie, und wir lassen sie dies wissen.
Wir sind mitfühlend. Die Demut, die mit dem Wissen einhergeht, dass wir nicht diejenigen sind, die alles unter Kontrolle haben und alles wissen, ist die Grundlage des Mitgefühls.

Wo hat das, was soeben gesagt wurde,
einen Bezug zu Ihrem eigenen Leben?

Egozentrik

Ich dachte immer, man müsse egozentrisch sein, um überleben zu können. Jetzt stelle ich fest, dass es mich umbringt.
Norma

Wenn wir egozentrisch sind, fixieren wir uns so auf uns selbst – und doch so wenig in Kontakt mit unserem Inneren –, dass es uns sehr schwer fällt, irgendjemanden oder irgendetwas wirklich an uns heranzulassen. Unsere Ichbezogenheit ist eine unsichtbare Wand, die uns sowohl von uns selbst als auch andere fern hält. Wir sind so mit dem Versuch beschäftigt, Menschen und Situationen zu unseren Gunsten zu manipulieren, dass wir noch nicht einmal in der Lage wären, zu sehen, was wir wirklich brauchen, wenn es uns direkt vor die Füße fiele.

Wir können Ichbezogenheit allerdings nicht kraft unseres Willens überwinden. Das funktioniert einfach nicht. Doch es gibt zwei erprobte Methoden, die Sache »in den Griff zu kriegen«. Die erste ist die, etwas für andere zu tun, das heißt zu dienen. Selbst wenn wir auch das anfangs nur für uns selbst tun, in der Hoffnung, dass wir uns besser fühlen werden und der Prozess irgendwann das Wunder bewirkt.

Die zweite Methode besteht darin, dass wir uns wieder jener Kraft zuwenden, die größer ist als wir, und unseren Willen und unser Leben in ihre Hände legen – und dann abwarten.

Egozentrik ist tödlich für uns und andere. Sie ist nicht das wert, was sie uns kostet.

Versuchen Sie heute einmal, auf irgendeine Weise zu dienen.
Tun Sie einfach eine Kleinigkeit für einen anderen Menschen.
Erzählen Sie es niemandem.

Zusammenarbeit

Die Tage der Dinosaurier sind vorbei.
Die Zukunft gehört den Brückenbauern, nicht den Zerstörern.
Mary McAleese

Rücksichtsloser Individualismus ist viel einfacher als Kooperation – das glauben wir zumindest. Niederreißen ist wesentlich simpler als aufbauen – so denken wir wenigstens. Leben wir nun etwa doch nicht in einer Zeit, in der die Methoden von gestern auch in die Vergangenheit verbannt werden?
Viele von uns überaktiven Menschen haben sich einer Ethik der individuellen, harten Arbeit verschrieben und glauben, dass sie dadurch ihre Ziele erreichen. Wir nicken zustimmend, wenn Teamarbeit und Kooperation gefordert werden, aber tief im Innern tragen wir immer noch das romantische Bild des allen Widrigkeiten trotzenden Einzelkämpfers mit uns herum.
Wir kennen viele Methoden, um allein etwas zu erreichen, doch was wissen wir über kooperative Mitarbeit an einem Projekt oder in einer lebendigen Gemeinschaft? Und sind wir, wenn wir partizipieren, wirklich in der Lage, bei uns selbst zu bleiben und zu kooperieren? Verschwenden wir unsere Zeit mit Machtspielen? Sind unsere Maßnahmen zur Kooperation in Wirklichkeit kalkulierte Schachzüge? Was wissen wir über das »Miteinander-Arbeiten«?

Schreiben Sie Ihre Qualitäten auf,
die Sie zur Kooperation befähigen.

Vorstellungskraft und Humor

Die Vorstellungskraft wurde uns mitgegeben,
damit wir kompensieren können, was wir nicht sind; der Sinn
für Humor wurde uns gegeben zum Trost für das, was wir sind.
Mack McGinsis

Wie wertvoll sind doch Vorstellungskraft und Humor! Was für eine geniale Idee, sie zu kombinieren!
Wir brauchen unsere Vorstellungskraft, damit wir zum Beispiel davon träumen können, was einmal aus uns werden soll. Unsere Vorstellungskraft ermöglicht es uns, die physischen Grenzen zu überwinden und uns an Orte und in Welten zu begeben, die wir sonst nie kennen gelernt hätten. Unsere inneren Bilder bereichern unsere Persönlichkeit und befreien unseren Geist sowie unsere Seele. Träume und Vorstellungen bringen Farbe, Struktur, Tiefe, Energie und etwas Magisches in diese Welt, die uns anderenfalls wahrscheinlich viel flacher und farbloser erschiene.
Humor hilft uns dabei, uns selbst und unser Dasein mit anderen Augen zu sehen. Er lässt uns erkennen, wie lächerlich wir uns oft verhalten, um die Dinge so hinzubiegen, wie wir sie gern hätten. Und er verringert unsere Neigung, durchs Leben zu trotten, wenn wir doch springen könnten. Humor fordert uns auf, das Ernste leichter zu nehmen. Er ist unser Mittel zur Einsicht – mit einer Garnierkirsche obendrauf. Humor ist das Salz der Weisheit in einem ansonsten ungewürzten Leben.
Vorstellungskraft und Humor ziehen uns aus dem Schlamm, damit wir sehen können, was dort oben bei den Sternen möglich ist.

Lassen Sie sich von Ihrer Vorstellungskraft
zu der Person emporheben, die Sie sein können, und sich
von ihrem Humor davon abhalten, allzu ernst zu nehmen,
was Sie sind. Üben Sie sich in beiden Qualitäten.

Die heilende Kraft der Erde

Eine Möglichkeit, in ein umfassenderes Bewusstsein und Sein einzutauchen, besteht darin, demütig mit einem indianischen Freund »im Schoß von Mutter Erde zu sitzen«, auf liebliche Natur und in die Ferne zu schauen und auf den guten Rat der Stille zu hören, die sanft zu jedem von uns in der grenzenlosen Sprache allen Lebens spricht.
J. Allen Boone

Die Ureinwohner in aller Welt sagen, ihre Mythen und Legenden enthielten die Botschaft, dass einst eine Zeit kommen werde, in der ihre Weisheit und ihr Wissen notwendig seien, um den Planeten zu retten. Diese Zeit ist jetzt gekommen. Sie erheben ihre Stimme und teilen ihre Weisheit mit uns wie nie zuvor.
Nicht jeder von uns hat Freunde unter den Ureinwohnern, an die er sich wenden kann, aber wir haben die Möglichkeit, in den Schoß unserer Mutter, der Erde, zurückzukehren und auf den Rat der Stille zu hören.
Mein Onkel, ein Sioux-Indianer, sagte einmal zu mir: »Wenn du in Not bist, kehre zu deiner Mutter, der Erde, zurück, drücke dein Gesicht an Ihren Busen, und sie wird dich heilen.« Ich habe festgestellt, dass es stimmt. Es hilft, sich einfach flach auf die Erde zu legen (ohne Unterlage). Das kann jeder von uns tun.

Wenn Sie verwirrt sind und das Gefühl haben, von Ihrem Weg abgekommen zu sein, dann legen Sie sich einfach auf Mutter Erde, drücken Sie Ihr Gesicht an ihren Busen und lauschen Sie der »grenzenlosen Sprache allen Lebens«.

Gleichgültigkeit

Die schlimmste Sünde gegenüber unseren Mitmenschen ist nicht der Hass, sondern Gleichgültigkeit: Das ist der Kern der Unmenschlichkeit.
George Bernard Shaw

Wie um alles in der Welt sind wir zu dem Schluss gelangt, dass wir uns gleichgültig verhalten müssten, um überleben zu können? Irgendwie haben wir die falsche Vorstellung entwickelt, dass es zu kraftraubend oder kompliziert wäre, unsere Umwelt wirklich wahrzunehmen und uns darauf einzulassen. So versuchen wir, »Zombies« ähnelnd durchs Leben zu schleichen, sorgsam hinter einem Schutzschild der Indifferenz verborgen.

Gleichgültigkeit ist unmenschlich gegenüber anderen. Aber das ist noch nicht einmal das Schlimmste. Sie wirkt sich auch absolut zerstörerisch auf uns selbst aus. Kein Wunder, dass wir das Gefühl haben, aus dem Gleichgewicht geraten zu sein – wir sind es! Wir können nicht in Balance sein, wenn wir nicht mitzufühlen vermögen. Wir fürchten uns sowohl vor unseren eigenen Gefühlen als auch vor denen anderer Menschen. Doch nur durch ebendiese Gefühle – unsere und ihre – können wir uns verbinden und wieder zur Ganzheit zurückkehren.

Es ist nicht so, dass wir nicht mit den Emotionen umgehen können, die in uns emporsteigen, wenn wir uns von der Gleichgültigkeit zur Verbundenheit hinbewegen. Wir müssen nur ein bisschen üben.

Nehmen Sie es wahr, wenn Sie sich zu Hause oder am Arbeitsplatz indifferent verhalten. Üben Sie sich darin, für jemand anderen da zu sein, indem Sie sich beispielsweise ehrenamtlich bei der Aidshilfe oder einer anderen sozialen Organisation engagieren. Oder lassen Sie Ihre Gefühle zu, wenn Sie im Fernsehen Nachrichten sehen.

Regen Sie sich nicht auf

Es gibt zwei Regeln für ein Leben in Harmonie. Erstens: Regen Sie sich nicht über Kleinigkeiten auf. Zweitens: Es gibt nur Kleinigkeiten.
Wayne Dyre

Dyre schrieb diese Worte an Richard Carlson, der sie als Titel für seinen erfolgreichsten Bestseller verwendete. Sie sagen bereits so viel, dass dem kaum noch etwas hinzuzufügen ist. Aber wir wollen uns trotzdem noch ein bisschen mit diesem Thema beschäftigen.
Zu lernen, sich nicht über jede Kleinigkeit aufzuregen, fällt vielen von uns recht schwer. Die Eier sind nicht hart genug, der Kaffee ist lauwarm, das Kleid sitzt nicht perfekt. Einige Menschen sind ihr Leben lang hauptsächlich damit beschäftigt, die Kleinigkeiten in allen Details dermaßen zu perfektionieren, dass sie nie eine Ahnung vom Gesamtbild bekommen. Manche lenken sich so sehr mit Einzelheiten vom Wesentlichen ab und überbewerten jede Petitesse, dass es ihnen gar nicht möglich ist, in Harmonie zu leben.
»Es gibt nur Kleinigkeiten«: Das ist schon ein härterer Brocken. Sicher, manche Angelegenheiten sind keine Kleinigkeiten. Einige unserer Probleme, Konflikte und Sorgen sind weltbewegend oder erscheinen uns zumindest so. Was ist beispielsweise mit der Umwelt, unseren Kindern, unserer Rente? Sind das keine wichtigen Themen? Doch. Aber müssen wir darüber »ins Schwitzen« kommen? Ändert sich etwas nur dadurch, dass wir uns darüber aufregen?
Hier scheint das »Gelassenheitsgebet« angebracht zu sein: »Gott, gib mir die Gelassenheit, die Dinge hinzunehmen, die ich nicht ändern kann; den Mut, die Dinge zu ändern, die ich ändern kann; und die Weisheit, das eine vom anderen zu unterscheiden.«

Es ist hilfreich, jeden Tag mit dem »Gelassenheitsgebet« zu beginnen. Sprechen Sie es mehr als einmal täglich, falls nötig.

Kontext, Teilnahme, Fürsorge und Verantwortung

Verlasse jeden Ort in einem besseren Zustand, als du ihn vorgefunden hast.
Virgil Willey

Diesen Spruch hörte ich im Laufe meiner Kindheit und Jugendzeit oft von meinem Vater. Jetzt erkenne ich, dass er einen großen Einfluss auf mich ausübte.
Mit diesen Worten lehrte mein Vater mich etwas über den Zusammenhang der Welt, Teilnahme, Fürsorge und Verantwortung; und das kam mir in meinem Leben zugute.
Wir leben in einem Kontext: Wenn wir wissen, dass wir Teil eines Ganzen sind, das viel größer ist als wir, tritt unsere Selbstbezogenheit in den Hintergrund. Wir benutzen oder missbrauchen Menschen, Orte und Gegenstände nicht, denn sie sind Teil unserer Welt und mit uns verbunden. Wenn wir in meiner Kindheit Urlaub auf einem Campingplatz machten, sammelten wir auch Abfälle von anderen Leuten ein und verließen den Ort in einem besseren Zustand, als wir ihn angetroffen hatten.
Ich bin verantwortlich für das, was ich tue, und auch das, was ich lasse. Niemand anders. Sich über die zu beklagen, die ihre Abfälle liegen ließen, hätte nichts genutzt. Das Einzige, was half, war, ihn aufzuheben. Ich fühlte mich gut mit dem, was ich tat, und lernte, mich nicht auf das zu konzentrieren, was die anderen taten.

Prüfen Sie im Laufe des Tages, was Kontext, Teilnahme, Fürsorge und Verantwortung für Sie bedeuten, und überlegen Sie, auf welche Weise diese vier Qualitäten Ihr Leben bereichern können.

Einsamkeit durch Rückzug

Die grausamste Form der Einsamkeit ist die, die wir neben einem Menschen empfinden, der aufgehört hat, zu kommunizieren.
Germaine Greer

Viele Menschen haben diese beunruhigende Erfahrung schon von beiden Seiten erlebt. Wenn sich jemand, den wir gut kennen und lieben, völlig in sich selbst zurückgezogen hat, fühlen wir uns wie in einer kalten, dunklen, feuchten Höhle, in die nirgendwoher Wärme oder Zuspruch vordringt. Wir erleben einen Zustand »sensorischer Deprivation«: den Entzug von abwechslungsreichen Umgebungsreizen. In diesem Zustand fällt unser Selbstwertgefühl auf einen Tiefststand, und wir sind dankbar, wenn uns wenigstens der Metzger oder irgendjemand, den wir auf der Straße treffen, so grüßt, als ob er uns mögen würde.

Wenn wir selbst uns so stark zurückziehen, wirkt sich das katastrophal auf die Menschen in unserer Umgebung aus. Als meine Tochter zwei Jahre alt war, kam ich von einem Arztbesuch mit einem unklaren Krebs-Testergebnis nach Hause. Ich hatte Angst und zog mich völlig in mich selbst zurück. Ich befand mich in einem solchen Schockzustand, dass ich gar nicht darüber nachdachte, welche Auswirkungen mein Rückzug auf sie haben würde. Aber sie hämmerte erbarmungslos auf die Mauer ein, die ich um mich errichtet hatte, bis ich gezwungen war, sie hereinzulassen.

Wenn sich jemand von Ihnen zurückzieht und Sie nicht mehr an sich heranlässt, sollten Sie auf jeden Fall Zeit mit anderen Menschen verbringen, von denen Sie sich geliebt fühlen und die Ihnen zuhören. Vergessen Sie auch nicht, dass Sie sich selbst haben.

Wenn Sie sich zurückziehen, sollten Sie sich der negativen Wirkung, die das auf andere hat, bewusst sein. Zwingen Sie sich dazu, mit den Menschen zu sprechen, die Sie lieben.

Sein Licht unter den Scheffel stellen

Sie stellte sich dümmer, als sie war, weil sie fürchtete, unfähiger zu sein, als sie sich wünschen konnte.
Elizabeth Bowen

Wie oft bremsen wir uns, bevor wir noch richtig begonnen haben, weil wir uns vor der Entdeckung unserer eventuellen Unfähigkeit fürchten. Wir haben so viel Angst davor, nicht die richtigen Fähigkeiten oder genügend Wissen zu besitzen (und dass andere, Gott behüte, es bemerken könnten), dass wir viel Zeit damit verschwenden, uns unfähiger erscheinen zu lassen, als wir sind. Was ist, wenn wir versagen?

Unfähig zu erscheinen, ist außerdem eine Art Sicherheitsnetz. Wenn wir beweisen, dass wir fähiger sind, als wir selbst oder die anderen dachten, könnte es ja sein, dass sie noch mehr von uns erwarten – und dann hätten wir wirklich ein Problem! Nicht auszudenken, wer alles hinter uns her wäre, wenn die anderen wüssten, wie gut wir sind. Außerdem verschaffen uns unsere verborgenen Qualitäten einen Vorsprung vor den anderen, oder nicht?

Was spielen wir nur für tödliche Spiele mit uns selbst! Wir meiden das Risiko, einen Fehler zu machen, obwohl Fehler eine unserer wichtigsten Lernmöglichkeiten sind. Wir unterdrücken unser Potenzial und wundern uns dann, wenn wir uns machtlos fühlen. Wir lassen andere darüber bestimmen, was wir wissen oder nicht wissen, und grollen ihnen dann dafür, dass sie Macht über uns haben. Kein Wunder, dass wir uns unausgeglichen fühlen!

Hören Sie auf, solche Spiele mit sich selbst und anderen zu spielen. Zeigen Sie sich und den Menschen in Ihrer Umgebung offen, wie gut Sie sind. Stellen Sie Ihr Licht nicht länger unter den Scheffel. Sie machen ein paar Fehler – na und? Nutzen Sie sie als Sprungbretter für weiteres Lernen.

Dankbarkeit

Manchmal müssen wir uns daran erinnern,
dass Dankbarkeit in der Tat eine Tugend ist.
William J. Bennett

Ich machte kürzlich eine Erfahrung, die dazu führte, dass ich Dankbarkeit aus einem völlig neuen Blickwinkel sah. Ich war ein paar Monate lang herumgereist und hatte gearbeitet. Ich hatte zwar gut für mich selbst gesorgt, fühlte mich aber trotzdem erschöpft und ein bisschen unausgeglichen. Mein Sohn fühlte sich auch ausgebrannt, und so schlug ich ihm vor, ein paar Tage mit mir in einem Kurzentrum zu verbringen. Es war genau das, was wir brauchten. In diesem Badeort wurden meine Füße immer wieder massiert und gerubbelt.

Ich muss dazu sagen, dass meine Füße in letzter Zeit nicht sehr glücklich gewesen waren. Im Kurzentrum stellte ich plötzlich fest, dass die Schmerzen in meinen Füßen verschwunden waren. Wie gut sich das anfühlte!

Plötzlich wurde mir bewusst, wie viel Dankbarkeit die Befreiung vom Schmerz in mir auslöste. Ich begann dann im Geiste noch andere »Abwesenheiten« abzuhaken, für die ich dankbar war – das Fehlen bestimmter, sehr schwieriger Menschen, die Abwesenheit von Groll gegenüber jenen, die mir »Unrecht« getan hatten, das Ausbleiben von Verlustgefühlen angesichts von Beziehungen und materiellen Gütern, die schon lange aus meinem Leben verschwunden waren – und so weiter, und so fort. Wir haben so viele Möglichkeiten, dankbar zu sein. Ich konnte sehen, wie weit ich gekommen war.

Schreiben Sie einmal alle »Abwesenheiten« auf, für die Sie dankbar sind. Schauen Sie, wie viel Sie getan haben und wie weit Sie gekommen sind. Vervollständigen Sie die Liste regelmäßig.

Hausarbeit

Ich glaube, die Hausarbeit ist der Grund dafür,
dass viele Frauen ins Büro gehen.
Heloise

O Hausarbeit! Wie könnte ein Buch über inneres Gleichgewicht vollständig sein, ohne dass wir einen Blick auf die Hausarbeit werfen? Wenn ich höre, dass der Tod und die Steuern die einzigen unvermeidbaren Dinge im Leben sind, fällt mir sofort auch noch die Hausarbeit ein. Wie wir unser Heim auch gestaltet haben, wie intensiv und wichtig unsere Berufstätigkeit auch ist, welche Vorkehrungen wir auch getroffen haben, um die Hausarbeit zu umgehen – sie ist da und konfrontiert uns still und beharrlich mit ihrem vorwurfsvollen Blick.

Quentin Crisp sagte einmal etwas Ähnliches wie: »Nach ein paar Jahren wird der Schmutz nicht mehr intensiver, vergessen wir ihn also.« Ich habe das ausprobiert und entdeckt, dass er in der Tat intensiver wird. Staub vermehrt sich explosionsartig – ist das zu glauben? Der Staub ist vielleicht das Einzige in unserem Leben, das nachweisbar grenzenlos ist: Wir suchen nach Grenzenlosigkeit in der Liebe, beim Geld, bei Macht und Prestige – und wir finden sie im Staub. Was für ein Hohn!

Vielleicht sind wir selbst das Hauptproblem bei der Hausarbeit. Lachen Sie doch einfach über Ihren Kampf damit. Vielleicht können Sie sie dann Schritt für Schritt in Angriff nehmen und sich dabei sogar wohl fühlen.

Betrachten Sie Staubwischen und -saugen von jetzt an
als Bewegungsmeditation, und schauen Sie,
ob sich irgendetwas verändert.

Unabhängigkeit

Wir können nicht an einem Seil hochklettern,
das nur an unserem eigenen Gürtel befestigt ist.
William Ernest Hocking

Wir nehmen uns nur selten Zeit, die Weisheiten zu überprüfen, die unser tägliches Leben begleiten oder einschränken.
Nehmen wir beispielsweise die Unabhängigkeit. Sie ist von jeher ein wichtiger Teil vor allem der amerikanischen Kultur, ein Ideal, das unser gesamtes Denken und Fühlen durchdringt. Doch nicht nur für Amerikaner ist die Sache mit der Unabhängigkeit auch ein Problem. Die Bedeutung des Wortes wurde so verfälscht, dass viele Menschen glauben, sie müssten alles allein tun und würden das Gesicht verlieren, wenn sie um Hilfe bäten. In unserem Kulturkreis sind die Leute Helden, die nie irgendjemanden brauchen (und selbst wenn sie Hilfe akzeptieren, benötigen sie sie nicht wirklich).
Vielleicht würden die meisten von uns an dieser Stelle ausrufen: »Das ist zu extrem für mich. Auf mich trifft das nicht zu.«
Wirklich nicht? Schauen Sie noch einmal genauer hin: Fühlen wir uns insgeheim als Versager, wenn wir nicht alles allein schaffen? Treiben wir uns über die Grenzen unseres Wissens und Könnens hinaus an? Haben wir »aufgegeben«, weil wir unbewusst an einem Unabhängigkeitsideal festhalten, aber einfach nicht in der Lage sind, alles allein zu schaffen? Sind wir so autark, dass wir nicht mehr mit anderen zusammenarbeiten können?
Ein ausgewogenes Leben setzt voraus, dass wir Verantwortung übernehmen und unsere Begabungen nutzen, aber es erinnert uns auch immer wieder daran, dass ein Seil, welches viele Hände fassen, sicherer ist als eines, das nur von einer Hand gehalten wird.

Überprüfen Sie Ihre Glaubenssätze, Illusionen
und Weisheiten zur »Unabhängigkeit«.

Unsere Erziehung

Der Grund für den Erfolg des Buchs »Ayla und der Clan des Bären« ist darin zu suchen, dass es um ein Cromagnonkind geht, das von einer Neandertalerfamilie aufgezogen wird – eine Situation [als Außenseiter], wie die meisten von uns sie vergleichbar erlebt haben.
Lawrence Block

Die moderne Psychologie erklärt uns, dass die Erziehung durch unsere Eltern unauslöschliche Narben in unserer Seele hinterlassen kann. Das ist eine Theorie, die es uns in vielen Fällen ermöglicht, uns »aus der Affäre zu ziehen«.
Betrachten wir uns die Sache aber einmal aus einer anderen Perspektive und schauen wir, wie weit wir damit kommen. Was wäre, wenn wir unsere Illusionen über die perfekte Familie aufgäben und stattdessen die Familie, in die wir hineingeboren wurden, als eine Art »Rohmaterial« betrachteten, das uns gegeben wurde, damit wir unsere Lektionen lernen können? Nicht alles Rohmaterial sieht auf den ersten Blick gut aus, aber das Geheimnis liegt nicht im Material verborgen, sondern in dem, was wir daraus machen.
Unsere Familien und unsere Kindheit sind unsere Realitäten. Aus dieser Perspektive betrachtet, ist es möglich, unsere Erfahrungen weder als gut noch als schlecht anzusehen; sie sind einfach gegeben. Was wir aus ihnen machen, bestimmt, was sie letztendlich für uns sind. Wir haben die Chance, ein paar Edelsteine der Einsicht aus den Situationen und Ereignissen zu schürfen, die einst sehr schmerzhaft oder sehr beglückend waren. Entscheiden wir uns aber dafür, nur in vergangenen Verletzungen verhaftet zu bleiben, dann nehmen wir sie mit ins Grab. Die Transformation liegt in unserer Hand.

Gibt es Erlebnisse aus Ihrer Kindheit, die Sie als Krücken benutzen, um zu vermeiden, mit dem Leben zu gehen? Überprüfen Sie das.

Staunen

In den Augen eines Kindes gibt es keine sieben Weltwunder; es gibt sieben Millionen.
Walt Streightiff

Verlieren Sie niemals die Fähigkeit zum Staunen. Für das innere Gleichgewicht ist das Staunen eine der stärksten Qualitäten, die wir haben.
Vor ein paar Jahren durchlebte ich eine Phase, in der ich mich völlig durcheinander fühlte. Eigentlich war nichts wirklich in Unordnung, aber es war auch nichts wirklich in Ordnung. Ich fühlte mich unausgeglichen – widersprüchlich und unbehaglich. Zunächst versuchte ich, mich aus diesem Zustand hinauszudenken. Ich legte Listen an, auf denen ich die guten und die schlechten, die richtigen und die falschen Dinge nebeneinander stellte, ich machte Aktionspläne und quetschte sogar noch ein paar Affirmationen hinein. Nichts funktionierte. Ich vertraute darauf, dass dieser Zustand nicht für immer anhalten würde; denn er gefiel mir überhaupt nicht. In typisch menschlicher Manier meinte ich, etwas dagegen tun zu müssen. Ich war bereit, mich dieser Herausforderung zu stellen, aber ich hatte keine Ahnung, was eventuell helfen könnte.
Verzweifelt trat ich eines Abends in den Garten hinaus und blickte nach oben. Die Sterne standen am Himmel, und ich sah ein paar Sternschnuppen. Ohne dass ich es bewusst forciert hätte, stellte das Staunen über dieses Wunder mein inneres Gleichgewicht wieder her, und ich ging von Frieden erfüllt ins Haus zurück.
Manchmal können wir unser Leben nicht ins Gleichgewicht bringen. Wir müssen ihm erlauben, zum Gleichgewicht zurückzukehren.

Im »Zulassen« unseres Lebensflusses liegt eines der Wunder dieser Welt. Versuchen Sie, das Staunen »zuzulassen«.

Kinder und Lernen

Ein Kind wird zum Erwachsenen, wenn es erkennt, dass es nicht nur das Recht hat, Recht zu haben, sondern auch, Unrecht zu haben.
Thomas Szasz

Das wichtigste Recht, das ein Kind hat, ist das Recht, Kind zu sein. Ein Kind ist kein »unreifer« oder »unvollständiger Erwachsener«. Ein Kind ist ein Kind.

Einer der aufregendsten Aspekte an der Kindheit ist der, dass es sich um eine Zeitspanne handelt, in der schnelles Lernen nicht nur möglich ist, sondern sogar von der Gesellschaft erwartet und unterstützt wird. Es ist wahrscheinlich nicht so, dass Kinder mehr oder schneller lernen können als Erwachsene. Wir haben uns nur darauf geeinigt, dass die Kindheit eine Lebensphase ist, in der Lernen wünschenswert ist.

Wir alle können unser ganzes Leben lang so viel und so schnell lernen wie Kinder. Ich glaube sogar, dass Kinder im Gegensatz zur landläufigen Meinung oft rigider sind als Erwachsene und deshalb manchmal mehr Schwierigkeiten beim Lernen haben. Würden wir allerdings unsere Kinder nicht in die Rolle von kleinen Erwachsenen drängen, wäre ihre Neigung, rigide zu reagieren, wahrscheinlich geringer.

Doch auch wenn wir uns selbst das Recht zugestehen, sowohl Recht als auch Unrecht zu haben, sind wir weder Kinder noch Erwachsene – wir sind »einfach Menschen«.

Gehen Sie davon aus, dass Sie wie ein Kind fähig sind, große »Lernhappen« zu schlucken. Fangen Sie damit an, etwas zu lernen, was Sie schon immer lernen wollten.

Einsamkeit

Einsamkeit bedeutet oft, dass wir uns selbst vermissen.
Anne

Einsamkeit ist einer der gefürchtetsten Zustände in unserer Gesellschaft. Vielleicht ist diese Angst entstanden, weil so viele von uns eine vage Ahnung von einem anschwellenden Fluss der Einsamkeit tief im Innern haben. Ein Großteil unserer Aktivitäten und Geschäftigkeit dient dazu, zu verhindern, dass dieser Fluss über die Ufer tritt.

Einsamkeit hat einen schlechten Ruf bekommen, aber vielleicht ist sie einer der Kanäle, über die unser inneres Wesen mit uns kommuniziert und uns wissen lässt, dass wir uns die Zeit nehmen müssen, um wieder mit uns selbst in Kontakt zu kommen. Könnte es sein, dass die Leere, die wir in unserem Solarplexus spüren (und so angestrengt zu meiden suchen), eine freundliche Erinnerung daran ist, dass irgendetwas (oder irgendjemand!) vermisst wird? – Wir selbst sind es!

Wie sehr wir uns auch bemühen, wir können dieses Vakuum niemals mit etwas füllen, das außerhalb unserer selbst existiert – mit keiner Person, Aktivität oder Sache. Wir können uns bei dem Versuch, dieses Loch zu stopfen, aufreiben, aber dieser Weg kann uns immer nur für kurze Zeit Erleichterung verschaffen. Irgendwann müssen wir letztendlich zu uns selbst zurückkehren. Wir selbst sind schließlich der Grund für unser Hiersein.

Wenn wir uns einsam fühlen, so ist das gewöhnlich ein Signal, welches uns darauf hinweist, dass wir einige Zeit mit uns selbst verbringen sollten. Das nächste Mal, wenn Sie dieses Signal wahrnehmen, sollten Sie versuchen, eine Weile allein zu sein.

Gebet

Es spielt keine Rolle, um welche Dinge du betest –
es ist immer besser, für Menschen zu beten.
Susan

Haben Sie in der letzten Zeit einmal versucht zu beten? – In vielen Kreisen ist das Beten ein bisschen aus der Mode gekommen, und man tut es nur in extremen Situationen, bei denen es um Leben und Tod geht.

In anderen Kreisen ist das Gebet zu einem bedeutungslosen Hokuspokus sinnloser Rituale verkommen – mit einer Menge Worte und wenig Herz.

Manche Leute sagen, die einfachsten Gebete – beispielsweise solche, die aus einem einzigen Wort wie »Hilfe!« bestehen – seien die besten. Andere glauben, wir müssten erst beigebracht bekommen, wie man betet, und bestimmte Rituale funktionierten am besten. Wieder andere sind von alldem so abgeschreckt, dass sie mit dem Beten nicht das Geringste zu tun haben wollen.

Meine Erfahrung ist die, dass niemand weiß, wie man »richtig« betet. Es gibt so viele Arten zu beten, wie es lebende Wesen auf diesem Planeten gibt. Manche sagen, wir können unser Leben wie ein Gebet leben, sodass jede Handlung über uns selbst hinausreicht, in jenes unendliche Mysterium, das so viel größer ist als wir.

Ich weiß aber, dass eines der wirkungsvollsten Gebete dasjenige ist, das wir für jemanden sprechen, der uns Unrecht getan hat. Wenn wir das ohne Scheinheiligkeit, voller Aufrichtigkeit und Mitgefühl tun können, vermögen wir die Lektionen, die uns diese Erfahrung lehren will, wahrhaftig zu verinnerlichen und unser Leben wieder ins Gleichgewicht zu bringen.

Versuchen Sie, für jemanden zu beten, der Ihnen Unrecht getan hat. Aufrichtig!

Freundschaft

Niemand ist dein Freund, der dein Schweigen fordert
oder dir das Recht zu wachsen verweigert.
Alice Walker

Freundschaft ist so kostbar – und so notwendig. Wir brauchen Freunde, die uns als Spiegel dienen, damit wir uns selbst sehen können. Ein wirklicher Freund sieht unsere Fehler deutlich, teilt sie uns mit und liebt uns mit all unseren Schwächen.

Wenn wir innerlich unsicher sind und uns weigern, uns zu verändern und zu wachsen, suchen wir uns womöglich solche Freunde und Freundinnen aus, die uns in unserer Stagnation unterstützen, stets unsere Meinung teilen und unser Schweigen fordern. Falls wir beobachten sollten, dass unsere Freunde sich so verhalten, müssen wir uns jedoch daran erinnern, dass wir sie gewählt haben: Durch die Freunde, mit denen wir uns umgeben, zeigen wir viel von unserer eigenen Persönlichkeit.

Unsere wirklichen Freunde hingegen stimmen uns vielleicht nicht immer zu, aber sie erwarten auch nie, dass wir schweigen, wenn wir etwas anders sehen als sie. Gute Freunde akzeptieren unser Recht zu wachsen und freuen sich über unseren Fortschritt, selbst wenn das bedeutet, dass wir ihnen »entwachsen«. Wir wiederum sind für einen anderen Menschen ein guter Freund bzw. eine gute Freundin, wenn wir uns ihm gegenüber ebenso verhalten.

Freundschaft ist kein Instrument zur Kontrolle, sondern eine Bühne für die Freiheit. Freundschaft ist ein in alle Richtungen offenes System für diejenigen, die wirklich daran teilhaben.

Schauen Sie, wen Sie zum Freund oder zur Freundin wählen
und was für ein Freund bzw. eine Freundin Sie selbst sind.

Umwelt und Gesundheit

Die Indianer ... wissen besser, wie man gut lebt ...
Niemand kann bei guter Gesundheit sein, wenn er nicht stets
frische Luft, Sonnenschein und gutes Wasser hat.
Häuptling Flying Hawk

Es gab eine Zeit in der Geschichte unseres Landes und der ganzen Welt, in der frische Luft, Sonnenschein und sauberes Wasser Selbstverständlichkeiten waren. Diese natürlichen Gegebenheiten wurden als Geburtsrecht eines jeden Menschen betrachtet. Doch diese Zeiten sind vorbei. Wir haben uns so an die Verschmutzung unserer Nahrung, unserer Luft und unseres Wassers gewöhnt, dass wir Verunreinigung als unsere Realität hinnehmen. Dieses passive Dulden gesundheitsschädlicher Elemente muss aber nicht fortdauern. Es ist Sache jedes Einzelnen, sich zutiefst darüber klar zu werden, dass wir nicht so leben müssen. Wir werden das Gleichgewicht zwischen frischer Luft, Sonnenschein und sauberem Wasser nicht wieder herstellen können, solange nicht jedem von uns bewusst ist, dass diese Dinge unser Geburtsrecht sind und dass wir sie verdient haben. Nur wenn eine gesunde Umwelt für uns höchste Priorität hat, wird sich die Lage ändern. Nur wenn uns die Zukunft unserer Kinder und die Zukunft der nachfolgenden Generationen am Herzen liegt, werden wir uns selbst als Teil eines größeren Ganzen empfinden.

Schauen Sie sich in Ihrem Zuhause um
und entdecken Sie mindestens drei Möglichkeiten,
Ihren Lebensraum gesünder zu gestalten (mehr Grünpflanzen,
weniger giftige Haushaltsreiniger, gesünderes Essen,
saubereres Wasser und mehr unterstützende Freundschaften).
Tun Sie dann etwas, um die Situation zu verbessern.

In die Tiefe gehen

Wenn du eine Sache ganz und gar verstehst, verstehst du alles.
Shunryu Suzuki

Es gibt einfach zu viel – zu viel zu lernen, zu viel zu sehen, zu viel zu tun, zu viele Informationen, zu viele Technologien, zu viele Techniken, zu viele Möglichkeiten, sich zu vergnügen, zu viele Gelegenheiten, Schmerzen zu erleiden. – Wie kann man von uns erwarten, all das aufzunehmen und zu verarbeiten?
Vielleicht müssen wir aber auch gar nicht alles aufnehmen oder verarbeiten. Was für eine Erleichterung ist es zu wissen, dass wir immer tiefer in jedes Gebiet unserer Wahl eintauchen und durch dieses Forschen zu einem Verstehen des Gesamten gelangen können! Da die Schöpfung ein Kontinuum ist und die Einheit aller Schöpfung eine Realität, kann man sich unsere Welt wie ein Hologramm vorstellen: In jedem Teil steckt das Ganze. Indem wir eine Sache in ihrer Tiefe erforschen, erlangen wir Weisheit auch über andere Dinge.
Unsere Aufgabe besteht also darin, zu schauen, was uns anspricht, was unsere Vorstellungskraft anregt, was uns stimuliert und uns lockt, immer tiefer darin einzutauchen. Wenn wir diesem Ruf folgen, finden wir unser inneres Gleichgewicht.

Tauchen Sie immer tiefer in ein Gebiet ein, das Sie fasziniert.
Holen Sie Informationen ans Licht, die Ihnen helfen,
das Thema besser zu verstehen.

Unseren Horizont erweitern

Que será será. – Was sein wird, wird sein.
Mexikanisches Sprichwort

»Que será será« war früher eines meiner Lieblingslieder. Die gute alte Doris Day! Mit diesem Lied wurde der Spruch »Que será será« vollkommen in unsere Kultur integriert, obwohl die meisten von uns in diesem zarten Alter gar nicht wussten, dass sie damit Spanisch sprachen. Es war ein gutes Lied, daran besteht kein Zweifel – und es war sogar noch mehr als das. Ich glaube, es wurde zu einem Gemeinplatz, weil die Weisheit der schlichten Worte »Was sein wird, wird sein« in uns allen eine Saite zum Schwingen brachte.

In unserer Welt gibt es so viele Kulturen, so viele Wege zur Weisheit, so viele verschiedene Möglichkeiten, die Wahrheit zu vermitteln, dass es mir unausgewogen erscheint, sich den unzähligen Weisheiten, von denen wir überall umgeben sind, nicht zu öffnen.

Wenn wir nur Bücher aus unserem eigenen kulturellen oder religiösen Umfeld lesen, berauben wir uns der Möglichkeit, den Reichtum der Vielfalt zu erfahren. Wovor haben wir Angst? Meinen wir vielleicht, unser Glaube und unsere Weisheit können anderen Glaubensrichtungen nicht standhalten? Sind wir der Illusion aufgesessen, dass unsere Wahrheit die einzig wirkliche ist?

Wir brauchen auch andere Wahrheiten und Weisheiten, um unser Leben ins Gleichgewicht zu bringen.

Besorgen Sie sich ein Buch aus einem anderen Kulturkreis oder einer anderen Glaubensrichtung – eines, das Ihren Horizont erweitert. Schaffen Sie sich Gelegenheiten, andere Kulturen nicht nur über ihr kulinarisches Angebot kennen zu lernen.

Laster

Ich habe die Erfahrung gemacht, dass Leute ohne Laster auch sehr wenige Tugenden haben.
Abraham Lincoln

Welche Erleichterung! »Laster sind schlecht, Tugenden sind gut«, das kennt jeder. Doch was ist, wenn man Laster und Tugenden auch noch aus einer anderen Perspektive sehen kann? Gefällt es Ihnen nicht auch, wenn Sie etwas, das schon seit ewigen Zeiten festzustehen scheint, einmal mit anderen Augen betrachten können?
Was wäre, wenn unsere inneren Filtermechanismen nicht so differenziert wären, wie wir es gern hätten? Wir wissen, dass dies auf unsere Gefühle zutrifft. Es scheint, dass wir nicht in der Lage sind, die »schlechten« Gefühle (Wut, Ekel, Lust, Depression und Geiz) einfach herauszufiltern und die »guten« (Liebe, Freude, Glücklichsein und Fürsorglichkeit) durchzulassen. Wenn wir anfangen, Gefühle zu »filtern«, betrifft dies alle Gefühle, nicht nur bestimmte.
Vielleicht verhält es sich mit den Lastern und den Tugenden ähnlich. Wenn wir versuchen, unsere Laster zu verbergen oder zu kontrollieren, verbergen und kontrollieren wir gleichzeitig unsere Tugenden.
Martin Luther sagte: »Sündige tapfer, aber glaube tapferer.« Vielleicht entwickeln wir gerade durch die Auseinandersetzung mit unseren Lastern die Demut, tugendhaft zu sein.

Schreiben Sie die Laster auf, die zuzugeben Ihnen am schwersten fallen. Notieren Sie dann einige Ihrer größten Tugenden. Was können Sie durch diese Listen lernen? Sind Sie bereit, einige Laster aufzugeben und einige Tugenden zuzugeben?

Verantwortung

Es liegt eine ruhige, gelassene Zuversicht in dem Wissen, dass nicht alles mit unseren eigenen Erfolgen oder der Richtigkeit jeder unserer Entscheidungen steht und fällt.
Joseph A. Sittler

Eine der Belastungen, die wir überbeschäftigten Menschen uns aufbürden, ist das Gefühl, für alles verantwortlich zu sein. Tatsächlich ist einer unserer beliebtesten Dualismen – zwischen dessen beiden Polen wir einen schmerzhaften Eiertanz vollführen – der Widerspruch zwischen unserem Gefühl, für alles verantwortlich zu sein, das Gewicht der ganzen Welt auf unseren Schultern zu tragen, und unserem Wunsch, alles hinzuschmeißen, in die Wälder zu flüchten und den Rest unserer Tage in einer Höhle zu verbringen. Wie bei den meisten Polarisationen klingt weder das eine noch das andere Extrem allzu verlockend. Dieser Widerspruch wippt auf dem Drehpunkt der Selbstbezogenheit hin und her. Wenn wir erkennen, dass wir verantwortlich sind für das, was wir tun, dass wir für unsere Gedanken, Handlungen und unser Verhalten einstehen müssen, und gleichzeitig begreifen, dass wir nicht alles kontrollieren und steuern, können wir uns ein wenig entspannen. Wir sollten unser Bestes tun und dann »loslassen«.

Sind Sie auf egozentrische Weise zu hart gegen sich selbst? Oder können Sie Ihr Bestes tun und dann loslassen? Versuchen Sie es mit dem »Gelassenheitsgebet«, dem wir schon am 6. August begegneten: »Gott, gib mir die Gelassenheit, die Dinge hinzunehmen, die ich nicht ändern kann; den Mut, die Dinge zu ändern, die ich ändern kann; und die Weisheit, das eine vom anderen zu unterscheiden.«

24. August

Handeln

Etwas in die Tat umsetzen kann man nur, wenn man handelt.
Maricarda

Wer chronisch zu viel tut, neigt in der Regel dazu, sich selbst als Menschen der Tat zu betrachten. Das ist vielleicht eine unserer Lieblingsillusionen. Doch könnte es nicht vielmehr so sein, dass wir Aktivität mit Handeln verwechselt haben? Nur weil wir in Bewegung sind, heißt das nicht unbedingt, dass wir etwas schaffen. Zögern und Zaudern, Verwirrung, Hektik und Vermeidungsstrategien können mit einer Menge Aktivität einhergehen, obwohl letztendlich nichts dabei herauskommt.
Ein Ergebnis sehen wir nur, wenn wir tatsächlich etwas tun. Ich kann stundenlang darüber nachdenken, was ich zum Abendessen zubereiten werde. Ich kann großartige Menüs zusammenstellen. Ich kann Rezepte studieren und vielleicht auch noch den Tisch decken. All diese Aktivitäten können eine Menge Energie kosten, und doch ist das Abendessen nicht gekocht. Bill Gates hätte noch so viele großartige Ideen haben können, wenn er sie nicht umgesetzt hätte, wäre er nie ein so reicher Mann geworden.
Viel beschäftigte Leute könnten bei ihrer hektischen Rennerei glatt über das eigentliche Handeln (bzw. Entscheiden) hinwegstolpern. Es ist großartig zu planen, sich etwas auszudenken und Ideen zu verfolgen, und doch führt letztlich nur das konzentrierte Handeln zu Resultaten.

Welche konkreten Schritte müssen Sie unternehmen, um etwas in die Tat umzusetzen, das Sie sich seit langer Zeit wünschen?

Ein neuer Tag

Heute ist ein neuer Tag. Sie werden von ihm genau das bekommen, was Sie hineingeben. Wenn Sie Fehler gemacht haben, vielleicht sogar schwere Fehler, bekommen Sie doch immer wieder eine neue Chance. Und wenn Sie sich bemüht haben und immer wieder gescheitert sind, können Sie in jedem Augenblick, wenn Sie wollen, neu beginnen, denn das, was wir »Versagen« nennen, ist nicht das Hinfallen, sondern das Liegenbleiben.

Mary Pickford

Wie aufregend ist es doch, jeden Tag als ein Füllhorn neuer Gelegenheiten zu betrachten, die er ja auch wirklich bietet. Es ist diese Frische, die uns beim Gedanken an einen neuen Tag ermutigt, den Staub von unseren Sandalen zu schütteln und dem Leben eine neue Chance zu geben.

Wir können jeden Tag von neuem beginnen. Jeder Sonnenaufgang gibt uns die Möglichkeit, es mit neuen Ideen, neuen Ansätzen und neuen Verhaltensweisen zu probieren.

Das bedeutet nicht, dass wir die Vergangenheit ignorieren oder so tun, als müssten wir uns nicht damit auseinander setzen. Doch wenn wir jeden Morgen den neuen Tag als neue Gelegenheit betrachten, winkt uns das Leben.

Heißen Sie jeden Tag als das Geschenk neuer Möglichkeiten willkommen und schauen Sie, was geschieht.

Chaos

Bevor irgendetwas in eine Ordnung zurückgeführt wird, wird es normalerweise zunächst in einen Zustand der Unordnung versetzt, das heißt praktisch ins Chaos gestürzt. Auf diese Weise werden Dinge, die schlecht zusammenpassen, voneinander getrennt, und wenn sie dann getrennt sind, fügt Gott sie in einer neuen Ordnung zusammen.
Fmanuel Swedenborg

Swedenborg war einer der ersten »Chaosforscher«!
Wenn wir uns wirklich Ausgewogenheit in unserem Leben wünschen, müssen wir in der Lage sein, das Chaos zu akzeptieren, zu tolerieren und sogar willkommen zu heißen. Nur zu oft versuchen wir, Dinge zusammenzufügen, die schlecht zusammenpassen. Es ist beispielsweise nicht gut, zwei Hölzer miteinander zu verleimen, die in unterschiedlichem Tempo und auf unterschiedliche Weise trocknen. Und nur zu oft möchten wir gern glauben, dass Liebe genügt, um zwei Menschen zusammenzuhalten, die in ganz verschiedene Richtungen unterwegs sind. Manchmal versuchen wir aus Eigensinn und Sturheit an einem Job festzuhalten, den wir im tiefsten Innern eigentlich gar nicht mögen oder in dem wir nicht gut sind.
Wir weigern uns, die Trennung und das daraus resultierende Chaos zuzulassen, und verpassen so die möglicherweise daraus entstehende, »von Gott arrangierte« Ordnung.
Wenn wir lernen, das Chaos als Vorläufer der Ordnung zu sehen, machen wir Fortschritte.

Wenn Chaos herrscht, sollten Sie versuchen, es als eine Bewegung zu sehen, die zum Gleichgewicht hinführt.

Arbeit

Arbeit ist in erster Linie nicht etwas, das man tut,
um leben zu können, sondern man lebt, um die Arbeit tun zu können.
Sie bringt die Qualitäten des Arbeitenden voll zum Ausdruck,
zumindest sollte sie dies tun.
Dorothy Sayers

Arbeit und Liebe schließen einander nicht aus. Wenn wir unseren Beruf lieben, erfahren wir ein harmonisches Gleichgewicht. Eine Möglichkeit, Liebe und Ausgewogenheit in unseren Job zu bringen, besteht darin, das Geschenk zu erkennen, das wir dadurch erhalten, dass wir unserer Beschäftigung nachgehen können.

Arbeit ist etwas Heiliges. Sie ist nicht bloß eine Möglichkeit, Geld zu verdienen oder Macht zu erlangen, obwohl sie zu beidem führen kann.

Arbeit ist ein Instrument, das uns hilft, unsere Gaben und Talente auszuloten und sie einzusetzen, um ihre Bedeutung zu erfassen. Das Schaffen ist ein Prozess des Selbstausdrucks, des Lernens durch Versuch und Irrtum, der Kreativität und der Bereitschaft, Risiken einzugehen. Es spielt keine Rolle, was für einen Job wir machen, Arbeit bietet diese Möglichkeiten immer.

Arbeit ist spirituell. Sie gibt uns Gelegenheit zu spirituellem Wachstum. Oft ergibt sich diese Gelegenheit eher durch die Weise, auf die wir unsere Arbeit tun, als durch die Art der Beschäftigung selbst.

Welcher Arbeit wir auch nachgehen, wir können sie gern tun. Und sie macht dann am meisten Freude, wenn sie in ausgewogenem Verhältnis zu den anderen Aspekten unseres Lebens steht und uns nicht auffrisst.

Wie gehen Sie an Ihre Arbeit heran?
Gibt es vielleicht ein paar Dinge, die Sie ändern sollten?

Sich verrückt fühlen

Das ist das deutlichste Anzeichen von Verrücktheit: Verrückte Leute sind immer überzeugt, dass mit ihnen alles in Ordnung ist. Nur die geistig Gesunden sind bereit, zuzugeben, dass sie verrückt sind.
Nora Ephron

Sich verrückt zu fühlen, kann ein Zeichen geistiger Gesundheit sein, ein Hinweis darauf, dass unsere Realitätswahrnehmung funktioniert.
Die meisten von uns kommen aus gestörten Familien – selbst wenn es den Anschein hatte, dass es sich um eine Bilderbuchfamilie handelt –, da gestörte Familiensysteme in unserer heutigen Gesellschaft die Norm zu sein scheinen. Bereits in unseren ersten Lebensjahren erwarben wir wertvolle Fähigkeiten, um in einem dysfunktionalen Umfeld funktionieren zu können, Fähigkeiten, die wir in unser Erwachsenenleben mitgenommen haben.
Wir begeben uns täglich an Arbeitsplätze, an denen es manchmal ziemlich verrückt zugehen kann, aber wenn wir den Wahnsinn dann beim Namen nennen, sagt man uns, wir seien verrückt.
Wir sehen, wie unsere politischen Führer das eine sagen und das andere tun. Wir können keiner politischen Rede zuhören, ohne dass all unsere Alarmglocken zu läuten anfangen.
Wir wollen, dass unsere Beziehungen funktionieren – nein, prächtig gedeihen –, und haben nur wenige Vorbilder für gesundes Beziehungsverhalten.
Sich verrückt zu fühlen ist also vielleicht eine normale Reaktion auf verrückte Situationen. Möglicherweise ist es eine Methode, das Gleichgewicht herzustellen.

Wenn Sie sich das nächste Mal ein bisschen verrückt fühlen, sollten Sie dieses Gefühl würdigen und offen für die Möglichkeit sein, dass es in der betreffenden Situation eine normale Reaktion ist.

Imagepflege

Die Kunst, niemals einen Fehler zu machen, ist ein wesentliches Element der Mutterschaft. Um effektiv zu sein und sich den Respekt zu verschaffen, den sie zur Ausführung ihrer Rolle braucht, muss eine Mutter ihre Kinder glauben machen, sie hätte nie Sex gehabt, nie eine falsche Entscheidung getroffen, nie ihrer eigenen Mutter Sorgen gemacht und wäre selbst nie Kind gewesen.

Erma Bombeck

Das Wunderbare am Humor ist, dass er stets mit penetranter Ehrlichkeit einige unserer lieb gewonnenen Illusionen bloßlegt, die wir gewöhnlich nicht gern aufgeben. Imagepflege ist eine unserer Lieblingsbeschäftigungen. Und wir rechtfertigen sie unter dem Vorwand, es sei notwendig, dass andere Menschen ein bestimmtes Bild von uns haben, damit wir unseren Job machen können. Priester müssen als heilig angesehen werden, Lehrer als gelehrt und Eltern als perfekt.

Ab einem gewissen Punkt müssen wir uns allerdings fragen: »Erzieht eine Rolle unsere Kinder? Lenkt ein Mythos unseren spirituellen Fortschritt? Unterrichtet ein Roboter unsere Kinder?« Wenn wir schließlich die Wahrheit erkennen, dass es gerade unsere Menschlichkeit ist, die uns leuchten lässt, und dass unsere Imagepflege völlig belanglos ist, werden wir bescheiden und können geben, was wir zu geben haben.

Gibt es Bereiche in Ihrem Leben, in denen Sie normalerweise Imagepflege betreiben? Wie fühlen Sie sich damit? Lohnt es sich? Könnten Sie mehr Sie selbst sein und den Job trotzdem tun? Was ist Ihnen wichtig?

Ungerechtigkeit

Es dauert sechs Monate, um in Form zu kommen, und zwei Wochen, um außer Form zu geraten. Wenn man das erst einmal begriffen hat, kann man aufhören, wütend über andere Dinge im Leben zu sein. Es genügt dann schon, sich nur darüber aufzuregen.

Rita Rudner

Vor vielen Jahren, als ich noch wesentlich jünger war, brachte ich eine Menge Zeit damit zu, auszurufen, dass »es« (was auch immer »es« war) »nicht fair« sei. Immer wenn ich etwas sah, das ich als ungerecht empfand, war ich empört, wurde selbstgerecht, wütend und manchmal, allerdings sehr selten, kämpferisch. Wenn ich heute zurückschaue, bin ich nicht sicher, ob irgendeine dieser Reaktionen viel bewirkt hat, außer vielleicht, dass sie mich erschöpften, Niedergeschlagenheit und Ärger bei mir auslösten und mich in Schwierigkeiten brachten.

Ich benötigte ziemlich lange, bis ich zu der Einsicht kam, dass das Leben »einfach ungerecht« ist. So sieht meine Realität aus – und die Realität aller anderen Menschen, die ich kenne. Das braucht mir nicht zu gefallen. Aber ich muss es akzeptieren. Ich habe keine Möglichkeit, das Gesamtbild zu sehen, aber von meiner begrenzten Warte aus ist das Leben »einfach nicht fair«.

Doch wie mache ich dann weiter, wenn ich zu dieser Schlussfolgerung gekommen bin und sie akzeptiert habe? Ich kann im Rahmen meiner persönlichen Grenzen so fair wie möglich sein. Ich kann die Realität akzeptieren und weitergehen. Ich kann freundlich, rücksichtsvoll, fürsorglich, geduldig und unterstützend sein im Umgang mit den Menschen, denen große Ungerechtigkeiten widerfahren.

Kämpfen Sie gegen die Ungerechtigkeit des Lebens? Sie könnten sie akzeptieren und Ihren Beitrag leisten, um die Dinge zu verbessern.

Erfolg

Irgendwo hatte ich gelernt, dass ich hart, dynamisch und von Ehrgeiz getrieben sein musste, um etwas zu erreichen. Ich habe keine Ahnung, wie ich zu dieser Überzeugung kam.

Stanley

Wie gelangen wir zu solchen Ansichten? Wir verbiegen uns selbst und andere Menschen wie Brezeln, weil uns irgendwer irgendwann einmal gesagt hat, dass nur die vom Ehrgeiz Getriebenen erfolgreich sind. Wir fürchten, dass andere uns übervorteilen, wenn wir uns rücksichtsvoll und friedlich verhalten, dass sie uns als jemanden betrachten, den man leicht übers Ohr hauen kann, und wir im Leben nichts erreichen werden.

Natürlich gibt es Leute, die jeden, den sie als weich oder sanft betrachten, zu übervorteilen suchen, aber das sind wahrscheinlich die gleichen Zeitgenossen, die auch versuchen, diejenigen über den Tisch zu ziehen, die in ihren Augen sind.

Das eigentliche Problem ist: Was geschieht in diesem Prozess mit uns? Mögen wir uns, wenn wir hart, dynamisch und von Ehrgeiz getrieben sind?

Wir können Stärke beweisen, ohne hart zu sein. Wir können produktiv sein, ohne vom Ehrgeiz zerfressen zu werden. Wir können für uns selbst einstehen, ohne unsere Ellenbogen zu gebrauchen. Sanfte, liebevolle, friedliche Menschen erreichen eine Menge. Sie sind erfolgreiche Menschen – die sich selbst mögen.

Schauen Sie, wie Sie Getriebenheit in Produktivität verwandeln können, wie Sie Ihre Position behaupten können, ohne Ihre Ellenbogen einzusetzen, und stark statt hart sein können – ausgeglichen statt unausgeglichen.

Lächeln

Ein Lächeln ist der universale Willkommensgruß.
Max Eastman

Ein altes irisches Sprichwort lautet: »Hier gibt es keine Fremden, nur Freunde, denen wir noch nicht begegnet sind.« Offenheit und Freundlichkeit sind zwei der besten Investitionen, die wir tätigen können. Sie bringen eine kontinuierlich hohe Rendite.
Manche Menschen glauben, offen und freundlich zu sein, sei unter ihrer Würde und andere könnten es sogar ausnutzen, wenn wir sie anlächeln. Heutzutage ist es normal, den Blickkontakt zu vermeiden, ein unbeteiligtes Gesicht aufzusetzen und so der Nähe zu anderen und uns selbst möglichst auszuweichen.
Es heißt, dass man beim Lächeln siebzehn Muskeln bewegt und beim Stirnrunzeln dreiundvierzig. Lächeln bedeutet also viel weniger Aufwand. Außerdem fühlen wir uns normalerweise wohl in unserer Haut, wenn wir lächeln und den Menschen, denen wir begegnen, ein freundliches »Hallo« zurufen.
Ich habe festgestellt, dass mein Gesicht, ja mein ganzes Wesen, immer lächeln will, wenn ich ein Kind sehe. Und wenn ich dann lächele, wendet sich das Kind mir fast immer zu. Weil ich ihm ein Lächeln geschenkt habe, teilen wir einen Augenblick der Liebe und Nähe miteinander. Was könnte schöner sein?

Versuchen Sie, den Menschen, denen Sie begegnen, ein Lächeln zu schenken. Sie werden das Gefühl mögen, das dadurch bei Ihnen ausgelöst wird. Schauen Sie nicht auf den Boden; stellen Sie Augenkontakt her.

Andere unterbrechen

Wenn ich zu viel zu tun habe, passiert es mir öfter, dass ich andere mitten in ihrer Rede unterbreche.
Sue Ann

Als Kinder wurde uns beigebracht, dass es unhöflich und rücksichtslos ist, andere mitten im Satz zu unterbrechen. Man lehrte uns, zuzuhören und zu warten, bis der, der gerade redete, zu Ende gesprochen hatte.

Doch als wir uns zu viel beschäftigten Erwachsenen entwickelten, wurden wir auch zu hektisch und zu »wichtig«, um die oben stehende Empfehlung für ein harmonisches Leben zu beherzigen.

Es ist gut, sich hin und wieder einmal genug Zeit zu nehmen, um einige der Grundregeln zu überprüfen, die wir als Kinder lernten, und sich zu überlegen, welche Bedeutung sie für unser jetziges Leben haben.

Wenn wir andere unterbrechen, versuchen wir dadurch vielleicht, die Dinge zu beschleunigen und unsere Gesprächspartner dazu zu bringen, sich kürzer zu fassen, damit wir uns wieder anderen Dingen zuwenden können. Wir werden so süchtig danach, von einer Sache zur nächsten zu hetzen, und dann wollen wir wieder von dieser davoneilen, und so geht es immer weiter.

Unsere Angewohnheit, andere beim Reden zu unterbrechen, kann eine der schönen roten Warnflaggen sein, die uns darauf hinweisen, dass wir innehalten müssen, damit wir überhaupt merken, was wir mit uns selbst und anderen machen.

Nehmen Sie Ihre Angewohnheit, andere zu unterbrechen, wahr, und achten Sie bewusst darauf, Ihre Gesprächspartner ausreden zu lassen. Sie werden feststellen, dass sich dadurch Spannungen verringern.

Ratschläge

Holen Sie sich Ratschläge von allen Menschen,
deren Rat wertvoll ist – das sind sehr wenige –, und tun Sie dann,
was Ihrer Meinung nach das Beste ist.
Charles Stewart Parnell

Gewöhnlich suchen wir den Rat anderer nur, wenn wir keine Verantwortung für unsere Entscheidung übernehmen möchten oder wenn wir die Empfehlung ohnehin nicht berücksichtigen wollen. Wir sind nur selten ehrlich, wenn wir Rat suchen.
Um aufrichtig Rat zu suchen, müssen wir uns innerlich stark genug fühlen, um wirklich offen für das zu sein, was uns gesagt wird, offen dafür, unsere bisherige Meinung zu ändern. Viele Menschen meinen, dazu fähig zu sein, aber nur wenige sind es wirklich. Zweitens müssen wir in der Lage sein, die gegebenen Informationen klar abzuwägen, um erkennen zu können, was davon für uns wertvoll ist. Schließlich müssen wir fähig und bereit sein, zu einer Entscheidung zu kommen, wohlwissend, dass es unsere Entscheidung ist und dass wir, ungeachtet der empfangenen Ratschläge, für diese Entscheidung verantwortlich sind.
Es kann sehr wertvoll sein, Ratschläge zu erhalten, wenn wir wissen, wie man sie richtig nutzt.

Geben Sie keinen Menschen Ratschläge, die nicht
damit umgehen können, und bitten Sie nicht um Rat,
wenn Sie ihn nicht besonnen nutzen können.

Persönliche Entwicklung

Es gibt nur einen einzigen Weg, die Heilung des Planeten zu erreichen, und zwar durch individuelle Reinigung und Bewusstseinsentwicklung. In dem Maße, in dem sich jeder von uns weiterentwickelt und bewusster wird, hilft er der Welt. In dem Maße, in dem der Einzelne seine Weiterentwicklung vernachlässigt, vernachlässigt er die Welt.

Anonym

Unsere persönliche Arbeit – alles, was wir tun, um zu wachsen und uns weiterzuentwickeln – zählt. Immer wieder konnte ich beobachten, wie brillante Menschen mit wichtigen Botschaften sich selbst (und ihre Botschaft) ruinierten, weil sie sich weigerten, ihre persönliche Entwicklungsarbeit zu leisten. Sie machen die positive Wirkung, die sie haben könnten, zunichte, indem sie sich selbst über andere stellen und sich zuzugeben weigern, dass auch sie hier auf dieser Erde sind, um sich auf ihrer spirituellen Reise weiterzuentwickeln.

Jeder von uns hat in diesem Leben die wunderbare Gelegenheit, sich zu entwickeln, zu wachsen und immer mehr zu dem zu werden, was er sein kann. Am Ende unseres Lebens wird das, was wir geworden sind und was wir zur Heilung des Planeten beigetragen haben, sicher viel mehr zählen als alles, was wir für Geld, Ruhm oder Macht getan haben.

Sind Sie von Ihrem Weg abgekommen?
Ist Ihr spiritueller Weg Ihr wichtigstes Anliegen?
Müssen Sie neu bewerten, was wichtig für Sie ist?

Die Dinge nehmen, wie sie kommen

Es ist viel besser, die Dinge mit Geduld und Gleichmut zu nehmen, wie sie kommen.
Anonym

Kürzlich wollte ich mit einem ziemlich bekannten Autor in Irland Kontakt aufnehmen. Ich war der Meinung, ich wisse, wo er lebt, und glaubte, ihn leicht finden zu können. Am ersten Nachmittag erreichte ich allerdings gar nichts. Ich fand weder das Dorf, die Straße noch das Haus. Ich beschloss, auf dem Weg zurück zum Flughafen einen letzten Versuch zu unternehmen. Mein erster Vorstoß, der mich eine unbeschilderte Bergstraße hinaufführte, brachte folgendes Ergebnis: erstens die Begegnung mit einem interessanten Mann, der gerade erst hierher gezogen war und keinen der Nachbarn kannte; zweitens die Entdeckung eines »Dorfes«, von dessen Existenz ich keine Ahnung gehabt hatte; drittens eine wunderschöne Fahrt und einen herrlichen Ausblick – sowie viertens die Begegnung mit einem Alteingesessenen, der ungefähr wusste, wo der Schriftsteller lebte, und mir fast die richtige Richtung nannte.
Wir entschieden, dass dies eine heiße Spur sei, und einigten uns darauf, das Abendessen, für das wir bereits in einem sehr guten Restaurant einen Tisch reserviert hatten, ausfallen zu lassen und mit der Suche fortzufahren. Nach dreimaligem falschem Abbiegen fanden wir endlich unseren Schriftsteller. Er war gerade von einer Amerikareise zurückgekehrt und kurz vor uns eingetroffen. Hätten wir sein Haus beim ersten Versuch gefunden, wäre er nicht da gewesen.

Üben Sie sich darin, die Dinge mit Geduld und Gleichmut zu nehmen, wie sie kommen. Kämpfen Sie nicht gegen das Leben an.

Körperpflege

Der Körper ist ein heiliges Gewand.
Martha Graham

Es gibt Zeiten, in denen wir uns einfach um unseren Körper kümmern müssen. Wir müssen lernen, etwas für ihn zu tun, bevor er nach Aufmerksamkeit schreit. Wir sollten uns angewöhnen, ihn routinemäßig zu »warten«. Gut für unseren Körper zu sorgen, ist einer der wichtigsten Wege zurück zum inneren Gleichgewicht. Eine der wirkungsvollsten Methoden, für unseren Körper zu sorgen, ist eine Badekur zu Hause.

Besorgen Sie sich grobes Meersalz, das Sie mit einer dicken Lotion oder Creme vermischen. Reiben Sie nun mit dieser Masse den ganzen Körper ein und rubbeln Sie ihn überall gut ab. (Es macht wirklich Spaß, das mit jemandem gemeinsam zu tun.) Dann füllen Sie das Badezimmer mit Wasserdampf, und setzen sich für eine Weile einfach entspannt hin, während das Meersalz und die Lotion »schmelzen« und in alle Poren eindringen. Meersalz versorgt uns mit siebenundneunzig Mineralien und Spurenelementen, die sich im Laufe der Zeit und durch unsere Lebensweise aufbrauchen. Nachdem Sie eine Weile im Dampf gesessen haben, duschen Sie mit angenehm warmem Wasser und rubbeln das Meersalz und die Lotion mit einem Luffa-Handschuh ab. Danach reiben Sie Ihre Fußsohlen und andere raue Körperstellen – die Ellbogen, Knie und Fußknöchel – im feuchten Zustand mit einem Bimsstein ab. Trocknen Sie sich dann ab, und reiben Sie den ganzen Körper mit einer Lotion oder einem Öl mit Lavendelduft oder einem anderen beruhigenden Duft ein und ruhen Sie eine Weile.

Sie werden hinterher froh sein, dass Sie sich diese Zeit genommen haben, und Ihr Körper wird Ihnen ein »positives Feedback« geben.

Willkürliche Freundlichkeit, unvernünftige Schönheit

Sei offen für spontane Freundlichkeit und unkonventionelle Schönheit.
Anonym

Ein Autoaufkleber mit dieser Empfehlung tauchte vor ein paar Jahren überall im Land auf und erregte die Aufmerksamkeit von jedem Menschen, der ihn sah.
Welche Freude bereiten uns doch ungeplante gute Taten (vorsätzliche sind auch in Ordnung). Sie lassen unseren Gang ein wenig federnder werden. Die Ungeplantheit scheint die Freundlichkeit zu verzaubern, fügt ein Element der Spontaneität hinzu, das sogar den Handelnden überrascht. Spontan freundlich zu sein, hat etwas Spielerisches an sich, das uns die Unschuld der Kindheit und den Spaß des Jungseins zurückbringt. Wie ein willkürlicher Akt der Freundlichkeit auch aussehen mag – wir profitieren unermesslich davon.
Ein unvernünftiger Akt der Schönheit hat die gleiche regenerierende Wirkung. Wir geraten beim Schaffen von etwas Schönem so leicht in eine Routine, werden »vernünftig«. Unsere Gärten sind gut »organisiert«, die Kunst in unseren Häusern ist »gestylt«, und unsere Kleidungsstücke sind »Ton in Ton«. Was für eine Befreiung kann da das unvernünftige Gestalten von etwas Schönem sein. Man hat schon beim Lesen der Worte das Gefühl, zu schweben. Ich pflanzte zum Beispiel eine Zypresse dahin, wo sie wirklich »nicht hinpasst«. Es ist so wunderschön!

Öffnen Sie sich hin und wieder für einen spontanen Akt der Freundlichkeit und eine »unvernünftige« Gestaltung von etwas Schönem. Ich möchte hier keine Vorschläge unterbreiten – das würde die Zufälligkeit zunichte machen. Sie können es. Halten Sie Ihre Augen und Ohren für die vielen Möglichkeiten offen.

Sorgen

Wenn Sie Kummer borgen, geben Sie Ihren Seelenfrieden als Sicherheit.
Myrtle Reed

Warum in alles in der Welt sollten wir Kummer borgen, wenn es doch so viele andere interessante Dinge gibt, die wir uns ausleihen könnten? Und doch wählen wir den Kummer, indem wir uns Sorgen machen. Sich sorgen ist eine der lähmendsten Aktivitäten der menschlichen Existenz, eine, die uns mit Sicherheit aus dem Gleichgewicht bringt.

Diejenigen unter uns, die regelmäßig schwarz sehen, wissen, dass Sorgen, wenn wir sie erst einmal »angedacht« haben, dazu neigen, ein Eigenleben zu entwickeln. Sie sind wie diese Gasheizungen mit automatischer Zündung, die immer wieder von selbst anspringen. Oder, um ein noch beunruhigenderes Bild zu benutzen: Sorgen sind wie Treibsand, der uns nach unten zieht, sobald wir unsere Zehen hineinstecken. Sich Sorgen zu machen, ist ein Beschäftigungsfeld, in dem Können nicht bewundert wird, und diejenigen, die es wirklich gut können, finden keine Freude daran.

Die meisten Menschen wissen nicht, dass das Sichsorgen eine Form von Kontrolle ist. Wenn wir uns Sorgen machen, versuchen wir, den Ausgang oder das Ergebnis einer Angelegenheit zu kontrollieren. Wir haben das Sichsorgen zu einem notwendigen Teil der Gleichung gemacht. Unglücklicherweise gibt es kaum etwas, das selbstzerstörerischer ist und uns mehr aus dem Gleichgewicht bringt als der Versuch, etwas zu kontrollieren, über das wir keine Kontrolle haben.

Wenn Sie anfangen, sich Sorgen zu machen,
sollten Sie innehalten, sich bewusst machen, dass Sie
die Dinge nicht unter Kontrolle haben, und dann schauen,
welche konstruktiven Schritte Sie unternehmen können.

Lebenskunst

Wenn die Logik Ihnen sagt, dass das Leben ein sinnloser Zufall ist, dann geben Sie nicht das Leben auf. Geben Sie die Logik auf.
Shira Milgrom

Es ist nichts verkehrt an der Logik. Logik ist eine wunderbare Sache. Sie ist so vernünftig, so akkurat und rational, wenn wir mit Angelegenheiten zu tun haben, die vernünftig, rational und logisch sind. Sie ist auch sehr nützlich, wenn wir uns auf die materielle Ebene des Lebens konzentrieren. Technologie, Mechanik und Logik haben ihren Platz und ihre Berechtigung. Doch sie haben auch ihre Grenzen.
Welche Denkweisen wir auch einsetzen, um etwas zu verstehen, wir werden auf jeden Fall ausgeglichener, wenn wir uns im Klaren darüber sind, wann sie nützlich sind und wann nicht.
So ist Logik beispielsweise nahezu nutzlos, wenn es darum geht, das Leben an sich zu erforschen. Das Leben kann man am besten mit Gefühlen, Intuition und Gewahrsein verstehen. Diese inneren Prozesse sind mindestens genauso weise wie die Logik. Sie decken nur einen anderen Bereich ab.
Wenn wir versuchen, bestimmte Fähigkeiten in einem Bereich einzusetzen, in dem sie nicht angebracht sind, und gleichzeitig die Entwicklung anderer, notwendiger Qualitäten vernachlässigen, geraten wir aus dem Gleichgewicht. Verfügen wir aber über eine ganze Bandbreite an Fähigkeiten und sind bereit, sie jeweils angemessen anzuwenden, befinden wir uns im Fluss – alles läuft viel reibungsloser.

Wie steht es um Ihr logisches Denken und Ihre Fähigkeit zur intuitiven Wahrnehmung? Woran müssen Sie arbeiten?

Intimität

Das Einzige, was zu stehlen sich lohnt, ist ein Kuss von einem schlafenden Kind.
Joe Houldsworth

Was für eine intime Erfahrung ist es doch, jemanden, den man liebt, beim Schlafen zu beobachten! Ob der Schlafende nun ein Baby, ein Lebenspartner oder ein Haustier ist, die mit dieser Stille und Verletzlichkeit verbundene Initimität kann auf keine andere Art und Weise erfahren werden. Wie offen und friedlich unsere Lieblinge sind, wenn sie schlafen! Sie müssen nicht mit uns in Beziehung treten, müssen uns nicht beachten oder sich auf uns konzentrieren. Ihre Abwehrmechanismen sind außer Kraft gesetzt, und sie strahlen eine Verletzlichkeit aus, von der im Wachzustand vielleicht nicht viel zu spüren ist.
Es gibt so viele Möglichkeiten, vor Nähe und Intimität zu fliehen, dass wir jede Gelegenheit wahrnehmen sollten, Nähe zuzulassen. In einem Kurzentrum, das ich sehr gern besuche, konnte ich kürzlich etwas beobachten, das ich als eine Flucht vor Nähe empfand. Ich hörte, wie eine junge Frau erzählte, sie und ihr Lebensgefährte seien hierher gekommen, weil er sehr erschöpft sei. Er hatte gerade eine Massage bekommen, legte sich in einen Liegestuhl und schlief sofort ein. Er sah so wunderbar friedlich aus. Doch dann platzte seine Freundin herein und zögerte keine Sekunde, ihn aufzuwecken. Ich wurde traurig, als ich diese verpasste Gelegenheit zur Intimität beobachtete. Aber ich war auch dankbar für den »Denkzettel«, der mich daran erinnerte, dass wir mit solchen intimen Augenblicken warten sollen – wo und wie sie uns auch begegnen.

Schauen Sie sich die subtilen Strategien an, mit denen Sie vor Nähe und Intimität fliehen. Wollen Sie das wirklich?

Streit

In Frankreich stärken Auseinandersetzungen eine Liebesbeziehung, in Amerika beenden sie sie.
Ned Rorem

Wie viel Spaß macht es doch, sich zu streiten und sich dann zu küssen und wieder zu versöhnen! Doch der Streit ist hier vielleicht gar nicht das eigentliche Problem. Bei vielen Auseinandersetzungen geht es in Wirklichkeit überhaupt nicht um den scheinbaren Anlass für den Streit. Oft sind Streitigkeiten ein Vehikel für etwas anderes. Letztendlich geht es bei Auseinandersetzungen immer um zwei Dinge: um Nähe und das Bedürfnis nach mehr Freiraum.

Nähe und Verbundenheit sind wichtige Themen in unserem Leben. Und doch wollen wir Intimität gewöhnlich auf Wegen herstellen, die sie mit Sicherheit verhindern: beispielsweise über Sex, Romantik oder körperliche Anziehung. Diesen Versuchen, Nähe herzustellen, liegt in Wirklichkeit oft eine tiefe Angst vor Nähe sowie das Bedürfnis zugrunde, die emotionale Distanz zwischen uns und anderen zu kontrollieren. Wie können wir anderen nahe kommen, wenn wir keine Nähe zu uns selbst herstellen können?

Ein wichtiger Grund, aus dem wir mit anderen streiten, ist unser Bedürfnis nach Alleinsein – wir brauchen Zeit und Raum für uns selbst, und wir wissen nicht, wie wir uns das souverän nehmen können. Deshalb tun wir Dinge, die die andere Person von uns wegtreiben. Und dann sagen wir uns, dass er oder sie von sich aus gegangen ist, damit wir keine Verantwortung für unser Bedürfnis nach Alleinsein übernehmen müssen. Das ist trickreich und effektiv, aber ist es auch das, was wir wirklich wollen?

Wenn sich das nächste Mal ein Streit anbahnt, sollten Sie sich zunächst einmal fragen, ob es um Nähe, Alleinsein oder Kontrolle geht.

Schlaf

Ich liebe es, zu schlafen!
Schlafen ist eine meiner besseren Eigenschaften.
Elizabeth

Viel beschäftigte Leute betrachten das Schlafen oft als Zeitverschwendung oder als störende Notwendigkeit, die mit dem eigentlichen Zweck des Lebens kollidiert: nämlich etwas zu erledigen.
Der Schlaf ist für uns elementar wichtig als Ruhephase, in der unser Körper sich auf natürliche Weise regeneriert. Aber er bedeutet mit Sicherheit noch viel mehr für uns.
Schlafen ist ein magischer Vorgang, der uns auf andere Existenzebenen, in andere Zeiten und an andere Orte führt. Während des Schlafs verlieren die Grenzen von Zeit und Raum ihre Bedeutung: Wir können uns in jedem Zeitalter und jedem Raum aufhalten. Der Schlaf ist außerdem ein Zustand, in dem wir Probleme lösen, unabgeschlossene psychische Prozesse durcharbeiten und an Seminaren unserer inneren Universität (des Selbst und des Universums) teilnehmen.
Haben Sie je versucht, einem anderen Menschen die Verwicklungen eines Traums zu erklären oder einen Traum aufzuschreiben? Wenn ja, haben Sie sicher erlebt, wie kläglich der rationale Verstand bei der Darstellung eines Traums scheitert. Sie können den Traum im Geiste sehen, doch Ihre Worte reichen nicht aus, um den Reichtum dieser Erfahrung einzufangen.
Nicht nur der Körper regeneriert sich während des Schlafes, auch der Geist und die Seele wachsen.

Welche Einstellung haben Sie zum Schlaf? Schauen Sie, ob Sie Ihre Einstellung ändern müssen, um ausgeglichener zu sein.

In der Gegenwart leben

Die Vergangenheit ist weggeflogen. Der kommende Monat und das kommende Jahr existieren nicht. Unser ist nur der winzige Punkt des gegenwärtigen Augenblicks.
Mahmud Shabistari

Ganz in der Gegenwart zu leben, hieße, zu versuchen, in Ballettschuhen auf dem »winzigen Punkt des gegenwärtigen Augenblicks« zu balancieren. Es ist also mehr als wahrscheinlich, dass wir dabei immer wieder in die Vergangenheit oder die Zukunft stolpern.
Wenn ich früher schöne Worte über das Leben in der Gegenwart hörte, dachte ich mir im Allgemeinen: »Nun, dieses Leben im Augenblick ist ein wunderbares Gefühl, aber ... es ist nicht die praktische Realität.« Ich war zufrieden mit mir, weil ich das Im-Augenblick-Leben zu schätzen wusste, und dann machte ich so weiter wie zuvor.
Doch dann, eines Tages, kapierte ich es! Ich erkannte, dass das Im-Moment-Leben keine Idee ist. Es ist Realität. Es ist ähnlich, wie wenn man einen Schritt nach dem anderen macht. Das klingt gut. Eine gute Philosophie, nicht wahr? Dann kam mir die Frage in den Sinn: »Hast du je versucht, zwei Schritte auf einmal zu machen?« Das können wir nicht. So einfach ist das: Wir können es gar nicht.
Genauso verhält es sich mit dem Leben im Augenblick. Unsere Gedanken wandern vielleicht in die Vergangenheit oder in die Zukunft, doch unsere Gedanken sind nur unsere Gedanken. Unser Körper befindet sich in der Gegenwart. Wir sind in der Gegenwart. So ist es nun einmal.

Schauen Sie sich um. Wie sieht Ihre Gegenwart heute aus?
Was können Sie tun, um mehr im Jetzt zu leben?

Alte Freunde und Geliebte

Es ist so entspannend, mit meiner Exfrau auszugehen,
weil sie bereits weiß, dass ich ein Idiot bin.
Warren Thomas

In unserem Zeitalter der Austauschbarkeit können frühere Ehemänner, Liebhaber, Ehefrauen und Lebenspartner einen einzigartigen Beitrag zu unserem inneren Gleichgewicht leisten. Beziehungen verändern sich im Laufe der Zeit. Das ist ihre Realität. Doch wenn wir in der Lage sind, uns mit ihnen zu verändern, kann ihr Fortbestehen unser Leben sehr bereichern.

Menschen, die uns einmal sehr nahe waren, können unserem Leben wie kaum jemand sonst eine Perspektive hinzufügen. (Umgekehrt ist das natürlich genauso der Fall.) Wenn wir bereit sind, unsere persönliche innere Arbeit zu tun – alten Groll und Schmerz zu verarbeiten und loszulassen –, können diese Menschen wie eine Schatztruhe der Erinnerungen und Wahrnehmungen sein, die uns unglaublich bereichern kann. Sie und ihre gegenwärtigen Lebens- oder Ehepartner kannten eine Person, die in ihrem Leben zwar nicht mehr die wichtigste Rolle spielt, aber doch Teil des Menschen ist, der wir heute sind. Die Fähigkeit, gemeinsam über frühere Streitpunkte und Eigenheiten zu lachen, kann viel zur Heilung alter Wunden und zur Wiederherstellung eines Gleichgewichts beitragen.

Indem wir innerlich wachsen, werden wir vielleicht fähig zu erkennen, dass wir eine frühere Beziehung deshalb beenden mussten, weil die andere Person bereits wusste, dass wir »ein Idiot« sind.

Gibt es Menschen aus Ihrer Vergangenheit, mit denen Sie Freundschaft schließen sollten? Was müssen Sie dafür tun?

15. September

Ein separater Arbeitsplatz

Ich habe gelernt, meine Arbeit von allem anderen getrennt zu halten.
Richard Carlson

Heutzutage, da die Arbeit in jeden Bereich unseres Lebens einzudringen scheint und Ausgeglichenheit und Effizienz der Kontinuität der Arbeit geopfert wurden, scheint der Vorschlag, die Arbeit vom Rest unseres Lebens zu trennen, kaum realisierbar. Doch genau in dieser Unmöglichkeit liegt der Grund dafür, dass eine solche Trennung mehr denn je notwendig ist. Zur Zeit unserer Urgroßväter waren Leben und Arbeiten völlig miteinander verwoben, und jeder packte mit an, wo er gerade gebraucht wurde. Heutzutage tun wir jedoch einen Großteil unserer Arbeit mit dem Kopf, und viele Arbeitsvorgänge sind hoch technisiert. Tatsächlich setzen viele moderne Tätigkeiten voraus, dass wir sozusagen nicht im Körper und damit nicht wirklich präsent sind.

Ob wir außer Haus, in einem Büro oder zu Hause arbeiten, wir brauchen einen Arbeitsplatz, der uns allein gehört. Wir brauchen einen Ort, an dem wir die Tür hinter uns schließen können und wissen, dass sie geschlossen bleibt, bis wir sie wieder öffnen. Wir brauchen einen Platz, an dem wir unsere Papiere ausbreiten können und wissen, dass sie unberührt bleiben, bis wir unsere Arbeit wieder aufnehmen. Wir brauchen einen Ort, an dem wir nicht alle Anrufe entgegennehmen müssen, die hereinkommen, und sie doch empfangen können, wenn es nötig ist.

Welche Arbeit wir auch tun, wir brauchen einen Platz, wo wir unseren Pflichten in Frieden nachkommen können – einen Platz, der von den anderen Bereichen unseres Lebens getrennt ist.

Überprüfen Sie Ihren Arbeitsplatz. Ist er der eigene Raum, den Sie brauchen? Was müssen Sie ändern, wenn das nicht der Fall ist?

Das Kind wird zum Erwachsenen und der Erwachsene wieder zum Kind

Das Leben beginnt als Suche des Kindes nach dem Manne und endet als Reise des Mannes, der das Kind wieder entdecken muss.
Laurens van der Post

Sind wir Menschen eigentlich dazu verdammt, immer etwas sein zu wollen, das wir nicht sind, oder gibt es auch noch eine andere Möglichkeit, den Lauf des Lebens wahrzunehmen?
Was wäre, wenn wir jeden Lebensabschnitt für sich zu schätzen wüssten? Was wäre, wenn die Erziehungspraktiken uns darin unterstützten, zu lernen, so vollständig wie möglich im Moment zu leben und das Erwachsenwerden als einen Prozess der Entfaltung zu betrachten, nicht als Ziel, das erreicht werden muss? Ich liebe den Vorgang des Sonnenauf- und Untergangs. In Wirklichkeit gibt es gar keine zeitliche Festlegung für diese Ereignisse.
Sonnenauf- und -untergänge existieren nur als Prozesse. Die Welt kommt langsam ans Tageslicht oder versinkt allmählich in der Nacht. Das sind keine punktuellen Phänomene.
Das Gleiche gilt für das Erwachsen- und das Altwerden. Wenn wir den Prozess akzeptieren, ist es ein allmählicher, sanfter Übergang; der Tag ist immer in der Nacht, und die Nacht ist immer im Tag enthalten. Das Kind ist immer im Erwachsenen und der Erwachsene ist immer im Kind präsent. Von diesem Standpunkt aus gesehen, gibt es so etwas wie eine »verlorene Kindheit« überhaupt nicht. Jeder befindet sich in einem Entwicklungsprozess, der zu allen Zeiten alle Anteile von uns enthält.

Haben Sie genügend Zeit, um die Aktivitäten des Kindes in Ihrem Inneren und die des Erwachsenen im Kind wahrzunehmen? Erweitern Sie Ihren Horizont. Ausgewogenheit bedeutet, am Gesamtprozess teilzuhaben.

Die Illusion von Kompetenz

Ich werde erst dann davon überzeugt sein, dass die Frauen echte Gleichberechtigung erreicht haben, wenn das Land von inkompetenten Frauen regiert wird.
Überschrift eines Cartoons in der Zeitschrift »Working Women« vom August 1999

Natürlich wollen Frauen Gleichberechtigung! Wir bestehen auf dem gleichen Recht, vollkommen inkompetent zu sein und die Karriereleiter genauso schnell hinaufklettern zu dürfen wie die anderen unfähigen Leute, von denen wir umgeben sind – oder etwa nicht?

Inkompetent und erfolgreich zu sein, bürdet uns eine schreckliche Last auf. Wir müssen unser Äußeres und unseren Kopf vom Rest unseres Wesens »abtrennen«. Wir müssen unsere Spiritualität im Schrank lassen und vorwärts stürmen, als wüssten wir, was wir tun, und wären gut darin. Welchen Preis kostet es (oder fordern wir von uns selbst), falls wir diese Art von Gleichberechtigung erreichen?

Wenn wir uns in diesem Leben in die Position des oder der Lernenden begeben, öffnen sich Türen, von deren Existenz wir nicht einmal etwas ahnten, und wir haben dann die Wahl, durch sie hindurchzugehen oder nicht. Aber wir haben diese Lernchancen nie, wenn wir Inkompetenz leugnen und damit beschäftigt sind, anderen und uns selbst etwas vorzutäuschen.

Wenn wir uns von uns selbst entfernen, können wir nie wissen, ob wir gemocht und anerkannt werden oder die Illusion, die wir erschaffen haben.

Wir sind so großartig in so vielen Dingen, warum also überhaupt etwas vortäuschen?

Mit welchen Illusionen leben Sie? Sind sie ihren Preis wert?

Sich von der Opferrolle verabschieden

Ich bewarb mich um einen Auftrag, für dessen Ausführung ich weder das Personal noch die nötige Ausrüstung hatte. Als ich den Vertrag bekam, stellte ich unbewusst Leute ein, die für den Job nicht geeignet waren, und musste schließlich die ganze Arbeit allein machen.

Peter

Oft wachen wir mitten im Chaos auf und fragen uns, wie in aller Welt wir da hineingeraten sind. Nur zu oft haben wir uns selbst direkt in die Mitte des Schlamassels gesetzt und wussten absolut nicht, dass wir das taten, als wir es taten.

Unglücklicherweise haben die meisten von uns gelernt, in der Außenwelt nach den Ursachen ihrer Probleme zu suchen. Wir wenden eine Menge Zeit und Energie dafür auf, um den Weg zu bereiten, der uns in die Opferrolle führt. Natürlich kann man nicht leugnen, dass andere Menschen Dinge tun, die wir verurteilen und die uns vielleicht sogar schaden. Wir haben sehr wenig Kontrolle über das, was andere tun und sagen, und wir müssen diese Lektion früh und gründlich lernen. Wir müssen uns aber auch frei machen von der populären Annahme und Interpretation, dass unsere Probleme »irgendwo da draußen« liegen. Wenn wir überzeugt sind, ein Opfer zu sein, geben wir unsere Macht ab und grollen denjenigen, die sie uns angeblich »nehmen«. Somit werden wir wiederum zu »Tätern«.

In welchem Chaos wir auch stecken, wenn wir uns hinsetzen und unseren Anteil daran aufmerksam betrachten können, gewinnen wir unsere Macht zurück.

Wenn Sie sich mitten im Chaos wieder finden, sollten Sie sich hinsetzen und untersuchen, welche Rolle Sie selbst dabei spielen. Sie werden sich besser fühlen.

Sich anderen zu-, nicht gegen sie wenden

Wir müssen uns einander zu- anstatt gegeneinander wenden.
Jesse Jackson

Wir viel beschäftigten Leute haben oft nicht die Zeit (oder nehmen sie uns nicht), uns mit den Gefühlen auseinander zu setzen, die sich an einem normalen, hektischen Tag in einer normalen, hektischen Welt in uns aufstauen.

Und doch sind unsere Emotionen ein so kostbares Geschenk. Sie weisen uns darauf hin, wenn irgendetwas nicht ganz in Ordnung ist. Sie schenken uns diese unmittelbaren, überraschenden Augenblicke der Freude an einem ansonsten grauen Tag; sie lassen uns die Liebe spüren, die wir für die Menschen in unserer Nähe empfinden, und sie lassen uns wissen, wann Gefahr im Verzug ist und wann wir vorsichtig sein müssen.

Unglücklicherweise wurden wir weder von unseren Eltern noch in der Schule auf den Umgang mit unseren Gefühlen so gründlich vorbereitet wie auf den Umgang mit unserem Verstand.

Wenn sich negative Gefühle bei uns aufstauen, neigen wir dazu, sie auf jene Menschen abzuladen, die uns am nächsten stehen und am liebsten sind, nur um das später zu bereuen. Wir können unser Verhalten jedoch ändern und werden uns dadurch sicher wohler in unserer Haut fühlen.

Wenn wir uns ein paar Momente des Alleinseins gönnen, bevor wir nach der Arbeit nach Hause gehen, bevor die anderen nach Hause kommen oder am Ende eines anstrengenden Tages, können wir lernen, uns anderen zu- anstatt uns gegen sie zu wenden.

Demut

Demut bedeutet, zu genügen, ohne darauf stolz zu sein.
Demut bedeutet, zu wissen, was Gnade ist – und zu wissen,
dass wir nichts getan haben, um sie zu verdienen.
Demut bedeutet, bescheiden, aber nicht resigniert zu sein.
Demut ist in ihrer tiefsten Bedeutung – Freundlichkeit.
Joyce Sequichie Hifler

Bei den meisten Menschen herrscht große Verwirrung über die Bedeutung von Demut, falls sie überhaupt darüber nachdenken. Wir verwechseln sie mit Frömmigkeit – insbesondere falscher Frömmigkeit – und wollen nichts damit zu tun haben. Oder wir sehen vor unserem geistigen Auge Menschen, die übermäßig selbstkritisch sind, die ichbezogen die Schuld für alles auf sich nehmen, die ihre eigenen Bedürfnisse verleugnen. Dennoch gehört die Demut zu jedem spirituellen Weg, und daher wissen wir, dass es für uns wohl irgendetwas damit auf sich haben muss. Wenn wir Demut als »Zulänglichkeit« betrachten und auf diese »Zulänglichkeit« nicht stolz sind, erhalten wir ein ganz anderes Bild.

»Zulänglich« zu sein, bedeutet hier, zu genügen, nicht zu viel und nicht zu wenig zu sein – eben genug. Viele von uns haben eine tief sitzende Angst, unzulänglich zu sein. Wir fürchten, nicht genug zu wissen, um unsere Arbeit gut zu machen, keine guten Eltern zu sein, keine guten Liebhaber(innen), keine guten Menschen. Doch wenn wir akzeptieren, dass wir sind, was wir sind, und so all den Aufgaben, die uns im Leben gestellt werden, genügen, kehrt Frieden bei uns ein. Und wenn wir dann noch erkennen, dass »Genugsein« und Frieden Geschenke sind, kennen wir die innere Ausgewogenheit und Gelassenheit der Demut.

Schauen Sie sich einmal genau an, für welche Aufgaben
Sie heute gut genug waren – und seien Sie dankbar.

Alltäglichkeit

Zen ist nicht eine Art spannender Unterhaltung, sondern die Konzentration auf unser gewöhnliches, alltägliches Leben.
Shunryu Suzuki

Wenn wir nach Erleuchtung und innerem Gleichgewicht streben, müssen wir auf das Gewöhnliche schauen. Das Bewusstsein unserer Präsenz in jeder kleinen Handlung bringt dieses Gleichgewicht mit sich.
Ein Leben, in dem wir von einem Adrenalinstoß zum nächsten jagen, ist anstrengend und unreal. Um die Tiefe des Lebens zu erfahren, muss man darin eintauchen. Nur durch unsere volle Teilnahme an den kleinen Dingen können wir hoffen, uns dem Unendlichen zu nähern.
Keine Aufgabe ist zu gering. Man kann dem Unendlichen genauso gut beim Säubern des Kühlschranks begegnen wie beim Meditieren in einem Kloster. Worauf es ankommt, ist unsere Präsenz und unsere Teilnahme.
Nur zu oft suchen wir das Aufregende und Spannende, das uns die Illusion verschafft, dass wir lebendig sind und etwas Bedeutsames erfahren. Bei der Arbeit, beim Sport oder in Liebesbeziehungen – das Adrenalinhoch ist die Illusion. Die Wirklichkeit finden wir in der alltäglichen Routine des Lebens.

Üben Sie sich darin, heute bei einer Tätigkeit wie Kochen, Putzen oder Geschirrspülen ganz präsent zu sein.

Sich selbst aufgeben

Meistens bin ich so erschöpft, dass ich nicht mehr weiß, ob ich gerade komme oder gehe. Es ist, als würde ich auf einem Karussell sitzen, das sich unaufhörlich dreht, und könnte nicht absteigen. Antonio treibt sich genauso gnadenlos an oder noch härter als ich, und ich will mit ihm Schritt halten.

Melanie Griffith

Fühlen Sie sich nicht schon beim Lesen dieser Zeilen erschöpft? Ich weiß, dass der Begriff »Co-Abhängigkeit« nicht mehr aktuell ist, aber die dahinter steckende Realität ist es sicherlich noch: Einer der besten Wege, sich völlig aus dem Gleichgewicht zu bringen, besteht darin, das Gefühl dafür zu verlieren, was man selbst braucht, die eigene Identität über einen anderen Menschen zu beziehen und seine ganze Energie zu diesem Menschen hinfließen zu lassen. Wenn wir das tun, haben wir den Kontakt zu uns selbst in so hohem Maße verloren, dass wir uns selbst immer mehr entgleiten. Und wenn wir uns verloren haben, können wir anderen nicht aus einer inneren Ausgeglichenheit heraus begegnen. Unser Schwerpunkt liegt außerhalb von uns selbst, und wir gehen in diesem Prozess unter.

Manche glauben, diese Fixierung auf den anderen bis hin zur völligen Selbstaufgabe sei Liebe. Verständlich, da wir so viel über Selbstaufgabe im Zusammenhang mit Liebe hören. In Wirklichkeit kann Liebe jedoch nur dann existieren, wenn wir ein Selbst haben, das wir in die Liebesbeziehung einbringen können. Diejenigen, die sich um der Liebe willen aufgeben, verlieren das, was sie festhalten wollen: Sie werden zu einem langweiligen, uninteressanten Niemand. Sich selbst aufgeben kann nie eine Lösung sein.

Prüfen Sie, wie Sie sich in Ihrer Beziehung verhalten. Verlieren Sie sich selbst oder geben Sie sich selbst auf?

Über sich selbst lachen

Wenn du bereit bist, dich selbst zur Zielscheibe eines Witzes zu machen, wirst du »einer von den Jungs«, ein »menschliches Wesen«, und die Leute sind eher bereit, zu hören, was du zu sagen hast.
Larry Wilde

Wenn wir die Fähigkeit verlieren, über uns selbst zu lachen, ist das ein sicheres Zeichen dafür, dass wir unser inneres Gleichgewicht verloren haben. Wir haben begonnen, uns selbst zu ernst zu nehmen (und sind vielleicht sogar zu dem Schluss gekommen, dass das Leben an sich ernst ist). Dieser Ernst weist auf eine deutlich verzerrte Wahrnehmung oder den völligen Verlust der Perspektive hin und ist deshalb ein alarmierendes Warnsignal. Wenn wir uns in dieser schrecklichen Lage befinden, gibt es nur ein Gegenmittel (obwohl es die Krankheit nicht vollständig heilen kann, da sie chronisch ist und bei den meisten Leuten immer wieder periodisch auftritt!): sich selbst einmal sehr sorgfältig zu beobachten und dann zu lachen.
Dieses Mittel ist auch recht wirksam, wenn wir andere zu ernst nehmen, wenn wir das Gefühl haben, dass sie uns auf die Nerven gehen. Was müssen wir tun? Wir müssen sehen, was für eine komische Figur wir abgeben, wenn wir versuchen, sie zu kontrollieren, und unserer eigenen Täuschung aufsitzen, dass jede kleine Störung eine weltbewegende Angelegenheit ist.
Sind wir nicht eigentlich zum Kaputtlachen?!

Wenn etwas anfängt, Sie zu belasten, sollten Sie auch einmal prüfen, was für lächerliche Dinge Sie in der jeweiligen Situation eventuell tun.

Freiheit

Freiheit stellt einen ungeheuer hohen Anspruch an jeden Menschen. Mit der Freiheit kommt die Verantwortung. Für jemanden, der nicht bereit ist, erwachsen zu werden, der nicht sein eigenes Gewicht tragen will, ist das eine erschreckende Aussicht.
Eleanor Roosevelt

Im Gleichgewicht zu leben, trägt zu unserer Freiheit bei. Freiheit trägt zu unserer Ausgeglichenheit bei. Das eine ist nicht möglich ohne das andere.

Wir werden nie verstehen, was Freiheit wirklich bedeutet, solange wir sie als »Freiheit zu oder von etwas« betrachten. Freiheit ist ein Geisteszustand und ein Seinszustand. Er stellt sich ein, wenn wir wissen, dass wir eine einzigartige Schöpfung sind, dass wir unsere eigene Verbindung zur universalen Lebenskraft haben und dass wir die volle Verantwortung dafür tragen, was wir mit diesem Geschenk anfangen.

Das Geschenk der Freiheit ist das Geschenk, Fehler zu machen, aus ihnen zu lernen, wieder aufzustehen und es noch einmal zu versuchen. Freiheit setzt nicht voraus, dass wir immer alles richtig machen, ja noch nicht einmal, dass wir immer wissen, was wir tun. Sie erfordert einfach, dass wir ganz an unserem Leben teilhaben und die Verantwortung für diese Teilnahme übernehmen. Dadurch entsteht ein Gleichgewicht.

Wo stehen Sie hinsichtlich Freiheit und Verantwortung?
Die Antwort können Sie nur in Ihrem Innern finden.

Hereingelegt werden

Es ist klug, sich daran zu erinnern, dass man auch einer von denen ist, die manchmal hereingelegt werden können.
Laurence J. Peter

Die meisten Menschen betrachten sich selbst gern als ziemlich gewitzt. Wir wollen glauben, dass man uns nicht leicht zum Narren halten kann, dass wir schon »alles« erlebt haben und dass uns niemand mehr etwas vormachen kann.
In bestimmter Hinsicht kann es aber auch eine Erleichterung, zu wissen, dass man uns – ganz gleich, wie gut wir sind – manchmal hereinlegen wird. So läuft's nun mal. Der Versuch, uns selbst vorzumachen, wir stünden bereits über diesen Dingen, ist schiere Torheit von der Sorte, die uns ganz aus dem Gleichgewicht wirft.
Wenn wir zugeben, dass wir zum Narren gehalten werden können, und es akzeptieren, wenn es geschieht, werden wir Täuschungen viel früher entdecken und wesentlich schneller in der Lage sein, unser Leben wieder ins Gleichgewicht zu bringen.
Es gibt ein paar ziemlich gute Schwindler da draußen. Und ist es nicht besser, ab und zu hereingelegt zu werden, als mit verschlossenem Herzen und verschlossenem Geist durchs Leben zu gehen? Wenn wir uns akzeptieren, wie wir sind, stehen die Chancen besser, dass wir andere akzeptieren, wie sie sind.

Bleiben Sie offen für die Realität, dass Sie hereingelegt werden können, und die Wahrscheinlichkeit, dass es passiert, wird geringer.

Weinen

Tränen sind ein Fluss, der dich irgendwohin trägt ... Tränen heben dein Boot von den Felsen, vom trockenen Grund und tragen es flussabwärts zu einem neuen Ort, einem besseren Ort.
Clarissa Pinkola Estés

Kaum etwas kann uns wieder mehr ins Gleichgewicht bringen, als einmal aus tiefstem Herzen zu weinen.
Manche von uns fürchten sich so vor ihren eigenen Tränen, dass sie sie um jeden Preis unterdrücken. In unserer Gesellschaft wird immer noch eher Frauen zugestanden zu weinen als Männern (obwohl inzwischen viele Männer lernen, dass es in Ordnung ist, zu weinen), und doch scheint es beiden, Männern und Frauen gleichermaßen, immer noch schwer zu fallen, aus tiefstem Herzen zu weinen.
Ich habe gehört, dass manche Frauen bereit sind, ihren Tränen freien Lauf zu lassen, wenn sie mit dem Auto auf der Autobahn unterwegs sind; aber ich empfehle diesen Platz eigentlich nicht. Jeder überbeschäftigte Mensch kennt Zeiten, in denen er das Gefühl hat, dass er entweder gleich von einer Zentrifugalkraft von der Erde geschleudert wird oder sich vor lauter Verzweiflung die Lunge aus dem Hals schreien muss (Schreien ist auch hilfreich). Es tut einfach so wohl, sich an einem stillen Ort auszustrecken und die Tränen fließen zu lassen. Weinen ist gut für uns. Tränen sind heilsam. Inzwischen haben sogar Wissenschaftler bestätigt, was gewöhnliche Leute schon seit Jahrhunderten wissen: dass die Fähigkeit des Körpers, zu weinen, ein großes Geschenk ist.
Im Zweifelsfalle – weinen Sie.

Wann haben Sie das letzte Mal zum Steinerweichen geweint?
Öffnen Sie sich für diese Möglichkeit.

Gesundheit

Im Gleichgewicht leben heißt, regelmäßig zur Gesundheitsvorsorge zu gehen und die Zähne kontrollieren zu lassen.
Anonym

Das stimmt, nicht wahr? Wie können wir im Gleichgewicht leben, wenn wir nicht auf die Gesundheit unserer Zähne und des übrigen Körpers achten?
Für viel beschäftigte Menschen kann das natürlich eine Herausforderung sein. Wenn wir wirklich im Stress sind, erwarten wir, dass unser Körper sich um sich selbst kümmert (oft fordern wir das auch von unseren Autos und Häusern). Wir erwarten, dass unser gesamter Organismus bei minimaler Wartung Monat um Monat, Jahr um Jahr Höchstleistungen bringt. Wenn unser Körper dann anfängt, uns Warnsignale zu schicken, um uns darauf hinzuweisen, dass er in Schwierigkeiten sein könnte, wenn er uns zu verstehen gibt, dass eine größere Überholung oder Änderung der Lebensweise ansteht, werden wir wütend auf ihn. Wir betrachten seine Signale als ärgerlichen persönlichen Angriff. Wie kann er uns das antun? Ausgerechnet, wenn wir diesen wichtigen Bericht fertig stellen müssen (oder das Haus umbauen oder was auch immer)! Unser Körper und unsere Zähne brauchen Fürsorge und Verständnis. Sie werden mit uns kooperieren, wenn wir mit ihnen zusammenarbeiten.

Wie steht es um Ihr Wartungsprogramm für Ihren Körper?
Sollten Sie nicht vielleicht ein paar Arzttermine vereinbaren (und einhalten!)?

Angst

Ich habe nicht aufgehört, Angst zu haben, aber ich habe aufgehört, mich von ihr beherrschen zu lassen. Ich habe die Angst als Teil meines Lebens akzeptiert – insbesondere die Angst vor Veränderungen, die Angst vor dem Unbekannten; und ich bin stets weitergegangen, trotz meines pochenden Herzens, das mir zuruft: Geh zurück, geh zurück, du wirst sterben, wenn du dich zu weit vorwagst.

Erica Jong

Wenn wir unser Leben in Angst zubringen, sind wir ständig im Ungleichgewicht. Doch falls wir sie leugnen, sind wir es auch. Gestehen wir unsere Angst hingegen ein und weigern wir uns, uns von ihr beherrschen zu lassen, haben wir die Möglichkeit, uns wieder auf ein inneres Gleichgewicht zuzubewegen.

Angst ist etwas Normales. Sie gehört zur Erfahrung des Menschseins und ist eine notwendige Überlebenstechnik. Angst erzeugt jene Wachheit bei uns, die uns wissen lässt, wenn unser Überleben bedroht ist. Glücklicherweise geraten wir nur noch sehr selten in Situationen, in denen unser Leben im wahrsten Sinne des Wortes gefährdet ist. Aber das bedeutet nicht, dass wir keine Angst mehr haben. Wir haben unsere Ängste inzwischen auf subtilere Ebenen verlagert, bei denen meistens unsere Illusion der Kontrolle, unsere Selbstachtung oder unser Wunsch nach Stagnation bedroht sind. Wenn wir das erkennen, können wir uns ein wenig entspannen und sind vielleicht nicht mehr so schnell bereit, unser Leben der Angst zu überantworten.

Die meisten Ängste entspringen einem Mangel an Vertrauen.

Schreiben Sie Ihre Ängste auf. Schauen Sie, was hinter jeder einzelnen steckt. Das kann Ihnen helfen, sie in den Griff zu bekommen.

Der Seelensee

Deshalb [wegen des Balanceakts zwischen der Gestaltung unserer äußeren, physischen Realität und der Erschaffung unserer inneren Realität oder unseres Selbst] wird der Ort, wo der Seelensee liegt, das Zuhause des inneren Selbst, für so viele Menschen zu einem leeren, toten Ort. Sie fangen an, wirklich zu glauben, dass die äußere Welt die einzige ist, die ihrer Aufmerksamkeit wert ist. Früher oder später werden sie ihren Fehler erkennen.

Olga Kharitidi

Olga Kharitidi schreibt über die Aufgabe, unsere äußere und innere Realität zu gestalten, und betont, dass das Gleichgewicht zwischen diesen beiden elementar wichtig ist. (Ich würde noch ein drittes ausgleichendes Element hinzufügen: eine spirituelle Verbindung mit einer Kraft, die größer ist als wir selbst.)

Ich liebe das Bild des Seelensees als Wohnort des inneren Selbst. Ich sehe meinen Seelensee als einen tiefen Teich mit klarem Wasser, in den ich eintauchen kann, um mich zu reinigen und zu heilen, während ich mich mit der spirituellen Energie und Weisheit auflade, die ich brauche, um in meiner physischen Realität im Gleichgewicht zu bleiben.

Mein Seelensee gehört mir, mir allein, und ich kann ihn jederzeit aufsuchen, ganz gleich, wo ich gerade bin oder was ich tue. Ich kann mitten in einer verschmutzten Großstadt in meinen Seelensee hineinspringen und mit einem harmonischen Gefühl der Ausgeglichenheit wieder auftauchen.

Zu wissen, dass wir einen Seelensee haben, kann eine große Erleichterung sein.

Finden Sie Ihren Seelensee. Schauen Sie, ob Sie der Außenwelt zu viel Gewicht gegeben haben. Suchen Sie Ihren Seelensee auf, um Ihr inneres Gleichgewicht wieder zu finden.

Herbst

Ich liebe den Herbst!
Anonym

Was für eine herrliche Sache sind doch die Jahreszeiten! Es ist ein kaum beschreibbares Gefühl, das wir in unserem Körper verspüren, wenn wir einen heißen Sommer hinter uns haben und eines Tages, fast unmerklich, eine Veränderung wahrnehmen. Der Tag oder die Nacht sind nur ein klein wenig anders. Wir können nicht einmal genau sagen, was sich verändert hat, und doch wissen wir, dass der Herbst in der Luft liegt.

Diese Vorahnung des Herbstes löst ein Gefühl der Vorfreude in uns aus, ein Gefühl der Erleichterung. Wir wissen, dass es Dinge gibt, auf die wir vertrauen können, dass es Konstanten in unserem Leben gibt: Ein neuer Tag wird kommen, der Lauf der Jahreszeiten bleibt.

Dann verändern sich die Blätter. Nacheinander verlieren sie ihr Grün, und wir werden mit dem Anblick einer Explosion der Farben beschenkt, die jedes Feuerwerk beschämen würde. Die Erde erstrahlt in ihrer ganzen Schönheit, und wir dürfen das sehen und miterleben. Herbstfarben, -früchte und –feiern laden zum Erntedank ein.

Gehen Sie in die herbstliche Welt hinaus. Erleben Sie diese Jahreszeit. Nehmen Sie alle Eindrücke in sich auf.

Unsere Listen abhaken

Eines der Märchen, mit denen ich lebe, handelt davon, dass ich irgendwie eines Tages alles erledigt haben werde.
Sally

Was für eine seltsame Neigung wir Menschen entwickelt haben: Wir rennen herum und versuchen, alles zu »erledigen«! Wir setzen uns selbst und andere unter Druck, indem wir versuchen, unsere Liste der zu erledigenden Dinge vollständig abzuarbeiten, obwohl wir doch genau wissen, dass wir immer wieder neue Punkte darauf setzen müssen. Wir leben ständig von der mageren Diät der Illusion, dass wir, wenn wir alles erledigt haben – und nur dann –, endlich in der Lage sein werden, uns zu entspannen und einige der Dinge zu tun, die wir schon immer tun wollten (sowohl für uns selbst als auch gemeinsam mit unseren Lieben). Wir verbreiten sogar das Märchen, dass wir uns so viel besser fühlen werden, wenn wir alles erledigt haben, dass wir uns wesentlich gründlicher entspannen werden, um wirklich Spaß mit der Familie und Freunden haben zu können. Übrigens, was ist überhaupt mit diesen Leuten los? Können sie nicht sehen, dass wir das alles nur für sie tun?
Irgendwie ist uns da ein wichtiger Punkt entgangen: Es wird nämlich niemals einen Zeitpunkt geben, an dem alles erledigt ist. So ist das Leben nun einmal.
Das Erkennen und Akzeptieren dieser grundlegenden Wahrheit bringt eine ungeheure Erleichterung mit sich. Denn wenn wir innerlich einen Schritt zurücktreten und uns all die Dinge anschauen, die wir erledigen zu müssen glauben, entdecken wir, dass die meisten von ihnen warten können.

Verschwenden Sie keine Zeit mit dem Versuch, Ihre Liste vollständig abzuarbeiten. Tun Sie, was wichtig ist, damit Sie bei all Ihrer Arbeit auch noch zum Leben kommen.

Singen und Tanzen

Wenn du gehen kannst, kannst du auch tanzen.
Wenn du sprechen kannst, kannst du auch singen.
Sprichwort aus Simbabwe

Haben Sie als Kind gern getanzt und gesungen? Ich tat es sehr gern. Und ich tue es heute noch gern. Ich frage mich, wo beim Heranwachsen die Grenze gezogen wird – jene Grenze zwischen der Freude am Tanzen und Singen und der Einstellung, dass Tanzen und Singen nicht »cool« sind. Vielleicht gibt es diese Trennungslinie gar nicht. Vielleicht haben wir sie uns nur eingebildet.

Das mit der rhythmischen Bewegung unseres Körpers verbundene Gefühl wirkt sich heilsam auf unsere Psyche aus – eine Wirkung, die durch kaum etwas anderes auf diese Weise erzielt werden kann. Das Selbst wird aus seiner Isolation befreit, und unsere Begrenzungen verschwimmen. Nerven, die lange Zeit im Dornröschenschlaf gelegen haben, dehnen sich und werden ins Leben zurückgeschüttelt, während unser Körper wieder von sich selbst Besitz ergreift.

Mit dem Singen ist es dasselbe. Wie lange ist es her, seit Sie Ihre Lieblings-CD oder -kassette eingelegt haben und zusammen mit dem Sänger oder der Sängerin aus vollem Halse alte Lieder geschmettert haben? Ich konnte beobachten, dass selbst Leute, die kein musikalisches Gehör haben, gern singen. Das berührt die Seele wie kaum etwas anderes. Natürlich können wir immer bei wunderbaren Tanzvorstellungen und Konzerten zuschauen und zuhören. Aber Singen und Tanzen müssen kein Zuschauer»sport« sein.

Wollten Sie schon immer einmal auf eine bestimmte Weise tanzen oder singen? Probieren Sie es aus.

Arbeit

Die Iren hassen die Arbeit, ohne zu wissen, was Arbeit bedeutet. Ich weiß es. Die Arbeit existiert. Sie ist unvermeidlich und hart, eine monotone und grausame Notwendigkeit.

Brendan Kennelly

Mir scheint, die Iren »hassen« die Arbeit immer noch (In dieser Beziehung sind sie sehr schlau!). Zumindest habe ich diese Erfahrung in Irland gemacht. Die Iren bestimmen lieber selbst über ihre Zeit, verbringen sie vorzugsweise mit ihrer Familie oder einfach mit Beschäftigungen, denen sie gern nachgehen. Es spricht einiges für diese Einstellung. Obwohl Irland in den neunziger Jahren einen anhaltenden wirtschaftlichen Aufschwung zu verzeichnen hatte, haben seine Bürger die europäische Arbeitsmoral noch nicht vollständig übernommen. Geld ist eine großartige Sache, aber das Leben besteht aus mehr als nur Arbeit – so die vorherrschende Meinung in Irland.

»Was hat das mit mir zu tun?«, fragen Sie womöglich an dieser Stelle. Nun, bei den meisten von uns ist es so, dass wir unser Leben um die Arbeit herum arrangieren und sie zum Mittelpunkt unserer Existenz machen. Wir verlagern die kostbaren Aspekte unseres Lebens – Beziehungen, Kinder, Familie, spirituelles Wachstum, persönliche Bewusstseinsentwicklung und Zeit für uns selbst – an die Peripherie und räumen der Arbeit einen festen Platz im Zentrum unseres Daseins ein. So verlieren wir mit Sicherheit die Perspektive, die nötig ist, um das wirklich Wichtige zu sehen.

Wenn unser Leben im Gleichgewicht ist, wird nichts zu »einer monotonen, grausamen Notwendigkeit«.

Welche Einstellung haben Sie zur Arbeit?
Prüfen Sie das einmal ehrlich.

Ernst sein

Die Welt bestraft uns, wenn wir sie zu ernst nehmen,
und sie bestraft uns, wenn wir sie nicht ernst genug nehmen.
Austin Mac Curtain

Wenn wir so oder so bestraft werden, können wir inzwischen auch unseren Spaß haben ...

Eine Eigenschaft, die ich an meinem Sohn liebe, ist die, dass er immer Spaß am Leben hat. Wenn er beim Surfen von einer Riesenwelle vom Brett gerissen wird, kann er eine Witznummer daraus machen, dass er mit dem Hintern nach oben in Richtung Strand und nach Hause gesegelt ist. Sein »Machismo« tritt immer hinter seinen Humor zurück.

Mein Mann kam gerade von einer schrecklichen Tour in die Stadt nach Hause. Er hatte die ganze Zeit im Stau gestanden und es nicht geschafft, auch nur eine einzige Aufgabe zu erledigen, um derentwillen er überhaupt losgefahren war. Sollte er das nun ernst nehmen oder einfach darüber lachen? Wie wichtig ist es überhaupt, wenn man es im Verhältnis zum großen Ganzen sieht?

Wenn wir uns die Sache einmal genauer überlegen: Wie ernst können wir eigentlich nehmen, was Austin Mac Courtain sagt? *Er* scheint es ernst zu nehmen. Vielleicht genügt es ja, wenn einer es tut. Möglicherweise brauchen wir es dann nicht zu tun. Vielleicht ist er bereit, die Strafe der Welt auf sich zu nehmen, sodass wir einfach weitertanzen können. Es gibt so viele Möglichkeiten.

Nehmen Sie die Welt und ihre Möglichkeiten, uns zu bestrafen, nicht übermäßig ernst. Ersticken Sie solche Vorstellungen im Keim.

Unsere Köpfe

Als ich die ayurvedische Behandlung mit warmem Öl und die Kopfmassage hinter mir hatte, fühlte ich mich, als hätte ich Augen, Ohren, eine Nase und einen Mund und nichts dazwischen. Es fühlte sich an, als sei der ganze Druck, den ich normalerweise in meinem Kopf spüre, verschwunden; und ich nahm nur noch ein freies Nichts wahr.

Connie

Was tut unser Kopf nicht alles für uns, und wie oft betrachten wir das als Selbstverständlichkeit! Ich spreche nicht von unseren mentalen oder emotionalen Prozessen. Ich spreche von unseren »physischen« Köpfen.

Wir scheinen Spannungen im Nacken, im Rücken, den Schultern und sogar in den Füßen eher wahrzunehmen und unseren Kopf oft zu ignorieren.

Connie machte die oben stehende Bemerkung, direkt nachdem wir beide eine ayurvedische Behandlung und Massage mit warmem Öl erhalten hatten. Es war ein Geschenk gewesen. Sie konnte hinterher besser ausdrücken als ich, was sie fühlte. Ich kann nur sagen, dass es eines der besten Geschenke war, die ich je bekommen habe. Ich erlebte ein Maß an Entspannung und Gelassenheit, das ich bis dahin kaum jemals erreicht hatte.

Es ist einfach so, dass die unseren Schädel umgebende Muskulatur sehr stark beansprucht wird und deshalb große Aufmerksamkeit braucht. Wenn wir auf unseren Kopf achten, ihn respektieren und für ihn sorgen, wirkt sich das sehr harmonisierend aus.

Suchen Sie sich ein Massageinstitut, wo Sie entweder eine Kopfmassage oder eine Ölbehandlung mit Massage bekommen. Falls das nicht möglich ist, können Sie sich mit einer Freundin oder Ihrem Ehepartner austauschen.

Wahrheit

Wahrheit selbst hat keine besondere Zeit. Ihre Stunde ist jetzt – immer.
Albert Schweitzer

Manche von uns bringen ihr Leben mit der Suche nach der Wahrheit zu. Sie glauben, dass sie eines Tages plötzlich auf sie stoßen werden und dass sie sie für immer erleuchten wird. Das Seltsame an der Wahrheit ist aber, dass es sich dabei eigentlich um keine große Sache handelt. Die Wahrheit ist ein Konglomerat von kleinen Dingen, die zunächst einmal unbemerkt bleiben mögen.
Oft versuchen wir, die Wahrheit zu stark zu reduzieren, und bringen sie dadurch zum Verschwinden. Wir vermuten, dass unsere Kinder Drogen nehmen, und kündigen an, wir würden die »ganze Wahrheit« herausfinden. Doch im Laufe dieses Prozesses vergessen wir vielleicht die größere Wahrheit – nämlich dass wir sie unendlich lieben und dass sie uns wiederlieben.
Wir sind bei einer Nachbarin, die in die Klinik eingeliefert wurde, weil sie in letzter Zeit manchmal ein bisschen verwirrt ist. Als sie behauptet, ihr Mann habe ihr das neue Kleid gekauft, versucht die Krankenschwester die alte Dame dazu zu bringen, die »Wahrheit« zu sehen – nämlich dass ihr Mann bereits seit Jahren tot ist. Spielt das hier denn wirklich eine so große Rolle?
Wir suchen so eifrig nach der Wahrheit über gewisse Dinge, dass wir oft die sich täglich bietende Gelegenheit verpassen, die Wahrheit über »das Leben« zu erfahren.
Es ist ein wunderschöner Tag (Ganz egal, wie's um das Wetter steht). Heute haben wir, was wir brauchen (Selbst wenn es nicht all das ist, was wir uns wünschen!). Heute lernen wir in allem, was wir tun, etwas über das Leben.

Was ist die Wahrheit unseres »Jetzt«? Sie zu sehen,
kann uns wieder ins Gleichgewicht bringen.

Hinterlassenschaften

Das Gedächtnis ist ein Tagebuch, das wir immer mit uns herumtragen.
Mary H. Waldrip

Das Wichtigste, was wir in diesem Leben tun können, ist vielleicht, niemandem Schaden zuzufügen. Im tiefsten Innern will wahrscheinlich jeder von uns ein liebevoller, fürsorglicher und rücksichtsvoller Mensch sein (und als solcher gesehen werden). Aber während wir versuchen, dieses Bild von uns selbst zu erschaffen und aufrechtzuerhalten, übersehen wir oft, welche Rolle das Gedächtnis dabei spielt. Jeder Mensch, dem wir begegnen, trägt unbewusst ein »Tagebuch« in seinem Innern. Unsere Verhaltensweisen sind die Einträge in diesem Tagebuch. Nur zu oft sind die Erinnerungen mit unlöschbarer Tinte geschrieben, auch wenn wir oder die Person, in deren Tagebuch unsere Verhaltensweisen eingetragen sind, das nicht wollen.
Es liegt an uns, was in dieses Tagebuch geschrieben wird. Wir sind verantwortlich für unser Verhalten. Wenn wir uns dafür entscheiden, uns abzureagieren, unehrlich zu sein, die Unvorsichtigen zu betrügen oder destruktiv zu handeln, werden diese Handlungsweisen in den Tagebüchern jener aufgezeichnet, die uns am meisten bedeuten, und es ist dann unmöglich, die Seiten herauszureißen oder die Einträge zu löschen. Wir täten gut daran, uns unsere Worte und Taten bewusst zu machen und innezuhalten, bevor wir auf der Grundlage von lieblosen und destruktiven Gedanken handeln. Wenn wir uns darin üben, niemandem Schaden zuzufügen, können wir »stolz« auf unsere Hinterlassenschaft sein.

Versuchen Sie diese Woche, sich Ihrer Worte und Handlungen bewusster zu sein. Schauen Sie, ob Sie das hinterlassen, was Sie wirklich hinterlassen wollen.

Richtiges Handeln

Tue immer das Rechte. Es wird dir Zufriedenheit schenken.
Wovoka

»Rechtes Handeln« kann ein schwer definierbarer Begriff sein. Was uns in einem bestimmten Moment als richtig erscheint, vermag sich schon nach ein paar Minuten des Nachdenkens als das Falsche zu erweisen. (Wenn möglich, ist es immer gut, sich Zeit zu nehmen, um über Entscheidungen nachzudenken.) Und was vielleicht im betreffenden Moment falsch oder zumindest unpopulär schien, erweist sich später möglicherweise als die beste Entscheidung, die Sie je getroffen haben.

Das Richtige zu tun, bedeutet im besten Sinne dieser Worte, unseren Verstand, unsere Intuition und Erfahrung in Entscheidungen einfließen zu lassen, die sowohl für uns als auch für die anderen richtig sind. Wenn wir innerlich klar und mit unserem spirituellen Selbst in Kontakt sind, werden wir uns gut mit solchen Entschlüssen fühlen. Immer wenn wir Entscheidungen treffen, von denen nur wir selbst oder unsere nächsten Angehörigen profitieren, hält die Zufriedenheit darüber nicht lange an (ganz egal, wie »schlau« uns diese Entscheidung zum betreffenden Zeitpunkt erschien).

Irgendwo gibt es eine »himmlische Messlatte« für rechtes Handeln, und die spiegelt sich in unserem Innern.

Besorgen Sie sich ein kleines Heft, das Sie immer bei sich tragen können. Nehmen Sie sich jeden Tag Zeit, um etwas von dem darin aufzuschreiben, was Sie an diesem Tag richtig gemacht haben. Vergessen Sie nicht, dass einige der »richtigsten« Dinge zum betreffenden Zeitpunkt in Ihren Augen oder in denen anderer vielleicht »falsch« waren.

Mit dem Herzen verstehen

Denk daran, Elizabeth Anne, wir wissen niemals wirklich,
was in einem anderen Menschen vorgeht, warum er handelt,
wie er es tut. Versuche zu verstehen, dass er seine Gründe hat.
Manilla Longan

Meine Mutter war eine natürliche Heilerin. Sie versuchte mir immer klar zu machen, dass wir einen anderen Menschen nie ganz verstehen werden, aber akzeptieren können, dass dieser Mensch seine persönlichen Gründe für sein Handeln hat. Sie interpretierte nicht, analysierte nicht und versuchte nicht, intellektuell zu verstehen. Sie »verstand« mit dem Herzen.

Im Laufe der Jahre habe ich erkannt, wie destruktiv es ist, andere Menschen zu interpretieren. Die mit solchen Interpretationen einhergehende Arroganz und Wertung zerstört Beziehungen. Selbst wenn unsere Interpretationen logisch klingen und auf »Fakten« beruhen, haben sie möglicherweise nicht das Geringste mit der Realität zu tun.

Wenn wir andere Menschen analysieren oder zu ergründen versuchen, machen wir sie zu einem Objekt der Beobachtung. Wir haben uns über sie gestellt und sind ihnen gegenüber gleichgültig geworden. Und wir versuchen etwas zu tun, was sie für sich selbst tun müssen.

Wenn wir mit dem Herzen verstehen, erkennen wir, dass andere Menschen »Gründe« für ihr Verhalten haben, von denen wir nichts wissen. Wir können sie als Menschen betrachten wie uns selbst – Menschen, die darum ringen, vom Leben zu lernen.

Versuchen Sie, sich mithilfe eines inneren Warnsystems bewusst zu machen, wenn Sie anfangen, andere zu analysieren oder zu interpretieren. Hören Sie damit auf und probieren Sie stattdessen, den anderen mit dem Herzen zu verstehen.

Tief schürfenderes Lernen

Derjenige, der weiß, »wie«, wird immer einen Job haben. Derjenige, der weiß, »warum«, wird immer sein Boss sein.
Diane Ravitch

Wir sind viel klüger, als manche Leute denken. Wir leben in einem technologischen Zeitalter, in dem die Nachfrage nach Technikern groß ist und Unternehmen bereit sind, hervorragende Gehälter (mit Prämien!) an gute Techniker zu zahlen. Glücklicherweise sind gute Gehälter und Prämien aber nicht genug. Wir wollen mehr vom Leben. Wir wollen etwas wissen. Wir wollen herausfinden, was hinter den Dingen steckt – sogar, was hinter dem Leben steckt. Wir wollen die mit dem Lernen verbundene Kreativität erfahren, wir wollen lernen. Wir wollen beweglich sein und unseren Horizont erweitern. Es gibt so viel zu entdecken. Warum sollten wir nicht forschen?
Und sobald wir das »Wie« eines bestimmten Phänomens erforscht haben, sind wir bereit, noch tiefer zu gehen. Es ist großartig, zu lernen, *wie* man etwas macht, ob es sich nun um die Zubereitung eines exotischen Menüs oder das Schnitzen einer schönen Holztür handelt.
Wenn wir dann für das exotische Rezept Experte oder Expertin geworden sind, wollen wir es variieren. Sobald wir die Tür fertig gestellt haben, machen wir die Holzschnitzerei vielleicht zu unserem Hobby. Wir geraten aus dem Gleichgewicht, wenn wir schon an der Oberfläche aufhören, und wir blühen auf, wenn wir viel über etwas wissen, das uns fasziniert.

Geben Sie Ihrem Drang nach, mehr wissen zu wollen. Halten Sie nach Büchern, Menschen und Bildungseinrichtungen Ausschau, die Ihnen weiterhelfen können. Es ist anregend.

Vorstellungskraft

Ohne Vorstellungskraft gibt es keine Güte, keine Weisheit.
Anonym

Wie wunderbar ist doch unsere Vorstellungskraft! Als wir Kinder waren, fiel es uns so leicht, etwas zu erfinden: Wir hatten imaginäre Spielgefährten, wir sahen Segelschiffe in den Wolken und dachten uns beim Spielen Charaktere, Geschichten und Rollen aus.

Was ist damit geschehen? Als Erwachsene kommt unsere Vorstellungskraft oft nur noch dann ins Spiel, wenn wir uns Gedanken darüber machen, was irgendjemand über uns denkt: »Ich bin sicher, dass sie mich hasst; sie verhielt sich ganz seltsam, als ich ihr vor ein paar Tagen zufällig begegnete.« – »Er ist hinter mir her.« Vielleicht ist unsere Vorstellungskraft so außer Übung, dass sie sich ins Negative verkehrt hat.

Das können wir in Ordnung bringen. Unsere Vorstellungskraft fordert uns nur auf, uns das gesamte Spektrum der Möglichkeiten anzuschauen. Das kann sich auf etwas ganz Gewöhnliches beziehen. Wir haben beispielsweise ein hübsches, altes Eckschränkchen aus Pinienholz, das wir für unser Haus gekauft haben. Es sieht aus, als wäre es speziell für eine bestimmte Ecke in unserem Heim angefertigt worden (vor hundert Jahren!). Gleichzeitig wollen wir aber auch Vorhänge am Fenster anbringen, und die Gardinenstange beansprucht denselben Platz wie der obere Teil des Schränkchens ... Es ist also Zeit für ein wenig »Vorstellungskraft«.

Kommen Sie wieder mit Ihrer kreativen Vorstellungskraft in Kontakt. Versuchen Sie, sie zur Lösung einfacher Probleme in Haus und Garten einzusetzen.

Die Nachrichtenmedien

Ich werde nervös und depressiv, wenn ich Zeitung lese und mir die Fernsehnachrichten anschaue.
Louise

Die Medien haben sich in den vergangenen fünfzig Jahren sehr verändert. Der Schwerpunkt scheint sich von der Verbreitung von Informationen auf das Schüren von Ängsten und die Befriedigung der Sensationsgier verlagert zu haben. Selten wird über jemanden berichtet, der sein Leben still, gelassen und glücklich lebt – es sei denn, die Geschichte hat einen »Haken«. Selten werden hilfreiche Informationen vermittelt – es sei denn, sie sollen dazu dienen, uns bestimmte Botschaften »unterzujubeln« oder unsere Wahrnehmung zu manipulieren. Wirtschaft und Technologie nehmen einen immer größeren Raum ein, und »menschliche« Themen treten immer mehr in den Hintergrund. Wir hören oder sehen fast nie etwas über die einzelnen heldenhaften Menschen, die still an der Rettung der Feuchtgebiete arbeiten oder der Öffentlichkeit Wissen über selten gewordene Tiere wie Wölfe vermitteln oder Setzlinge pflanzen, um die Erde zu heilen. Wie können wir im Gleichgewicht sein, wenn die Quellen, bei denen wir uns Informationen holen, so unausgewogen sind?

Verzichten Sie eine Woche lang auf Zeitungen und andere Medien.
Verbringen Sie die so gewonnene Zeit entweder mit Angehörigen und Freunden oder lesen Sie meditative Texte.
Schauen Sie, was passiert. Versuchen Sie, auf andere Weise Informationen einzuholen.

Dienen

Gott dienen heißt, den Menschen Gutes zu tun.
Aber das Beten wird als leichterer Dienst betrachtet
und deshalb im Allgemeinen bevorzugt.
Benjamin Franklin

Viele von uns würden gern auf irgendeine Weise dienen, wenn sie nur wüssten, wie. Und irgendwie entmutigt uns die Vorstellung auch. Echtes Dienen ist so »persönlich«. So *konkret.* Und, geben wir es ruhig zu, manche von uns empfinden eine gewisse Scheu und Unzulänglichkeit, wenn es um konkretes Dienen geht. Wir spenden lieber Geld – eine gute Sache und nicht allzu persönlich. Wir beten lieber – das ist hygienischer und ebenfalls nicht allzu persönlich. Nachdem wir das eine oder das andere getan haben, fühlen wir uns besser. Dennoch kann nichts das ersetzen, was wir für jemand anderen tun – persönlich.

Irgendetwas an dieser besonderen Aktivität lässt uns wieder aufrechter gehen. Wir müssen nichts Großartiges tun. Wir können unsere Fähigkeit zu dienen im Kleinen trainieren, indem wir beispielsweise einem alten Menschen helfen, Müll aufsammeln oder jemandem, der in Eile ist, den Vortritt in der Schlange vor der Kasse lassen. Was wir auch tun, dienen ist ein Gebet, und wir brauchen viele Gebete, um unser Leben ins Gleichgewicht zu bringen.

Tun Sie jeden Tag irgendetwas, das anderen oder dem großen Ganzen dient, und Sie werden immer mehr Möglichkeiten zu dienen entdecken. Dienen ist Freundlichkeit in Aktion.

Herausragen

Das Leben hat mich gelehrt, dass wir nicht wegen unserer Fehler abgelehnt oder gehasst werden, sondern wegen unserer Qualitäten.
Bernard Berenson

Es ist ziemlich gefährlich, herausragend zu sein! Wir leben in einer Welt, in der Mittelmäßigkeit Sicherheit bedeutet. Besonders Frauen haben gelernt, dass es sehr riskant ist, den eigenen Kopf über die Masse zu erheben. Es gibt immer ein paar Leute, die gern auf irgendetwas zielen, einschließlich Köpfen. Leider mussten wir oft auf die harte Weise lernen, dass die, die am liebsten Köpfe rollen lassen, andere Frauen sind, obwohl auch Männer gern die Gelegenheit ergreifen.

Irgendwo, irgendwie haben wir gelernt, dass die sicherste Position, die wir einnehmen können, ganz hinten unten ist. Wir sitzen auf unserer Kraft und versuchen, sie vor anderen (sogar vor uns selbst!) zu verbergen. Vielleicht haben wir die *Illusion* der Sicherheit, während wir uns wie ein verstopftes Abflussrohr fühlen.

Zu unserer Kraft zu stehen, mag gefährlich sein ... aber es macht mit Sicherheit Spaß!

Setzen Sie sich hin und schreiben Sie auf, in welcher Weise Sie Ihre Kraft und Energie unterdrücken. Welche dieser Verhaltensweisen sind Sie bereit aufzugeben? Nehmen Sie sich für heute eine vor.

Sorgen und Kontrolle

Sorgen können dem Morgen seinen Schmerz nicht nehmen;
sie rauben nur dem Heute seine Kraft.
A. J. Cronin

Wie oft berauben wir uns selbst unseres inneren Gleichgewichts, indem wir uns unseren Sorgen hingeben? Sich zu sorgen, ist zu einer Art Nationalsport geworden ist. Manche Leute sind sogar der Meinung, sie seien es ihren Freunden und Angehörigen schuldig, sich um sie zu sorgen.

Vor ein paar Tagen stand ich in einer Schlange am Flughafen, um ein Ticket ändern zu lassen. Die Schlange bewegte sich *sehr* langsam vorwärts, aber es war klar, dass die Leute hinter dem Schalter ihr Bestes taten. Während wir warteten, begannen sich die direkt vor mir stehenden Männer aufzuregen und steigerten sich immer mehr in ihre Erregung hinein. Sie marschierten wiederholt zum Schalter, um der Angestellten der Fluglinie zu erklären, wie dringend ihr Anliegen sei – sogar noch, nachdem man ihnen erklärt hatte, dass sie den gewünschten Flug auf keinen Fall mehr erreichen würden. Diese Männer waren fest davon überzeugt, die Angestellte der Fluglinie könne das Problem lösen, das die Männer in ihrem eigenen Innern geschaffen hatten. Es war so offensichtlich, dass sie sich selbst in Rage brachten und nur *sie selbst* dafür sorgen konnten, dass sie wieder ins Gleichgewicht kamen. Nur wenn sie ihre Illusion der Kontrolle aufgeben, können Sie entspannt, gelassen und ausgeglichen sein.

Wenn Sie merken, dass Sie anfangen, sich über irgendetwas Sorgen zu machen, sollten Sie Folgendes tun: innehalten, schauen, was Sie zu kontrollieren versuchen, loslassen, sich entspannen und wieder zum inneren Gleichgewicht zurückkehren.

Vorbereitet sein

Gott nieste. Was hätte ich zu ihm sagen können?
Henny Youngman

Gibt es nicht Augenblicke, in denen uns vor Überraschung die Worte fehlen? Unsere Lebenserfahrungen haben uns einfach nicht auf diese besondere Situation vorbereitet. Nun ja, das sind Zeiten, in denen wir aus dem Gleichgewicht geraten können. Mein Gott, wie wir es doch lieben, gut vorbereitet zu sein! Irgendwann haben wir die mehr oder weniger subtile Botschaft verinnerlicht, dass der Weg zur Sicherheit über das »Vorbereitetsein« führt. Doch gibt es immer wieder Begebenheiten, mit denen wir nie gerechnet hätten.

Möglicherweise ist die höchste Form des Vorbereitetseins die Fähigkeit, in jeder Situation locker zu bleiben. Vielleicht geht es darum, eine so vertraute, starke Beziehung zu Gott zu haben, dass wir, wenn »Gott niest«, einfach fragen können: »Brauchst du ein Taschentuch?«

Auf »alles« vorbereitet zu sein, wird uns nicht retten. Präsenz vielleicht.

Prüfen Sie, ob Ihre Illusionen hinsichtlich der Notwendigkeit, vorbereitet zu sein, Ihr Leben einschränken. Wie können Sie Ihre Fähigkeiten nutzen und gleichzeitig »loslassen«?

Freundlichkeit

Ein bisschen Güte von Mensch zu Mensch
ist besser als alle Liebe zur Menschheit.
Richard Dehmel

Manchmal scheint es, als würde unsere Welt immer abstrakter und dadurch im Laufe der Zeit immer weniger vertraut. Das Leben in Großstädten und unpersönlichen, isolierten Vorort-Einfamilienhäusern macht es uns leicht, die abstrakte Vorstellung aufrechtzuerhalten, dass wir ein liebevoller Mensch sind, ohne dass wir diese Hypothese außerhalb eines sehr engen Kreises von Angehörigen und Freunden überprüfen müssen.

Freundlichkeit bedeutet, dass das Herz sich weitet und verstopfte Arterien sich öffnen, bevor Sie überhaupt merken, dass Sie ein Problem haben. Freundlichkeit ist der schlichte, unspektakuläre Akt, im Kontext unseres Alltags präsent zu sein. Freundlichkeit bedeutet, traditionelle gesellschaftliche Rituale aufzugeben, um die Kluft der Isolation zu überwinden und ein anderes Wesen zu berühren. Freundlichkeit ist ein Ausdehnen, eine Bewegung, ein Berühren, das mehr mit Fühlen als mit Denken zu tun hat.

Wenn wir freundlich sind, sehen wir ein Selbst, das wir mögen und sogar lieben können. Jeder von uns ist fähig, freundlich zu sein.

Seien Sie freundlich zu einem Fremden.

Kinder

Die meisten Leute bekommen Kinder, weil sie schwanger werden.
Barbara Kingsolver

Es gibt so viele Gründe dafür, Kinder zu haben – die meisten davon kennen wir wahrscheinlich selbst nicht. Manche Leute sagen, wir seien Sklaven unserer Hormone und des Fortpflanzungstriebs unserer Spezies. Andere bekommen Kinder, weil sie den Familiennamen oder ihre Gene vererben möchten. Wieder andere zeugen Nachkommen, weil sie es als das »letzte große Abenteuer« betrachten, nachdem sie »alles andere« ausprobiert haben. Manche bekommen Kinder aus egoistischen Gründen. Manche, um zu lieben und geliebt zu werden. Manche wollen einfach die Erfahrung machen. Einige wollen dadurch eine Ehe retten oder rechtfertigen. Wieder andere bekommen Kinder, weil sie Kinder lieben. Und manche werden Eltern, weil sie die Verantwortung übernehmen wollen, ein anderes Lebewesen zu unterstützen und zu ernähren.
Hier eine andere Perspektive: Vielleicht schenkt Gott uns Kinder, um uns aus dem Gleichgewicht zu werfen. Vom Augenblick ihrer Zeugung an zerschmettern sie unsere Illusion von Ordnung und Kontrolle. Auch unser Bedürfnis nach makelloser Kleidung und perfektem Chic ist angesichts erbrochenen Babybreis und gelbgrüner Kinderkacke nicht aufrechtzuerhalten.
Das Geschenk der Kinder an uns ist, dass sie unser Leben aus dem Gleichgewicht bringen, damit wir den Versuch, unsere Welt zu etwas Statischem zu machen, aufgeben können. Gott segne sie dafür.

Vielleicht wäre jetzt ein guter Zeitpunkt, die Dinge aus einer anderen Perspektive zu betrachten und Unterbrechungen und ungeplante Ereignisse als etwas Positives zu sehen, das uns helfen kann zu wachsen.

Überstrapaziert

Wenn ich anfange, meine Zähne unter der Dusche zu putzen,
wird mir klar, dass ich überstrapaziert bin.
Connie

Wir glauben, wir »sparen Zeit«, wenn wir notwendige Aktivitäten zusammendrängen. Wir nähren die Illusion, Effizienz sei die Fähigkeit, mehrere Aufgaben gleichzeitig zu erledigen, ohne uns einer davon ganz zu widmen. Wir berauben uns der Möglichkeit, dessen, was wir tun, gewahr zu sein, während wir nach Möglichkeiten suchen, noch mehr zu schaffen.

Ironischerweise führt unser Versuch, mehrere Dinge gleichzeitig zu tun und so viel wie möglich in kürzester Zeit zu erreichen, dazu, dass wir unseren »Stresspegel« erhöhen, was wiederum zur Folge hat, dass wir weniger effizient sind und mehr Fehler machen.

Aber halten wir nun inne, um uns die Resultate unserer Hetzerei anzuschauen? Nein! Wir machen weiter wie bisher und bleiben bei unserer eingefahrenen Vorstellung darüber, was effizient ist und was nicht.

Sie müssen doch zugeben ... Das ist komisch!

Welche Warnsignale weisen Sie darauf hin,
dass Sie sich selbst überstrapazieren?
Schreiben Sie sie einmal auf und sprechen Sie mit einem anderen
Menschen darüber, damit die Wahrheit ans Licht kommt.

Wechselseitige Abhängigkeit

Alle Dinge verdanken ihre Existenz und ihr Wesen ihrer gegenseitigen Abhängigkeit und sind allein nichts.
Nagarjuna

Sind Sie bereit, Ihre Illusion aufzugeben, dass Sie aus sich selbst heraus existieren und im Universum für sich allein stehen? Viele »Selfmademen« und »-women« fallen dieser Illusion zum Opfer. Sie meinen, sie würden alles, was sie tun, selbst tun und sie allein hätten den Weg zu ihrem Erfolg geebnet.

Diese Illusion hat ihren Preis. Um sie aufrechterhalten zu können, müssen wir die Frau vergessen, die uns geboren hat, die Menschen, die uns aufzogen – die Leute, die uns etwas beibrachten: durch ihr Vorbild und das Gegenteil davon. Wir müssen die Schmerzen ignorieren, die wir durch die erlitten, die uns liebten, und auch durch die, die sich weigerten, uns zu lieben. Wir müssen die Erinnerungen an die Tiere, Felsen und Bäume begraben, die ihre Essenz mit uns teilten, als wir es am nötigsten brauchten. Wir müssen uns dem Wissen um jene unbekannten Kräfte verschließen, die auf eine Weise zu unserem Leben beigetragen haben, die unser Verstehen übersteigt. Außerdem müssen wir noch die vergessen, die unsere Kleider nähen, unsere Häuser errichten, unsere Nahrung anbauen und zubereiten, damit wir auf unserem Weg der Selbstverwirklichung weitergehen können. Nur wenn wir um unsere Abhängigkeit, Unabhängigkeit und wechselseitige Abhängigkeit wissen, können wir zu einem inneren Gleichgewicht finden.

Gehen Sie die oben stehende Liste noch einmal durch,
fügen Sie ein paar eigene Kategorien hinzu, und erkennen Sie
die Leistung der Menschen an, die dazu beigetragen haben,
dass aus Ihnen etwas geworden ist.

Begeisterung

Sie werden törichte Dinge tun, aber tun Sie sie mit Begeisterung!
Colette

Ah, Begeisterung! Das ist nicht etwas, das nur für Kinder, Ungebildete und Verrückte reserviert ist. Begeisterung ist eine normale menschliche Reaktion auf die Freuden, spannenden Ereignisse und Überraschungen des Lebens. Warum sollten wir sie nicht zulassen?

Begeisterung ist eine ausgleichende Kraft. Sie entzündet das Feuer des Lebens und facht es immer wieder neu an, wenn es heruntergebrannt ist. Begeisterung lässt die Lebenssäfte fließen. Sie verwandelt das Gewöhnliche in etwas Außergewöhnliches und öffnet die Tür zu immer mehr phänomenalen Ereignissen.

Begeisterung ist ansteckend. Ein einziger enthusiastischer Mensch kann eine ganze Gruppe von Leuten mitreißen, die vorher nur gelangweilt oder untätig herumhingen. Es ist gut, die Lebenssäfte zum Fließen zu bringen.

Wie um alles in der Welt kamen wir nur auf die Idee, Begeisterung sei »nicht cool«? Wer redete uns ein, wir seien zu alt dafür? Wie sind wir zu der Überzeugung gelangt, begeisterte Menschen würden versuchen, uns zu manipulieren, oder seien unrealistisch? Vergessen Sie all das! Ignorieren Sie es!

Jeder von uns besitzt immer noch eine tiefe Quelle der Begeisterung im Innern, auch wenn sie vielleicht ziemlich verschüttet ist. – Graben Sie ein wenig.

Pflegen Sie Aktivitäten, die Ihre Begeisterung nähren.

Liebevolle Träume

Ich lasse mich nicht in die Träume wütender Menschen hineinziehen.
Hmong Villager

Wie tiefsinnig! Rühren unser Unbehagen und unser Mangel an Ausgeglichenheit nicht zum großen Teil daher, dass wir in die Träume wütender Männer oder Frauen involviert sind, ganz gleich, ob wir selbst diese Träumer sind oder unsere Angehörigen, Kollegen, Chefs oder Politiker?
Wir können wählen, ob wir uns in die Träume wütender Menschen hineinziehen lassen wollen. Wir können ganz allein anfangen, die Träume eines *liebevollen* Menschen zu träumen. Tief im Innern wollen die meisten von uns liebevolle Menschen sein. Wir möchten uns selbst als Liebende wahrnehmen und diese Liebe mit anderen teilen.
Manche von uns scheuen vielleicht das Risiko. Vielleicht wurden wir früher verletzt, zurückgewiesen, ignoriert oder sogar dafür bestraft, dass wir liebten. Das ist in Ordnung. Wir können es verkraften. Wir haben mit Sicherheit etwas daraus gelernt. Doch selbst wenn wir einst solche Erfahrungen machten und das Gefühl haben, dass wir uns schützen müssen, haben wir tief im Innern die Fähigkeit, die Träume eines liebevollen Menschen zu träumen und an den Träumen anderer Liebender teilzunehmen.

Was sind Ihre Träume als liebevoller Mensch?
Sind Sie mit ihnen in Kontakt oder müssen Sie ein bisschen danach suchen? Erlauben Sie sich, danach zu suchen.

Geschenke

Wenn das eigene Herz glücklich ist, macht man Geschenke.
Es [das Potlach-Fest] wurde uns von unserem Schöpfer gegeben,
damit wir unsere ureigene Lebensart ausdrücken können, wir,
die wir Indianer sind. Das Potlach wurde uns geschenkt, damit wir
auf diese Weise unsere Freude zeigen können.
Agnes Alfred

Was für ein Vergnügen ist es doch, Geschenke zu machen – etwas *vom* Herzen, etwas *zum* Herzen.
Die meisten Menschen bringen Blumen oder eine Flasche Wein mit, wenn sie zum Essen eingeladen sind. Doch wie oft schenken wir *spontan* etwas? Wie oft halten wir unsere Augen und Ohren offen, damit wir andere gut genug kennen, um genau das richtige kleine Geschenk für sie auszusuchen, eines, das ihren Herzen Flügel verleiht? Es macht so viel Spaß, die Überraschung und Freude auf dem Gesicht eines Menschen zu beobachten, den wir lieben. Wie viel mehr Spaß macht es dann, jemandem spontan etwas zu schenken, den wir gerade erst kennen gelernt haben. Wir müssen ein sehr großes Herz haben, um schenken zu können, und mit jedem Geschenk wird es größer. Wir müssen nicht »geben, bis es wehtut«. Wir müssen uns nicht den Kopf darüber zerbrechen, was wir schenken sollen. Wir können uns einfach von unserer Spontaneität leiten lassen.
Es macht Freude, Geschenke zu empfangen und Geschenke zu machen. Schenken bringt uns wieder ins Gleichgewicht.

Üben Sie sich im spontanen Schenken.

Stille Momente

Ich brauche täglich stille Momente. Es ist wie mit dem Vitamin C. Mein Körper kann die Ruhe nicht speichern. Ich brauche regelmäßige Dosen.
Wayne

Nicht wenige von uns, die wir chronisch zu viel tun, fallen am Wochenende einfach in sich zusammen, ziehen sich zurück oder werden krank. Wir schlafen den ganzen Tag oder das ganze Wochenende und meinen dann, nun für eine Weile wieder genug Ruhe gehabt zu haben.

Wir brauchen *jeden* Tag stille Momente, und es liegt an uns, uns diese Ruhepausen zu verschaffen. Ich möchte es noch einmal deutlich hervorheben: *Niemand anders wird dafür sorgen, dass wir ruhige Momente haben. Wir müssen das selbst tun.*

Unser inneres Selbst braucht einfach die tägliche Dosis an Ruhe und Stille, um sich wieder zu sammeln.

Manche Leute entscheiden sich dafür, morgens eine halbe oder eine Stunde früher aufzustehen. Das ist eine gute Idee, denn es ist klug, sich zuerst Zeit für sich selbst zu nehmen. Die meisten Menschen, die das tun, stellen fest, dass diese Zeit der Stille ihnen so viel Energie gibt, dass es ihnen gar nichts ausmacht, eine Stunde weniger zu schlafen.

Andere schließen sich zu Hause oder am Arbeitsplatz für ein paar Minuten in der Toilette ein – auch das bringt ein wenig Ruhe. Wieder andere machen Minipausen: Sie gönnen sich stille Augenblicke der Reflexion, während sie am Computer sitzen, Geschirr spülen oder einen Spaziergang machen.

Stille Momente sind für uns wie Nahrung, Wasser und Luft. Wir brauchen sie für unser Überleben.

Richten Sie sich Ihr Leben so ein, dass Sie Momente der Stille haben? Sind es genug? Was müssen Sie in dieser Hinsicht tun?

Heiterkeit

Heiterkeit sorgt für eine Art Tageslicht im Geist
und erfüllt ihn mit steter Gelassenheit.
Joseph Addison

Um es mit den Worten von Beverly Sills zu sagen: »Ich kann nicht jeden Tag glücklich, aber ich kann heiter sein.«
Heiter zu sein, ist eine Entscheidung, die zum Glücklichsein führt. Eine gedrückte Stimmung hat kaum eine Chance, wenn ein heiterer Mensch in der Nähe ist. Außerdem macht es Spaß, heiter zu sein.
Ein heiterer Mensch akzeptiert das Leben, wie es ist, und entdeckt das Gute in den Ereignissen. Was auch geschieht – wenn wir uns wirklich bemühen, können wir in fast allem und fast jedem Menschen etwas Gutes entdecken. Heiterkeit hält nach dem Guten Ausschau.
Wenn wir erkennen, dass für uns und unsere Lieben nichts wichtiger ist als unser innerer Frieden und unsere Freude, stellt sich Heiterkeit ganz von selbst ein. Wenn wir zu diesem Gefühl von innerem Frieden kommen, werden unsere Bedürfnisse, Wünsche und Sorgen weniger, und die, die bleiben, relativieren sich.
Es ist möglich, heiter zu sein, wenn wir die Realität akzeptieren und wissen, dass, wie auch immer die Gegenwart sich zeigt, die Zukunft anders sein wird.
Die Dinge mit Abstand zu sehen, lädt Heiterkeit in unser Leben ein.

Üben Sie sich darin, bei allem, was Sie tun und erleben,
heiter zu sein.

Sich um seine eigenen Angelegenheiten kümmern

Manche Menschen sind solche Experten darin, sich um die Angelegenheiten anderer Leute zu kümmern, dass sie dir sagen können, was du kochst, wenn sie den Rauch sehen, der aus deinem Kamin kommt!
Zora Neale Hurston

Natürlich haben Menschen, die zu viel tun, eigentlich *überhaupt* keine Zeit, sich um die Angelegenheiten anderer zu kümmern. Dennoch kann das für einige von uns ein Problem sein. Und zwar eines jener Probleme, die uns aus dem Gleichgewicht bringen.

Es gibt eine unbegrenzte Zahl von Leuten, die mehr als bereit sind, uns in ihre Angelegenheiten zu verwickeln. Wir erhalten vielleicht viele Aufforderungen, zu versuchen, Probleme zu lösen, die absolut nichts mit uns zu tun haben. Diese Aufforderungen sind immer in wunderschöne Schmeicheleien verpackt und wollen uns weismachen, dass wir über großes Wissen, große Erfahrung, Stärke oder Schönheit verfügen. Aber vergessen Sie nicht: Nur weil uns jemand einen Köder hinhält, müssen wir ihn noch lange nicht schlucken.

Wir müssen lernen, uns um unsere eigenen Angelegenheiten zu kümmern. Wenn wir uns zu sehr in Situationen verstricken, die andere sich geschaffen haben, um *selbst* etwas daraus zu lernen, geraten wir leicht in einen Sumpf. Wir müssen der Versuchung widerstehen, sofort helfend beizuspringen, besonders wenn uns niemand um Hilfe gebeten hat.

Wenn wir neu definieren, was unsere Angelegenheit ist, entdecken wir vielleicht, dass wir uns um viel weniger Probleme kümmern müssen, als wir dachten.

Üben Sie sich darin,
sich um Ihre eigenen Angelegenheiten zu kümmern.

Stress

Stress ist ein dummer Zustand. Er glaubt, alles sei ein Notfall.
Natalie Goldberg

Manche Menschen behaupten, Stress sei untrennbar mit unserem modernen Lebensstil verbunden – und das stimmt wahrscheinlich. Was sie aber nicht sagen, ist, dass wir uns einen Teil des Stresses selbst auferlegen und dass wir ziemlich viel Einfluss auf die Menge und Intensität dieses selbst auferlegten Stresses haben. So ist beispielsweise das Dramatisieren einer der wichtigsten Stressauslöser. Irgendetwas ganz Normales passiert, doch wir bauschen es unnötig auf und tun so, als ginge die Welt davon unter. Kürzlich war ich zu Gast bei einer Frau, die sich während meines gesamten Aufenthaltes so verhielt. Als ich abreiste, war ich ziemlich erschöpft. Ich verstrickte mich zwar nicht in ihre Dramen, empfand es aber dennoch als ermüdend, damit konfrontiert zu sein.

Ein anderer Bereich, in dem wir uns unnötig stressen, ist das Autofahren. Wir können lernen, beim Fahren weniger aggressiv zu sein. Außerdem stressen wir uns, indem wir versuchen, etwas zu tun oder zu erreichen, bevor der richtige Zeitpunkt dafür gekommen ist. Wir erkennen nicht, dass *unser* Zeitplan nicht unbedingt mit dem aller anderen Menschen oder mit allen Situationen harmoniert. Nur zu oft entwickeln sich die Dinge, wie sie wollen, ohne sich um unsere Absichten zu kümmern. Wenn wir das begreifen, wird unser Leben leichter. Ein Großteil unseres Stresses ist selbst erzeugt.

Schauen Sie sich an, auf welche Weise Sie in Ihrem Leben Stress erzeugen. Was können Sie im Hinblick auf den Umgang mit solchen Situationen ändern? Nehmen Sie die Warnsignale wahr, die Sie darauf hinweisen, dass sich Stress aufbaut.

Launen

Ich habe mich selbst nie als launische Person betrachtet, und doch habe ich Launen.

Louise

Die meisten Menschen betrachten sich selbst nicht als launisch. Und doch hat jeder von uns Launen, wenn er nicht völlig den Kontakt mit sich selbst verloren hat.

Sie sind ein Teil von uns wie alles andere, und wir müssen sie sicher nicht loswerden, obwohl wir *tatsächlich* lernen müssen, gut mit ihnen zu leben und vielleicht sogar zu erkennen, was sie uns lehren sollen.

Manchmal fangen wir anscheinend ohne besonderen Grund an, uns unausgeglichen zu fühlen, und werden ein bisschen gemein. Wir müssen auch diese Zeiten würdigen und respektieren, denn schlechte Laune kann manchmal zu einer wichtigen Wahrnehmung führen, die in unser Bewusstsein tritt, damit wir etwas lernen können.

Vor allem aber müssen wir lernen, darauf zu verzichten, unsere Launen an den Menschen auszulassen, die wir lieben. Sie werden dadurch verletzt, und wir fühlen uns schlecht. Wenn wir erst einmal gelernt haben, unsere Launen zu erkennen, können wir andere vor dem am Horizont heraufziehenden Gewitter warnen und sie deutlich wissen lassen, dass diese Laune nichts mit ihnen zu tun hat. Wir können ihnen versichern, dass in uns etwas entsteht, das uns eine Gelegenheit zum Lernen bietet. Wenn wir mit unseren Launen auf diese Weise umgehen, können wir uns und die Situation ins Gleichgewicht bringen.

Wie gehen Sie mit Ihren Launen um? Können Sie sie erkennen und angemessen mit ihnen umgehen? Wenn Sie Ihre Launen akzeptieren, statt sie zu leugnen, können Sie auch besser mit ihnen umgehen.

Selbsterforschung

In jedem Menschen gibt es drei vertikale Ebenen: die natürliche, die spirituelle und die himmlische.
Emanuel Swedenborg

Viele große Lehrer und spirituelle Richtungen haben auf drei Ebenen im Menschen hingewiesen. Freud sprach über das Es, das Ich und das Über-Ich. In der Huna-Tradition spricht man von der physischen Ebene, vom niederen Selbst und vom höheren Selbst. Die Christen nennen diese Ebenen das irdische Leben, die Hölle und den Himmel. Unabhängig davon, welche Betrachtungsweise uns anspricht oder welcher Richtung wir folgen, scheint es einen allgemeinen Konsens darüber zu geben, dass wir mehr als dieses bewusste Selbst sind (und uns deshalb auch mit mehr als unserem bewussten Selbst auseinander setzen müssen).
Manchmal bekommen wir eine Ahnung von diesen anderen Ebenen. Wir erhalten einen kurzen Einblick, haben eine Intuition, Träume, zufällige Gedanken und werden ohne unser Zutun einer der anderen Ebenen gewahr. Die Tatsache, dass wir manchmal Dinge tun, die wir selbst nicht verstehen, und Gefühle haben, die wir nicht erklären können, scheint diese Annahme zu bestätigen.
Das sind ja spannende Aussichten! Wir haben die grenzenlose Möglichkeit der Selbsterforschung. Aber wir können hier nicht nur mit unserem Intellekt forschen. Wir brauchen dazu unseren Geist, unsere Gefühle, Einflüsterungen, Träume und Geistesblitze.
Unser Leben bietet uns diese Gelegenheit.

Nehmen Sie sich die Zeit, Ihre inneren Universen aufmerksam zu erforschen. Es ist gut, wenn Sie für alles offen sein können, was Ihnen hier zur Verfügung steht.

Vorbereitung

Vorbereitung ist das A und O guter Arbeit bei den Proben. Alles andere – die Kunst des Ausdrucks, Improvisationstalent – sind Satelliten, die um die Sonne kreisen. Sorgfältige Vorbereitung ist diese Sonne.
Louis Nizer

Vorbereitung schafft eine gute Möglichkeit des Ausgleichs. Ich spreche hier nicht von der Art von Vorbereitung, die viel beschäftigte Menschen manchmal betreiben – die hektischen, besessenen Aktivitäten in letzter Minute. Ich spreche von der ruhigen (ja sogar langsamen), vernünftigen, gründlichen Vorbereitung auf eine gestellte Aufgabe.

Sich für etwas zu präparieren – egal, was –, kann an sich schon Spaß machen. Wir können die verschiedenen Möglichkeiten untersuchen, Informationen sammeln, auf Überraschendes stoßen und neue Ideen und Ansätze entwickeln. Wir können Informationen an Plätzen erhalten, wo wir keine vermuteten, und uns in Bereiche vorwagen, die wir uns bis dahin gar nicht vorstellen konnten. Gute Vorbereitung ist ein Abenteuer und eine Entdeckungsreise. Es ist aber auch noch viel mehr.

Wenn wir gut vorbereitet sind, fühlen wir uns ausgeglichener und sicherer: Wir können uns erlauben, spontaner zu sein – mehr zu improvisieren, wenn Sie so wollen. In diesem Zustand ist die Wahrscheinlichkeit größer, dass wir in der Lage sein werden, angemessen, ja sogar kreativ auf neue und überraschende Informationen zu reagieren.

Wie gehen Sie an die Vorbereitung Ihrer Aufgaben heran?
Könnten Sie mehr dafür tun, um ruhig und zentriert in eine potenziell stressige Situation hineinzugehen?
Machen Sie Ihre Hausaufgaben.

Lächeln

Ein Lächeln ist ein Licht auf Ihrem Gesicht, das andere wissen lässt, dass Sie zu Hause sind.

Anonym

Die Rede ist hier von einem echten Lächeln, nicht einem, das man aufsetzt. Jeder kann ein künstliches Lächeln durchschauen. Es leuchtet kein Licht darin.

Aber ach ... das Licht in einem echten Lächeln! Es kann das »unattraktivste« Gesicht schön erscheinen, die »uninteressanteste« Person faszinierend wirken lassen.

Ein Lächeln ist gut für alle, die es zu sehen bekommen. Es ist eine Einladung zum Strahlen, ein Beweis für Lebendigkeit und eine Geste des Friedens. Ein echtes Lächeln kann Türen und Herzen öffnen und Licht in die Dunkelheit bringen.

Es ist auch gut für den Lächelnden selbst. Wenn wir lächeln, entspannt sich unser Kopf, und die Muskeln, die wir beim Denken und unter Stress anspannen, müssen sich ein bisschen lockern. Dadurch wird eine Kettenreaktion in Gang gesetzt, Leichtigkeit stellt sich ein, wo zuvor nur Schwere herrschte. Ein Lächeln kostet auch nicht viel. Es kostet eigentlich überhaupt nichts, und die Resultate sind beachtlich.

Na los: Lächeln Sie mehr.

Vergleiche

Demut, die damit beginnt, dass man das Selbst als unvollkommen akzeptiert, hat kein Interesse daran, über andere zu urteilen: »Demütig sein heißt, keine Vergleiche anzustellen.«

Ernest Kurtz und Katherine Ketcham

Wer um alles in der Welt hat das Vergleichen erfunden? Und warum bringt man uns bei, stets alles vergleichend zu bewerten und dabei entweder sich oder den anderen zu disqualifizieren? Ist jemals etwas Gutes dabei herausgekommen, wenn wir uns mit anderen auf diese Weise gemessen haben (oder die anderen sich mit uns)? Irgendjemand verliert dabei immer. Da jeder von uns vollkommen einzigartig ist, vergleichen wir eigentlich immer Äpfel mit Birnen – was hat das für einen Sinn?

Es ist unmöglich, mit sich selbst oder mit anderen zufrieden zu sein, wenn man sich ständig mit anderen vergleicht. Man kann nicht glücklich mit seinem Partner sein, wenn man ihn stets mit jemand anderem vergleicht. Es ist nicht möglich, glücklich und zufrieden zu werden, wenn man seinen Arbeitsplatz an dem eines anderen misst. Und es ist aussichtslos, glücklich und zufrieden mit etwas sein zu wollen, das man selbst geschaffen hat, wenn man stets irgendetwas dagegenhält, was jemand anders zuwege gebracht hat. Vergleiche können sehr destruktiv sein, und sie sind selten, wenn überhaupt, nützlich.

Vergleiche sollten bei Ihnen die rote Warnlampe aufleuchten lassen. Wenn Sie merken, dass Sie anfangen, all Ihr Tun mit anderen zu vergleichen, halten Sie inne und fragen Sie sich, ob Sie das wirklich wollen.

Die Pflege des eigenen Heims

Mein Leben wurde viel leichter, als ich begriff, dass es im Haus und in seiner Peripherie immer etwas zu tun geben würde.
Chuck

Als junge Hausfrau und berufstätige Frau hatte ich die Illusion gehabt, mein Haus würde, nachdem ich es nach meinen Wünschen gestaltet hätte (was natürlich Zeit und Mühe kosten würde), »für immer« so bleiben. Niemand hatte mich darauf vorbereitet, dass Sofabezüge sich abnutzen, Wände gestrichen und wieder gestrichen werden müssen, dass Geschirr zerbricht und sich abstößt.
Mein Mann ging an den Bereich, für den er in unserem Haus Verantwortung übernommen hatte, auf die gleiche Weise heran. Er dachte, er könnte die Gestaltung und Wartung ein für alle Mal erledigen.
Mit dieser Einstellung begannen wir uns bald als Opfer unseres Hauses zu fühlen. Wir wurden richtig wütend auf unser »Traumhaus«, das unser ganzes Leben durcheinander brachte. Doch als wir aufhörten, unser Heim als eine Reihe großer Projekte zu betrachten, die irgendwann abgeschlossen sein würden (damit wir uns endlich entspannen könnten), und anfingen, das Haus als einen lebendigen, sich verändernden Organismus zu betrachten, der für unsere Lebensqualität eine sehr wichtige Rolle spielte und zu dem wir eine dauerhafte Beziehung hatten, entspannten wir uns mehr und mehr. Wir konnten mit unserem Heim zusammenarbeiten und es pflegen, wie wir unseren Körper, unsere Beziehungen und unsere Spiritualität pflegen.

Welche Einstellung haben Sie zur Pflege Ihres Heims? Müssen Sie einige Veränderungen vornehmen, um Ihr Leben zu verbessern?

Wut

Ich habe es mir zur Regel gemacht, nie »auszurasten«,
bis es schädlich wäre, es nicht zu tun.
Sean O'Casey

Hier müssen zwei wichtige Punkte hervorgehoben werden: erstens der Versuch, sich zu beherrschen, und zweitens die Erkenntnis, dass es Situationen gibt, in denen es schädlich ist, die eigene Wut zurückzuhalten.

Wut ist kein negatives Gefühl, sondern ein natürliches Phänomen, das seinen Sinn hat. Manchmal ist unsere Wut gerechtfertigt, manchmal nicht. Aber darum geht es gar nicht. Es geht darum, wie wir mit diesem Gefühl umgehen.

Vor Wut »auszurasten«, kann sowohl für uns selbst als auch für andere schädlich sein. Aber auch das Unterdrücken unserer Gefühle kann schädlich für uns selbst und andere sein.

Wir brauchen sichere Orte, an denen wir unsere Wut zulassen und auf eine Weise freisetzen können, dass sie weder gegen uns selbst noch gegen andere Menschen gerichtet ist. Wenn wir sehr stark reagieren, steckt oft ein älteres, tiefer sitzendes Problem dahinter, das durch einen äußeren Anlass reaktiviert wurde und bearbeitet oder gelöst werden kann.

Ich schlage vor, sich einen sicheren Ort zu schaffen, an dem am besten eine Matte auf dem Boden liegen sollte, auf der man sich ausstrecken und seinen Gefühlen freien Lauf lassen kann. Das wirkt immer wie ein gründlicher »emotionaler Einlauf«.

Schaffen Sie sich zu Hause einen sicheren Ort,
an dem Sie sich ausstrecken und Ihre Gefühle herauslassen können.

Genug haben

Ich war niemals arm, nur pleite. Arm sein ist eine Geisteshaltung. Pleite sein ist nur ein vorübergehender Zustand.

Mike Todd

Wir können eine Menge Geld haben und trotzdem arm sein. Aber es ist auch möglich, dass wir überhaupt kein Geld haben und trotzdem nicht arm sind.

Obwohl ich in einer Familie aufwuchs, die manche Leute als »arm« bezeichnen würden, habe ich mich nie arm *gefühlt*. Ich habe das auch bei anderen beobachtet, die kein Geld hatten.

Verstehen Sie mich nicht falsch. Ich mag Geld, und wenn ich welches habe, genieße ich es. Aber andere als arm zu betrachten, setzt eine gewisse Arroganz voraus. Oft brauchen diejenigen, die andere (oder sich selbst) auf diese Weise betrachten, gerade das, was jene haben, die von ihnen als arm bezeichnet werden.

Wenn »arm sein« eine Geisteshaltung ist, dann bedeutet dies, dass wir uns sagen, wir hätten nicht genug, und wahrscheinlich glauben, wir würden niemals genug haben. Für jemanden mit dieser Geisteshaltung kann es allerdings nie wirklich genug geben.

Genug haben bedeutet, dass wir uns der Fülle gewahr sind, die uns umgibt. »Genug« entspringt einem Bewusstsein, das wertschätzt, was wir haben, und sich nicht auf das fixiert, was wir *nicht* haben. Genug haben bedeutet, dass wir selbst »genügend« sind und in jedem Augenblick unseres Lebens gut mit dem leben können, was wir haben.

Sind Sie in einem Bereich Ihres Lebens in einen Kampf verstrickt, bei dem es um »genug/nicht genug« geht? Begegnen Sie dem Problem, indem Sie täglich aufschreiben, wofür Sie dankbar sind.

Das Wetter

Nie war die Erde so lieblich oder die Sonne so strahlend wie heute ...
Nikinapi

Nie war die Erde so lieblich wie an diesem schönen, regnerischen Tag. Nie war die Erde so lieblich wie an diesem schönen Tag des Schneetreibens. Nie war die Erde so lieblich wie an diesem schönen, nebligen Tag. Die Erde ist so lieblich. Den amerikanischen Ureinwohnern war in ihrer Weisheit klar, dass die Erde alle möglichen Arten von Wetter braucht, um im Gleichgewicht bleiben und gedeihen zu können. Gäbe es nur sonnige Tage, würde sie verdorren. Gäbe es nur regnerische, würde nichts wachsen. Wie die Erde brauchen auch wir den Ausgleich, um wachsen und das Leben in allen Aspekten wahrnehmen zu können.

Können Sie sich noch daran erinnern, wie es war, wenn es wegen heftiger Schneefälle schulfrei gab? War das nicht ein Geschenk des Himmels? Ein »freier« Tag. Es war zu kalt, oder der Schnee lag zu hoch, um zur Schule zu gehen, und wir konnten darin spielen oder es uns zu Hause gemütlich machen.

Die verschiedenen Wetterlagen beeinflussen uns. Manchmal laden uns regnerische Tage dazu ein, uns zurückzuziehen und uns mit stillen Aktivitäten zu beschäftigen. Sonnige Tage können uns Kraft und Energie geben. Wenn wir uns auf die Wetterlage einstimmen, die die Natur uns schenkt, ist jeder Tag schön, und jeder kann eine Reaktion in uns auslösen, die gerade dann richtig und notwendig für uns ist.

Wir können dankbar jeden Tag annehmen, wie er ist,
und wir können genau jetzt damit anfangen.

Die Ehe

Es dauert lange, bis man wirklich verheiratet ist. Man heiratet im Laufe einer Ehe viele Male und auf vielen Ebenen. Wenn Sie innerhalb der Ehe mehr Hochzeiten als Scheidungen haben, sind Sie ein glücklicher Mensch und halten durch.

Ruby Dee

Man kann in einer Ehe oder einer intimen Beziehung nie ein Gleichgewicht herstellen, indem man versucht, die Beziehung so zu gestalten, wie man sie haben will, und sie dann möglichst so zu belassen. Die Ehe ist ein ständiger Prozess, an dem beide Partner aktiv teilhaben können. Wenn wir versuchen, eine Beziehung in einen »vollkommenen« Zustand zu bringen, um dann an diesem Zustand festzuhalten, laden wir den Tod in diese Beziehung ein, die sich doch stets in lebendiger, veränderlicher Entwicklung befinden sollte. Die einzige Möglichkeit, einen Prozess, der uns wirklich wichtig ist, lebendig zu erhalten, besteht darin, an ihm zu partizipieren. Gleichgewicht bedeutet Teilnahme. Eine gute Ehe vereint Teilnahme mit Vergebung und Fürsorge. Stagnation hat hier keinen Platz.

Wenn wir wirklich teilnehmen und uns der Beziehung von der spirituellen Ebene her nähern, empfinden wir Liebe. Wenn wir aus unserem spirituellen Selbst heraus handeln, können Wunder geschehen.

Prüfen Sie, auf welche Weise Sie vielleicht versuchen, Ihre Ehe oder intime Beziehung zu etwas Statischem zu machen. Was müssen Sie tun, um sich von der Kontrolle zu mehr Teilnahme hinzubewegen?

Stresstoleranz

Unser gegenwärtiger Stresspegel entspricht exakt unserer Stresstoleranz.
Richard Carlson

Vor Jahren machte ich bei meiner Untersuchung über Arbeitssucht eine Entdeckung, die mich damals verblüffte. Arbeitssüchtige nutzten Stress reduzierende und die Gesundheit fördernde Aktivitäten, um ihre Arbeitssucht aufrechtzuerhalten! Unter dem Deckmantel der Stressbewältigung und Gesundheitspflege trainierten sie ihren Körper, um fitter zu werden, damit sie noch mehr arbeiten konnten. Unter dem Etikett der Ernährungsumstellung zugunsten ihrer Gesundheit nutzten sie gesunde Nahrungsmittel, um ihre Sucht kultivieren zu können. Sie erhöhten einfach ihre Stresstoleranz. Mit dem eigentlichen Problem setzten sie sich nicht auseinander.

Irgendwann haben wir im Laufe der Zeit den Mythos verinnerlicht, dass es eine gute Sache ist, unsere Stresstoleranz zu erhöhen – und sind deshalb mit einem progressiv ansteigenden Stresspegel konfrontiert.

Was wäre, wenn wir anfingen, unsere Stresstoleranz zu senken? Hätten wir dann weniger Stress in unserem Leben? Ich glaube, schon. Wäre das dann gut für unseren Körper, unseren Geist und unsere Seele? Ganz sicher.

Sind Sie bereit, Ihre Stresstoleranz und damit Ihren Stresspegel zu senken? Fangen Sie damit an, indem Sie mehr Zeit in der Natur und mit sich allein verbringen.

Veränderung vorleben

An einigen Tagen versuchte ich, das Büro pünktlich zu verlassen,
aber ich konnte es einfach nicht.
Roland

Ich kannte eine Geschäftsfrau, die beschlossen hatte, ihr Unternehmen auf vernünftige Weise zu führen. Einer ihrer Schritte in diese Richtung bestand darin, ihre Angestellten dazu anzuhalten, während des Arbeitstages gewissenhaft und hart zu arbeiten, dann aber das Büro pünktlich zu verlassen und möglichst keine Arbeit mit nach Hause zu nehmen. Dabei stieß sie auf eine Schwierigkeit: Ihre Mitarbeiter verließen das Büro nicht pünktlich, wenn sie selbst länger blieb. Und sie bestanden darauf, Arbeit mit nach Hause zu nehmen, solange sie selbst dies auch tat.

Wenn sie wollte, dass ihre Angestellten sich änderten und sich auf einen gesünderen Arbeitsrhythmus einließen, musste sie das Gleiche tun. Ihr Leben änderte sich dadurch dramatisch zum Besseren.

Worte sind großartig, aber die meisten Menschen glauben nicht daran, wenn derjenige, der sie ausspricht, sich selbst nicht daran hält. Bei Veränderungen mit gutem Beispiel voranzugehen, ist etwas völlig anderes, als über Veränderungen zu sprechen: Sag es mir nicht, zeig es mir!

Konzentrieren Sie sich auf die Veränderung,
die Sie sich an Ihrem Arbeitsplatz oder zu Hause wünschen,
und gehen Sie mit gutem Beispiel voran.

Ganzheit

Ein Mensch, der glaubt ..., dass es ein Ganzes gibt, von dem er ein Teil ist, und dass man, indem man ein Teil davon ist, ganz ist – ein solcher Mensch verspürt zu keiner Zeit den Wunsch, Gott zu spielen. Nur diejenigen, die ihr eigentliches Wesen verleugnen, haben diesen Wunsch.

Ursula K. LeGuin

Es hat etwas so Tröstliches zu wissen, dass die gesamte Schöpfung ein großes Ganzes ist und dass wir Teil dieser Schöpfung sind! Glücklicherweise ist diese Ganzheit kein intellektuelles Konzept. Sie ist etwas, das man fühlt, und wenn man sie einmal erfahren hat, kann man dieses tröstliche Wissen nie wieder völlig verlieren. Dieses Gefühl der Verbundenheit können wir allerdings nicht willentlich erzeugen, obwohl es immer in unserem Innern existiert; wir müssen nur lange genug innehalten, um uns für die Erinnerung daran zu öffnen.

Wir suchen nicht nach etwas, das wir nicht kennen. Wir suchen nach etwas, das unser Erbgut seit Jahrtausenden kennt. Wir müssen es nur wieder entdecken.

Manchmal versuchen wir, uns dem Bewusstsein, dass wir Teil eines größeren Ganzen sind, zu verschießen, weil wir auf unsere Einzigartigkeit pochen wollen; wir haben Angst, unsere Individualität zu verlieren. Doch diese Angst ist unnötig: Wir werden mehr wir selbst, wenn wir unsere Zugehörigkeit zu »allem, was ist«, spüren.

Sie können diese Erfahrung der Ganzheit nicht geschehen machen, und doch können Sie offen dafür sein. Viele Menschen scheinen dies in der Natur zu erleben, vielleicht während sie in den Sternenhimmel blicken. Versuchen Sie, sich Zeit für solche Aktivitäten zu nehmen.

Andere verurteilen

Irgendjemand hat einmal gesagt, dass es weniger geistige Bemühung erfordert, zu verurteilen, als zu denken.
Emma Goldman

Die Verurteilung anderer Menschen ist ein subtiler und äußerst destruktiver Prozess. Immer wenn wir in Versuchung geraten, ein Urteil über andere zu fällen, sollten wir innehalten, einmal tief durchatmen und uns fragen, ob es die Sache wirklich wert ist. Wenn wir andere »verdammen«, oder etwas milder ausgedrückt: ablehnen, sind wir gewöhnlich so tief in diesen Prozess verstrickt, dass wir uns nicht die Zeit nehmen, einmal innezuhalten, innerlich einen Schritt zurückzutreten und zu sehen, welchen Schaden wir uns damit selbst zufügen.

Zumindest machen wir einen Moment in unserem Leben, der ein positiver sein könnte, zu einem negativen. Wir konzentrieren uns auf jemanden in unserem Umfeld und stellen für diesen Menschen Wertmaßstäbe auf. Um das tun zu können, müssen wir uns von uns selbst entfernen. Ist es das wert?

Jedes Mal wenn wir etwas verurteilen oder ablehnen, verfallen wir in Negativität und wenden uns dadurch auch von uns selbst ab. Es kann lange dauern, bis wir aus diesem Loch wieder herausgekrochen sind.

Immer wenn Sie bemerken, dass Sie in den Verurteilungs-und-Ablehnungs-Prozess hineingeraten, sollten Sie innehalten und sich fragen, ob Sie das wirklich wollen. Sie werden im Nachhinein froh sein, dass Sie diese »Instanz« vorgeschaltet haben.

Gebet und Dramatisierung

Jede Sorge, die zu gering ist, um deswegen ein Gebet zu sprechen, ist auch zu klein, um eine Belastung daraus zu machen.
Corrie Ten Boom

Das ist ein guter Maßstab, der uns helfen kann, ins Gleichgewicht zu kommen: Wenn unsere Sorgen zu gering für ein Gebet sind, sind sie es nicht wert, sich darüber aufzuregen. Sind Sie groß genug für ein Gebet, können wir ein paar Worte sprechen, sie in Gottes Hand legen und dann »loslassen«. So oder so gibt es keinen Grund, eine Last mit sich herumzuschleppen.

Viele unserer Probleme müssen keine Probleme sein. Das heißt nicht, dass wir keine Schwierigkeiten hätten.

Wir haben viele Möglichkeiten, auf eine bestimmte Situation zu reagieren, aber die Situation bleibt gleich. Egal, wie wir uns verhalten, sie ist einfach da. Wenn wir ein Drama daraus machen, herumtoben und eine Menge Energie hineinstecken, wird unsere Reaktion die Situation mit Sicherheit verschlimmern. Entscheiden wir uns für diese Vorgehensweise und fragen uns dann, wieso wir mitten im Chaos stecken, fühlen wir uns als Opfer. Und wenn wir uns als Opfer fühlen, wollen wir uns an der Person oder den Personen rächen, die uns dieses Gefühl eingebrockt haben. Und so weiter ...

Unser Leben wird viel einfacher, wenn wir anfangs einmal tief durchatmen und uns fragen, ob wir aus einer bestimmten Situation ein Spiel oder ein Drama machen wollen (oder in das Drama einsteigen wollen, falls es schon begonnen hat), oder ob wir mit einem kurzen Gebet unsere Bereitschaft ausdrücken möchten, anders darauf zu reagieren oder überhaupt nicht.

Versuchen Sie es!

Schmerz

Ich glaube, einer der Gründe, der Menschen so hartnäckig an ihrem Hass festhalten lässt, ist der: Sie spüren, dass sie gezwungen wären, sich mit ihrem Schmerz auseinander zu setzen, wenn der Hass nicht mehr da wäre.

James Baldwin

Der Versuch, unseren Schmerz zu überdecken, wirft uns aus dem Gleichgewicht. Wenn wir tiefen Schmerz verspüren, ersetzen wir ihn oft durch Emotionen, die unsere Aufmerksamkeit nach außen verlagern und uns davon abhalten, uns mit jenen Gefühlen zu konfrontieren, die unser Leben wieder ins Gleichgewicht bringen würden.

Angst, Hass, Wut und Groll sind die Gefühle, mittels deren wir versuchen, uns von den Abgründen abzulenken, die wir manchmal in unserem Innern erahnen – Abgründe, die uns allzu erschreckend erscheinen.

Doch wie können wir wissen, wer wir wirklich sind, und wie zu dem werden, was wir sein können, solange wir nicht bereit sind, hinter die Fassade zu schauen und uns mit unserem Schmerz zu konfrontieren?

Wenn wir uns erlauben, unter die Oberfläche zu blicken, wird unser inneres Selbst nicht zulassen, dass wir von dem, was wir dort vorfinden, überwältigt werden. Wenn wir uns die Zeit nehmen, unseren Schmerz zu erfahren und zu verarbeiten, wird unser Leben leichter.

Nehmen Sie sich etwas Zeit und sagen Sie Ihrem inneren Selbst, dass Sie bereit sind, sich mit Ihrem alten Schmerz auseinander zu setzen (Aber lügen Sie es nicht an!). Machen Sie sich auf ein großes Abenteuer gefasst.

Intuition

Lass dich nicht durch Freunde von etwas abhalten,
wenn der Freund im Innern zu dir sagt: Tu es!
Mahatma Gandhi

Wie schwer es uns doch fällt, unseren Ahnungen und unserer Intuition zu trauen!
Manche von uns sind so von ihrer Intuition abgeschnitten, dass sie versuchen, diese leise innere Stimme zum Schweigen zu bringen – eine Stimme, die ganz wesentlich für uns ist.
Unsere Intuition gehört zu uns, sie ist Teil dessen, was unsere Ganzheit ausmacht. Sie ist eines jener »Geschenke«, die uns als Orientierungshilfen in dieses Leben mitgegeben wurden, und sie trägt zu unserer Klarheit bei, wenn wir sie beachten. Wie viele Mütter und Väter »spüren«, dass mit ihren Kindern irgendetwas passiert, bevor ihr Gehirn die konkrete Nachricht erhält? Wie viele von uns wissen, dass mit einer bestimmten Geschäftstransaktion etwas nicht in Ordnung ist, obwohl vordergründig alles prima aussieht?
Intuition ist nicht etwas, das nur ein paar wenige Auserwählte mitbekommen haben. Tief im Innern verfügt jeder von uns über die Fähigkeit dazu. Und wie viele unserer natürlichen Gaben lässt sie sich durch Übung trainieren.

Üben Sie Ihre intuitiven Fähigkeiten. Es ist hilfreich, sich dafür täglich einige Zeit in die Stille zurückzuziehen, um das innere Selbst wissen zu lassen, dass man offen für das ist, was es zu sagen hat. Achten Sie auf die kleinen Regungen in Ihrem Körper. Wenn Ihnen ein Bild oder ein Gedanke durch den Kopf schießt, schreiben Sie ihn in Ihrem »Intuitions-Übungsheft« auf (ein kleines Heft, das Sie immer bei sich tragen). Setzen Sie sich nicht unter Druck, etwas mit Ihren Eingebungen »anzufangen«, bevor Sie dazu bereit sind. Das kommt später.

Die Komplexität würdigen

Der Intellekt hat auf dem Weg zur Erkenntnis wenig zu tun.
Es tritt ein Bewusstseinssprung ein, nennen Sie es Intuition
oder wie immer Sie wollen, und die Lösung fällt ihnen zu,
und Sie wissen nicht, wie und warum.
Albert Einstein

Wir Menschen sind eine so wunderbare Mischung aus Prozessen, Energien und Kräften, dass der Versuch, uns auf vereinfachende Muster zu reduzieren, einfach idiotisch ist.
Wir sind keine Maschinen. Wir werden niemals Maschinen sein. Wie sehr die Wissenschaft auch fortschreiten mag, sie wird nie in der Lage sein, die Komplexität eines »einfachen« menschlichen Wesens nach rein intellektuellen Mustern nachzuahmen.
Heute ist ein guter Tag, um unsere Komplexität und unsere Irrationalität zu würdigen! Es gibt Zeiten, in denen uns niemand verstehen kann, nicht einmal wir selbst. Na und? Ist das nicht großartig? Wir sind nicht verstehbar! Wir sind zu komplex, um völlig verstanden zu werden. Wir sind ein Rätsel. Wir sind ein Paradoxon. Wir sind ein Mysterium. Wir sind unfassbar. Wir sind großartig!

Machen Sie heute einen riesigen Schritt hin zu der Bereitschaft
Ihre Komplexität zu genießen.

Ehe

Kaum jemand ist so töricht, zu glauben,
er habe es automatisch verdient, in irgendeinem Bereich
großen Erfolg zu haben; doch fast jeder glaubt,
er habe es automatisch verdient, eine erfolgreiche Ehe zu führen.
Sydney J. Harris

Das sind wahre Worte! Ich habe einmal jemanden sagen hören, Vermutungen seien vorweggenommene Vorbehalte. Ich frage mich, ob das auch auf die Ehe zutrifft.

Wenn wir in dem Glauben heiraten, eine erfolgreiche Ehe sei unser gutes Recht, begeben wir uns von Anfang an in die Rolle des passiven, schmollenden Opfers. Mit dieser Annahme haben wir mit großer Bereitwilligkeit unsere Teilnahme von vornherein ausgeschlossen und überlassen die Entwicklung der Beziehung unsichtbaren und unbenennbaren Kräften. Kein Wunder, dass so viele Ehen scheitern und so viele Menschen nur mit Wut im Bauch an die Ehe denken können. Niemand lässt sich gern ein »Recht« vorenthalten.

Es wäre sicher besser, die Ehe als eine Form der fortwährenden, gemeinsamen Teilnahme am Leben mit jemandem, den wir lieben, zu betrachten. Diese Sichtweise, bei der wir nicht auf ein Ergebnis fixiert sind, führt oft zu günstigeren Ergebnissen.

Schreiben Sie Ihre Annahmen über die Ehe auf. Es ist gut, sie einmal schriftlich vor sich zu sehen – vielleicht sogar zusammen mit Ihrem Ehepartner. Möglicherweise können Sie einige davon oder alle infrage stellen.

Kinder

Eine Industriegesellschaft ... hat in ihren Kindern immer eine große Gruppe von Individuen, die kein Geld verdienen können und das Profitmotiv nicht verstehen (oder nicht verstehen wollen). Kurz gesagt, sie sind die subversiven Elemente.

Margaret Halsey

Wie können wir lernen, im Gleichgewicht zu leben, wenn wir unsere Kinder als »subversive Elemente« betrachten? Kinder sind, wie wir alle, heilige Wesen. Doch wenn wir das Heilige in uns selbst nicht erkennen, ist es ziemlich unwahrscheinlich, dass wir es in unseren Kindern sehen können. Kinder sind keine Mittel zum Zweck. Sie sind die Verkörperung des Göttlichen, die uns für eine Weile anvertraut wurde. Wenn wir versuchen, Kinder an die Anforderungen unserer Industriegesellschaft anzupassen, oder sie in unserer Alltagsroutine als Störfaktoren betrachten, laufen wir Gefahr, sie als »subversive Elemente« wahrzunehmen, die uns bei den »wichtigen« Dingen stören.

Auch wenn wir vielleicht »subversive Elemente« in unserem Leben brauchen, damit wir daran erinnert werden, was wirklich wichtig ist – wenn wir etwas oder jemanden aufgrund seines Andersseins als subversiv betrachten, haben wir den Kontakt mit dem Wissen verloren, dass Unterschiede notwendig sind, um einen Ausgleich in unserem Leben zu schaffen.

Kinder sind anders als Erwachsene! Sie können uns daran erinnern, Unterschiede zu würdigen und daraus zu lernen. Sie bieten uns eine sehr persönliche Gelegenheit, uns mit unserer Angst vor dem »Anderssein« zu konfrontieren.

Überprüfen Sie Ihre Einstellung gegenüber Kindern ... aufrichtig.

Die Situation umkehren

Als meine Firma mich in ein Büro versetzen wollte,
das hundert Kilometer von meinem Zuhause entfernt war,
begab ich mich nicht in die Opferrolle. Ich suchte nach der Lösung.
Utta

Wenn wir außer Haus arbeiten, müssen wir uns mit Problemen auseinander setzen, die den Arbeitsplatz selbst betreffen. Oft haben diese Probleme mit »Versetzung« in der einen oder anderen Form zu tun. Der Job, den wir jahrelang gemacht haben, wurde jemand anderem übertragen. Unsere Firma zieht an einen Ort, der für uns nicht mehr so bequem zu erreichen ist. Das Gebäude muss umgebaut werden, und wir bekommen ein Büro oder einen Arbeitsplatz zugewiesen, den wir unmöglich finden.

All diese Situationen geben uns Gelegenheit, entweder in die Opferrolle zu schlüpfen oder zu kämpfen und zum »Täter« zu werden. Doch beide Lösungen wirken nicht allzu viel versprechend. Was ist die dritte Möglichkeit? Oft besteht sie darin, zunächst einmal innezuhalten, einen langen, tiefen Atemzug zu nehmen, eine Weile mit sich allein zu sein (ohne besessen um das Problem zu kreisen, sondern einfach nur die Klärung abwartend) und dann zu handeln.

Während ihrer Klärungsphase schickte Utta ein paar Bewerbungen an potenzielle Arbeitgeber (nachdem sie darüber nachgedacht hatte, was sie wirklich gern tun würde), hatte einige Vorstellungsgespräche und ergatterte einen Job, der für sie viel besser geeignet war als ihr vorheriger. Später wurde ihr klar, dass sie schon seit längerem unzufrieden in ihrer alten Arbeitsstelle gewesen war!

Gott tut für uns, was wir nicht für uns selbst tun können.

Murren Sie nicht; tun Sie etwas!

Unser Erbe

Ich hatte ein Erbe, reich und mir näher als die Zunge,
die ihm eine Stimme gab. Mein Geist begann mit den Worten
zu schwingen, und mein Blut raste zu den Rhythmen.
Maya Angelou

Während wir in unserem hektischen Leben rasch alles tun, was jetzt getan werden muss, nehmen wir uns kaum einmal die Zeit, uns hinzusetzen und unser reiches Erbe zu betrachten. Niemand ist ohne Erbe. Vielleicht sind wir nicht sehr vertraut damit, möglicherweise haben wir sogar versucht, ihm zu entfliehen. Aber es ist da.

Unser Erbe ist ein wichtiger Teil unserer selbst. Es ist die Wurzel, aus der wir entsprungen sind, die Vererbungslinie, die uns definiert. Unser Erbe ist nicht nur für uns wichtig: Es ist bedeutsam für unsere Kinder, und es ist etwas, das wir ausdrücklich oder stillschweigend mit allen Menschen teilen können, mit denen wir in Berührung kommen.

In unserer Zeit der Gleichmacherei und Globalisierung haben viele von uns eine Menge Zeit darauf verwendet, zu verleugnen, wer sie sind. Wir haben einem »Idealbild« nachgeeifert und waren bereit, unser Erbe aufzugeben, um von anderen (und uns selbst) akzeptiert zu werden. Doch unser Erbe ist immer noch da und fordert uns auf, zu unserer Ganzheit zurückzukehren.

Fangen Sie an, Ihr Erbe zu erforschen.

Die Botschaft und der Botschafter

Versuche nicht, in den Fußstapfen der Vorfahren zu gehen;
suche nach dem, was sie suchten.
Basho

Es ist gut, Mentoren zu haben. Es ist sogar gut, Helden zu haben und Leute, die wir bewundern. Doch allzu oft verwechseln wir die Botschaft mit dem Überbringer. Wenn wir von irgendjemandem etwas hören, das uns anspricht, wenn eine Botschaft tief in uns etwas berührt, schließen wir unbewusst daraus, dass wir irgendwie Zugang zum Reichtum der vermittelten Information bekommen werden, wenn wir den Überbringer der Botschaft nachahmen. Doch dies ist ein Trugschluss! Und leider verwechseln manchmal diejenigen, die über unerschöpfliche Quellen der Weisheit gestolpert sind, sich selbst mit der Weisheit, die sie entdeckt haben.

Der Verkünder einer Weisheit ist letztlich nicht so wichtig. Hinter dieser Person existiert ein tiefes Reservoir an Wissen und Weisheit, das uns allen zur Verfügung steht, wenn wir uns nur die Zeit nehmen, nach ihm zu suchen. Der »Botschafter« ist einfach die Person, die die Tür öffnet oder den Weg weist. Wir sind diejenigen, die den Weg selbst gehen und in die Quelle der Weisheit hineinspringen müssen, die für uns alle da ist.

Diejenigen, die ihre Weisheit mit uns teilen, mussten ebenfalls forschen. Wenn wir »suchen, was sie suchten« – anstatt die Suchenden zu suchen –, haben wir uns auf die Reise unseres Lebens gemacht. Wir müssen lernen, das universale Gleichgewicht hinter den Botschaftern zu sehen, ihnen für ihre Weisheit zu danken und sie auf unserer eigenen Reise zu nutzen.

Nehmen Sie sich heute Zeit, einmal zu sehen, bei welchen Gelegenheiten Sie die Botschaft mit dem Botschafter verwechselt haben.

Unsere Grenzenlosigkeit und unsere Grenzen

Chaos ist nicht das Gegenteil von Ordnung; es ist das Potenzial, aus dem Ordnung entstehen kann; es trägt eine Ordnung oder Ordnungen in sich, die noch nicht erkannt wurden, und es ist die Grenze, die die Ordnung nicht übertreten und noch Ordnung bleiben kann.
Robert H. Kirven

Ich liebe diese Worte – »es trägt eine Ordnung oder Ordnungen in sich, die noch nicht erkannt wurden, und ist die Grenze, die die Ordnung nicht übertreten und noch Ordnung bleiben kann«.
Ist es nicht aufregend, auf eine Gruppierung von Worten zu stoßen, auf der wir eine Weile herumkauen können und die uns dann immer noch herausfordern, neue Tiefen ihrer Bedeutung auszuloten? Wir müssen auf Sätze, Ideen, Konzepte und Erfahrungen stoßen, die unseren Horizont erweitern, uns über unsere Bequemlichkeit hinaustreiben und uns ins Chaos stürzen, damit wir hinterher gestärkt wieder daraus auftauchen können.
Was für eine Idee – Ordnung oder Ordnungen, die noch nicht erkannt wurden. Sie sind erkennbar. Sie sind da. Sie existieren. Wir haben nur noch nicht den Punkt erreicht, wo wir sie sehen können. Wir haben das Potenzial. Wir haben die Möglichkeit, uns zu einer weiteren Ebene des Unbekannten hinzubewegen, die dort auf uns wartet, und sie zu verstehen. Ist das nicht aufregend?!
Und Chaos ist die Grenze, die die Ordnung nicht übertreten und noch Ordnung sein kann. Das Unbekannte hat Grenzen, die es nicht überschreiten kann, so wie wir Grenzen haben, die wir nicht übertreten können. Das Chaos hat Grenzen, die weit über die Grenzen unseres Geistes hinausreichen.

Sind Sie nicht froh, dass wir noch nicht alles wissen? Lassen Sie Ihren Geist über seine selbst auferlegten Grenzen hinausspazieren. Erfahren Sie das Chaos und kommen Sie bereichert daraus zurück.

Realitätskontrolle

Ich wurde immer verwirrter und musste mir irgendeine Art von Realität bestätigen. Es war wichtig für diese Frau, zu überprüfen, dass ich da gewesen war.

Olga Kharitidi

Manchmal müssen wir Kontakt mit etwas oder jemandem außerhalb unserer selbst aufnehmen, um uns zu »erden«.

Wir haben gerade eine verrückte Situation erlebt und müssen jemanden, der auch dabei war, fragen: »Bin ich verrückt oder war das verrückt?« Wir lesen die Zeitung und fühlen uns getröstet, wenn der Freund oder Ehepartner murmelt: »Die Welt ist wirklich verrückt geworden.« Es gibt Momente, in denen wir so etwas einfach nicht für uns selbst tun können.

Selbst wenn es nur eine Wirklichkeit ist, auf die wir uns geeinigt haben, finden wir Trost in einer gemeinsamen Realität, wenn der Boden unter unseren Füßen zu schwanken beginnt. Und, sehen wir den Tatsachen ins Auge, jeder von uns erlebt Zeiten, in denen der Boden unter ihm schwankt, ob es nun der Boden seiner Beziehung, seiner Arbeit oder seiner persönlichen Existenz ist. Wir brauchen derartige »Realitätskontrollen«.

Wer hilft Ihnen, »die Realität zu überprüfen«? Wir alle brauchen Menschen, die uns zuverlässig wieder mit der Wirklichkeit in Kontakt bringen können.

Zweckmäßigkeit

Das Unmittelbare ist oft der Feind des Wesentlichen.
Indira Gandhi

Wir leiden an der Zweckmäßigkeitskrankheit. Die Suche nach der Abkürzung, nach dem schnellsten und bequemsten Weg ist zu einer Sucht geworden; besonders für viel beschäftigte Leute. Wir sind ständig auf der Suche nach der Masche oder dem Trick, der uns einen Vorsprung verschafft. Das gilt als schlau und ausgebufft. Wir geben uns mit der Notlösung zufrieden und kommen mit dem Provisorium zurecht. Wir sind stolz darauf, den Job erledigt zu haben, und verlieren darüber das »Wie und Warum« aus den Augen.

Wenn wir uns mit der Zweckmäßigkeit abfinden, müssen wir uns zwei Fragen stellen. Erstens: Haben wir ein gutes Gefühl zu uns selbst und dem, was wir auf diese Weise erreicht haben? Zweitens: Haben wir das eigentliche Ziel aus den Augen verloren? Falls wir auf die erste Frage mit Nein und auf die zweite mit Ja antworten, müssen wir Bilanz ziehen.

Es kann schließlich sein, dass die Erledigung der Aufgabe definitiv nicht wichtiger ist als die Art und Weise, auf die wir sie erledigen. Wir fühlen uns gut, wenn eine Aufgabe abgeschlossen ist. Und wir fühlen uns großartig, wenn wir sie auf eine Weise erledigt haben, die für alle Beteiligten angenehm, lehrreich und vergnüglich war. Was noch wichtiger ist: Haben wir bei der Erledigung unserer Aufgabe das Wesentliche, das eigentliche Ziel im Auge behalten? Lassen Sie nie zu, dass das Unmittelbare zum Feind des Wesentlichen wird.

Schauen Sie sich einmal an, auf welche Weise Sie an gestellte Aufgaben herangehen. Versuchen Sie, das Wesentliche im Blick zu behalten.

Befriedigung

Niemand ist je zufrieden, bevor er nicht eine gute Woche tot ist.
Lucille Kallen

Was ist nur mit unserer Zufriedenheit geschehen? Wir haben Angst davor, zufrieden zu sein, denn eine unserer großen Sorgen ist, dass wir uns, wenn wir zufrieden sind, nicht mehr bewegen, dass wir nicht mehr wollen, nicht mehr besser, schneller und ehrgeiziger sein möchten.

Befriedigung ist eine Atempause, die uns für etwas gewährt wird, was gut läuft. Nehmen wir an, wir haben gerade ein Projekt abgeschlossen. Wir müssen uns dann erlauben, zufrieden zu sein. Wir haben wunderbare Kinder. Warum Druck ausüben? Wir können uns gemeinsam entwickeln und wachsen. Wir haben ein schönes Zuhause. Genießen wir es!

Was für ein schöner Tag ist heute (ungeachtet des Wetters!), wenn wir uns die Zeit nehmen, innezuhalten, uns umzuschauen und vor Zufriedenheit zu seufzen.

Natürlich gibt es immer wieder etwas zu lernen. Natürlich gibt es stets etwas anderes zu tun. Natürlich können wir beständig weiterwachsen und tiefer gehen. Aber das bedeutet nicht, dass wir es uns nicht leisten könnten, jetzt in diesem Augenblick zufrieden zu sein. Das Leben wird uns weitere Gelegenheiten bieten, wenn wir achtsam sind und sie wahrnehmen. Wir müssen nicht kämpfen, leiden und unzufrieden sein. Die neuen Herausforderungen werden schon kommen.

Versuchen Sie, sich immer wieder Augenblicke der Zufriedenheit zuzugestehen. Vielleicht stellen Sie dann eines Tages fest, dass Sie über einen längeren Zeitraum hinweg zufrieden waren.

Routinearbeiten

Ich hasse Routinearbeiten. Ich hasse Routinearbeiten. Ich hasse Routinearbeiten. Ich würde lieber etwas Interessanteres tun.
Scott

Geht das nicht uns allen so? Routinearbeiten können manchmal wirklich langweilig sein, besonders wenn wir sie als lästige Pflichten betrachten. Irgendwie hat schon das Wort »Routine« etwas an sich, das negative Assoziationen bei uns auslöst.
Ich habe einen Freund, dessen Vater sich zum Ziel gesetzt hatte, so viel Geld zu verdienen, dass er immer jemanden bezahlen konnte, der ihm alle möglichen Arbeiten abnahm. Das führte unter anderem dazu, dass mein Freund sehr wenige praktische Fähigkeiten entwickelte; er wuchs in einer Umgebung auf, in der man Leute dafür bezahlte, dass sie einem sämtlichen Alltagskram vom Leib halten. Immerhin muss man ihm zugute halten, dass er später noch lernte, wie man Routinearbeiten erledigt, und er hat sogar festgestellt, dass diese Tätigkeiten ihn erden.
Routinearbeiten helfen uns, uns in Zeit und Raum einzurichten. Sie gibt uns Gelegenheit zu lernen, was wir können und was nicht. Sie verhelfen uns zu einer Art Bewegungsmeditation, bei der wir etwas erledigen, unseren Geist »leeren« und uns gleichzeitig entspannen können. Routinearbeiten geben uns Gelegenheit, bewusst nichts zu tun, während sie unserem Verstand eine Pause gönnen. Können wir mehr von Tätigkeiten verlangen, die erledigt werden müssen?

Wenn Sie anfangen, eine Abneigung gegen Routinearbeiten zu entwickeln, sollten Sie einmal innehalten und sich daran erinnern, was diese Aktivitäten Ihnen bringen (und wie viel Routinearbeiten Ihnen von anderen abgenommen werden). Das wird Ihre Perspektive wieder zurechtrücken.

Gut sein – schlecht sein

Manche werden als gut und manche als schlecht betrachtet,
und beiden wird Unrecht getan.
Kubanisches Sprichwort

Was für eine Belastung es ist, als schlecht betrachtet zu werden! Was für eine Belastung es ist, als gut betrachtet zu werden! Beide Sichtweisen verzerren die Realität und lassen ein sehr komplexes menschliches Wesen zu einem eindimensionalen schrumpfen.

Manche von uns haben Probleme damit, ihr »Schlechtsein« zu akzeptieren. Wir wollen gut sein. Und wenn wir es einmal nicht können, sind wir vielleicht versucht, auf einen »Schwindel« zurückzugreifen – aber nur manchmal, sonst würden wir ja unter die Kategorie »schlecht« fallen.

Manchen von uns fällt es andererseits schwer, ihr »Gutsein« zu akzeptieren: Wir sind uns nie gut genug, wie sehr wir uns auch anstrengen; wir hätten es immer noch besser machen können. Wir haben unrealistische Erwartungen an uns selbst, und wenn wir versagen, nehmen wir Zuflucht zu Aussagen wie: »Ich hab dir ja gleich gesagt, ich bin nicht gut genug dafür.«

Wir tun uns selbst und anderen Unrecht, wenn wir uns oder sie als ausschließlich gut oder schlecht betrachten. Wir sind Menschen. Menschen sind gut und schlecht. Wir leben mit einem Paradoxon, und wir sind paradox. Das Beste, was wir tun, könnte auch das Schlimmste sein. Und deshalb können wir nichts anderes machen, als unser Bestes zu geben, gegebenenfalls um Verzeihung zu bitten und aus unseren Fehlern zu lernen.

Sich akzeptieren heißt, alles an sich selbst zu akzeptieren.

Wenn Sie etwas tun, das Sie nicht mögen, akzeptieren Sie es,
tun Sie, was nötig ist, um es wieder in Ordnung zu bringen,
und gehen Sie weiter.

Das Gleichgewicht wieder herstellen

Wir müssen wieder zu Menschen werden, die an die Bedürfnisse anderer denken. Lernen Sie, freundlich wie die Maori zu sein, dankbar zu sein für das, was Sie haben, anstatt zu viel zu wollen. Nehmen Sie wahr, wenn Ihr Nachbar Schmerzen oder Sorgen hat, wenn er krank ist ... Wir müssen versuchen, die Dinge wieder ins Gleichgewicht zu bringen.

Ellemain Emery

»Wir müssen versuchen, die Dinge wieder ins Gleichgewicht bringen.« – Was wäre, wenn sich jeder von uns persönlich dafür verantwortlich fühlte? Was, wenn wir es uns zu unserer persönlichen Aufgabe machten, zu tun, was getan werden muss, um nicht nur uns selbst, sondern auch unsere Gesellschaft, das Land, den Planeten wieder ins Gleichgewicht zu bringen?

Kultureller Wandel bedeutet letztlich nur, dass mehrere Einzelne ungefähr zur gleichen Zeit damit beginnen, anders mit dem Leben umzugehen.

In unserer kleinen Ecke der Welt können wir anfangen, unseren Nächsten wahrzunehmen – zu Hause, bei der Arbeit, in der Kirche oder auf der Schnellstraße. Wir können jedem Menschen mit Mitgefühl begegnen, selbst wenn wir nicht direkt etwas tun. Wir können die anderen als Menschen betrachten, die ihr Bestes tun, auch wenn es nicht das ist, was sie unserer Meinung nach tun sollten. Wir können wahrnehmen, wenn sie Schmerzen haben, traurig oder krank sind.

Wir können wieder ein Gleichgewicht herstellen, indem wir auf die Menschen in unserer Umgebung reagieren.

Versuchen Sie, Ihrem »Nächsten« in allen Lebensbereichen mit Mitgefühl zu begegnen.

Ja, nein, weder – noch

Das gefährlichste Wort, das man im Geschäftsleben aussprechen kann, heißt »Nein«. Fast genauso gefährlich ist das Wort »Ja«. Man kann beides vermeiden.

Lois Wyse

Ausgewogenheit beginnt vielleicht nicht mit unseren »Jas« oder »Neins«, sondern mit unserem »Vielleicht«. »Ich werde mir das durch den Kopf gehen lassen«, ist vielleicht einer der wichtigeren Sätze, die Sie im Laufe Ihres Lebens lernen werden.

Richtig! Wir sind in einer schnelllebigen Welt. Richtig! Die Leute erwarten von uns, dass wir im Laufen denken können und sofort antworten. Richtig! Wenn wir es nicht »bringen«, nimmt jemand anders unseren Platz ein. Richtig! Wir fordern Leistung, Leistung und nochmals Leistung von uns selbst. Na und? Wird die Welt untergehen, wenn wir langsamer machen? Ist alles und jedes ein Notfall? Wir bringen unsere Welt durch Geschwindigkeit aus dem Gleichgewicht.

Über manche Dinge muss man eben nachdenken. Es gibt Momente, in denen wir einfach keine schnelle Antwort parat haben (oder in denen eine schnelle Antwort nicht unsere beste Antwort wäre). Und vielleicht sind wir öfter, als wir zugeben wollen, gar nicht bereit, etwas zu beantworten.

Wir haben das Recht, nichts zu sagen. Wir haben auch das Recht, dreimal tief durchzuatmen und die für viele erschreckenden, inakzeptablen Worte zu sagen: »Ich weiß nicht.« Wir können sagen: »Ich muss darüber nachdenken, ich gebe dir dann Bescheid«, und trotzdem gut weiterleben.

Versuchen Sie es mit den oben genannten Reaktionen und vergessen Sie nicht: Im Zweifelsfall lässt man's lieber sein.

Endpunkte

Das Abenteuer ist vorbei. Alles geht zu Ende, und nichts ist je genug. Außer dem, was man mit sich herumschleppt.
E. L. Conigsburg

Wenn etwas zu Ende geht, geraten wir am häufigsten aus dem Gleichgewicht. Als viel beschäftigte Leute wollen wir uns meistens gar nicht die Zeit nehmen, die notwendig wäre, um sich mit einem Schluss auseinander zu setzen. Wir ziehen es vor, eine Krise, Emotionen, Adrenalinstöße zu produzieren und aus der Angelegenheit »herauszuspringen« – und meinen dann, wir hätten ein Ende gesetzt. Doch meistens ist es kein Schluss, sondern lediglich ein Szenenwechsel. Der eigentliche mit dem Ende einer Geschichte einhergehende Prozess sinkt in unser Unterbewusstsein, ohne wirklich einen Abschluss gefunden zu haben, und dort dreht er sich im Kreis und beeinträchtigt uns mehr, als wir zugeben wollen.

Wir täten gut daran, den Umgang mit dem Ende von Ereignissen und Beziehungen zu lernen; denn unser Leben besteht aus Anfängen, Enden und den Zeiten dazwischen. Vielleicht setzen wir die Beziehung mit der gleichen Person, von der wir uns distanziert haben, auf einer anderen Ebene fort. Aber um dazu in der Lage zu sein, müssen wir uns mit dem Ende der alten Beziehung auseinander setzen.

Nur durch das Erkennen, Akzeptieren und Verarbeiten der mit Veränderungen einhergehenden Prozesse werden wir offen dafür, das Neue (und die neuen Aspekte des Alten) willkommen zu heißen.

Wie gehen Sie damit um, wenn sich etwas dem Schluss zuneigt? Schauen Sie sich das Ende einer Angelegenheit in dem Bewusstsein an, dass Sie Teil eines fortwährenden Prozesses sind, und registrieren Sie, was Sie sehen.

Unterstützung

Ich wollte immer jemand sein ... Ich habe es geschafft; zum einen, weil ich bereit war, auf dem Weg dorthin ganz schön was einzustecken, und zum anderen, weil es eine Menge Leute gab, denen ich so wichtig war, dass sie mir helfen wollten.
Althea Gibson

Um uns ausgeglichen zu fühlen (und zu sein), brauchen wir Unterstützung. Wir sind soziale Wesen. Keiner von uns schafft es wirklich allein, auch wenn wir das noch so gern glauben möchten.
Um so viel Energie zu haben, wie wir brauchen, damit wir unsere Arbeit tun können, brauchen wir Hilfe, und zwar vor allem emotionaler Art.
Emotionale Unterstützung funktioniert am besten, wenn sie wie in einem Unendlichkeitszeichen, der liegenden Acht, von einem zum anderen gelangt: wenn die Unterstützung zwischen Menschen in ausgewogenem Verhältnis fließt. Sofern einige immer nur nehmen und andere immer nur geben, funktioniert das Ganze auf Dauer nicht sehr gut. Die Gebenden fühlen sich irgendwann ausgebrannt und fangen an zu grollen (Es sei denn, sie sind erleuchtet!), und die Nehmenden werden irgendwann wütend und fühlen sich verpflichtet.
Eine der vielen Möglichkeiten, zu einem Gleichgewicht in unserem Leben (und im Leben anderer) beizutragen, besteht darin, zu lernen, wie man Unterstützung gibt und annimmt.

Wie sieht bei Ihnen das Verhältnis zwischen Geben und Nehmen aus? Seien Sie ehrlich: Besteht in diesem wichtigen Bereich vielleicht ein Ungleichgewicht?

Das Heilige sehen

Jede unserer Handlungen kann heilig sein.
Freya Stark

Wenn wir das, was wir tun, jeweils in dem Bewusstsein ausführen, dass alles heilig ist, sofern wir es so betrachten, stehen die Chancen sehr gut, dass wir aus einem inneren Gleichgewicht heraus handeln.
Wir haben die falsche Vorstellung übernommen, dass bestimmte Sachen, Orte und Menschen heilig sind und andere nicht. Das erlaubt uns, mit dem größten Teil der Welt – mit Menschen, Orten, Gegenständen und Handlungen – so umzugehen, als wären sie nicht heilig. Nichts könnte weiter von der Wahrheit entfernt sein. Denn alles – wirklich alles – ist »potenziell« heilig. Heiligkeit ist ein inneres Gewahrsein, kein Zustand, der irgendwo »dort draußen« existiert.
Heiligkeit durchdringt unseren ganzen Alltag, wenn wir es zulassen. Nehmen wir an, wir sind gerade sehr beschäftigt, und unser Kind oder ein Kollege bittet uns um etwas. Wir haben die Möglichkeit, durch unsere Reaktion eine heilige Handlung zu begehen. Oder nehmen wir an, wir sitzen an einem Schreibtisch, auf dem sich die auf ihre Bearbeitung wartenden Unterlagen stapeln. Wieder haben wir die Möglichkeit zu einer heiligen Handlung. Wenn wir vor einem Spülbecken voller schmutzigen Geschirrs stehen, können wir selbst das Spülen als Sakrament betrachten. Uns bieten sich Tag für Tag so viele Gelegenheiten, an einer heiligen Handlung teilzuhaben. Vielleicht reagieren wir nicht immer mit einer solchen Geisteshaltung, aber wenn wir es tun, lohnt es sich.

Fangen Sie an, alles um sich in Ihrer Umgebung und alles, was Sie tun, als potenziell heilig zu betrachten. Schauen Sie, was geschieht.

Kontrolle

Das Leben ist so beschaffen, dass wir nie »hängen bleiben«.
Anne

Eine der Verhaltensweisen, mit denen man sich nachhaltig aus dem Gleichgewicht bringen kann, ist die bei vielen Menschen zu beobachtende Angewohnheit, sich gegen die natürliche Ordnung zu stemmen. Das Leben ist so beschaffen, dass es immer irgendetwas zu tun gibt. Selbst wenn wir sterben, haben wir noch nicht alles erledigt. Es werden immer ein paar unabgeschlossene Aufgaben zurückbleiben – Angelegenheiten, über die wir keine Kontrolle haben. Und darin liegt das Problem.
Wir haben das Leben nicht unter Kontrolle!
Letztlich sind nicht wir diejenigen, die den Lauf der Dinge bestimmen. Einer der größten Stressfaktoren für uns selbst und für andere ist unser Versuch, Phänomene zu kontrollieren, die zu kontrollieren wir einfach nicht imstande sind. Wir tun, was wir können, um unser Leben in »handliche« Einheiten aufzuspalten, und nähren so unsere Illusion der Kontrollmöglichkeit. Doch trotz unserer Bemühungen geraten die Dinge regelmäßig außer ebenjene Kontrolle und werfen unsere lieb gewonnenen Illusionen über den Haufen, was schließlich in Stress und Frustration mündet. Das Leben will uns zur Teilnahme anregen, nicht unbedingt dazu, etwas zu vollenden. Das Leben ist ein immer währender Prozess, die Arbeit ist ein immer währender Prozess ...

Verschwenden Sie nicht Ihre Zeit damit, gegen die natürliche Ordnung anzukämpfen. Halten Sie nach Möglichkeiten Ausschau, allein und gemeinsam mit anderen am Leben teilzuhaben. Probieren Sie einmal Folgendes aus: Suchen Sie jedes Mal, wenn Sie den Wunsch verspüren, das Leben zu kontrollieren, nach einer Möglichkeit, am Leben teilzunehmen.

Erschöpfung

Ich gab mich meiner Erschöpfung hin. Es war eine herrliche Zeit.
Suzanne

Wann haben Sie sich das letzte Mal Ihrer Erschöpfung hingegeben? Und wann ging es Ihnen das letzte Mal gut dabei? Erschöpfung ist kein gegen uns gerichteter persönlicher Angriff unseres Körpers und unserer Nerven. Sie ist vielmehr eine natürliche Folge des rasanten Lebensstils, den die meisten von uns pflegen. Wenn wir Erschöpfung als etwas Natürliches betrachten, werden wir nicht so wütend darüber. Indem wir sie als eine liebevolle Warnung erkennen, die unser Körper und unser Geist uns zukommen lassen, können wir unseren Widerstand aufgeben und das Gefühl der Erschöpfung zulassen.
Es gibt einfach Zeiten, in denen unser Kopf, unsere Muskeln, unser Selbst und unsere Seele müde sind. Werden Sie nicht krank. Seien Sie einfach erschöpft.
Faulenzen Sie eine Weile, lungern Sie herum, schlafen Sie, verwöhnen Sie sich. Ihr inneres Gleichgewicht wird allmählich in Ihr Leben zurückkehren.

Nehmen Sie sich ab und zu Ihren »Erschöpfungstag«. Wenn Sie das tun, müssen Sie weniger Krankheitstage nehmen.

Segnungen

Möge der Große Geist die Sonne in deinem Herzen aufgehen lassen.
Segensspruch der Sioux

Wie schön es ist, einen Segen zu empfangen!
Segnungen nähern sich sanft unseren Augen und Ohren, streicheln unser Selbst zärtlich mit Liebe und Mitgefühl.
Segnungen dringen durch die Risse unserer Seele in uns ein und heilen sie dabei.
Segnungen schenken uns Bilder, mit denen wir die Lücken füllen können, die das Auf und Ab der Welt in uns hinterlassen hat.
Segnungen sind eine sehr einfache und preiswerte Möglichkeit, etwas Kostbares weiterzugeben.
Segnungen zünden ein Licht in uns an und erfüllen uns, während sie nichts zurückfordern.
Segnungen können zu jeder Zeit, an jedem Ort offen oder still ausgesprochen werden. Es spielt keine Rolle. Und sowohl der Segnende als auch der Gesegnete werden bereichert.

Sprechen Sie ein paar Segnungen aus, und schauen, was geschieht.

Wahre Heiligkeit

... unsere Fehler können Gott nicht verletzen. Und auch unser Versagen wird unsere eigene Heiligkeit nicht schmälern ... wahre Heiligkeit hat genau damit zu tun, unsere eigene Unvollkommenheit geduldig zu ertragen.
Thérèse von Lisieux

Verspüren Sie eine gewisse Erleichterung, wenn Sie lesen, dass unsere Fehler Gott nicht verletzen können? Ich schon. Mir war nie bewusst gewesen, dass ich mir über die Wirkung meiner Unvollkommenheiten Sorgen machte, aber ich nehme an, ich tat es. Plötzlich erscheint es mir so egozentrisch, die Auswirkung unserer Fehler und Schwächen aufzubauschen, als seien sie der Mittelpunkt des Universums.

Wie oft ertappen wir uns dabei, dass wir uns auf das Negative konzentrieren und das Positive vergessen. Nehmen wir an, wir halten einen Vortrag. Zweihundertachtundneunzig Leute mögen uns, und zwei Leute lehnen uns ab. Und was tun wir? Wir konzentrieren uns auf die beiden letzteren Reaktionen und vergessen den ganzen Rest.

Wir machen bei unserer Arbeit eine Million Dinge richtig, und dann übersehen wir ein kleines Detail und stürzen sofort in Verzweiflung oder werden furchtbar wütend auf uns selbst.

Wie sollen wir da die Fixierung auf unsere Fehler und Schwächen überwinden? – Wir können uns darin üben, unsere Unvollkommenheit geduldig zu ertragen.

Üben Sie sich darin, die Realität liebevoll zu akzeptieren, wenn Sie »Mist gebaut« haben: Lernen Sie, sich zu entschuldigen, Wiedergutmachung zu leisten, und gehen Sie weiter. Die Fixierung auf das Leiden und die Selbstbestrafung wird Sie nur immer tiefer in die Egozentrik treiben und niemals wahre Heiligkeit fördern.

Die Konzentration auf sich selbst

Ein Mensch, der sich selbst zum Positiven verändert, hat seinen vollen Beitrag zur positiven Veränderung seines Nächsten geleistet.
Norman Douglas

Es ist wichtig, sich einmal Gedanken darüber zu machen, wie viel Zeit und Energie wir in den Versuch stecken, andere Menschen zu ändern. Manchmal verleugnen wir diese Neigung und wollen uns und andere davon überzeugen, dass wir unsere Mitmenschen wirklich so akzeptieren, wie sie sind. Wir verbergen die Wahrheit vor uns selbst und anderen.

Manchmal gehen wir aber auch ganz offen mit unseren diesbezüglichen Ambitionen um. Wir glauben, dass wir irgendwie mit größerer Weisheit und größerem Wissen über andere gesegnet sind, als diese über sich selbst haben können, und so stürzen wir uns ganz ungeniert auf die Gelegenheit, ihr Leben »in Ordnung« zu bringen. Die Entschlossenheit, mit der wir dies tun, wird nur noch durch die Festigkeit unserer Überzeugung übertroffen.

Sind wir nicht goldig? Wie kommen wir auf solche Ideen?

Die simple Wahrheit ist, dass ich die einzige Person bin, die ich ändern kann. Die einzige Person, die Sie ändern können, sind Sie. Und, offen gesagt, das sollte uns eine Weile beschäftigt halten. Es könnte sogar interessant werden und Spaß machen.

Wenn wir unsere Aufmerksamkeit in die falsche Richtung lenken, fühlen wir uns unausgeglichen. – Richten wir sie wieder auf uns selbst, wird das Leben leichter.

Prüfen Sie, ob Sie sich auf andere konzentrieren und versuchen, sie zu manipulieren. Das kann sich in sehr subtilen Prozessen äußern; schauen Sie also genau hin. Sagen Sie sich ganz ehrlich, wie erfolgreich Ihre diesbezüglichen Bemühungen waren. Schauen Sie, ob Sie bereit sind, sich wieder auf sich selbst zu konzentrieren.

Lieben

Die Geschichte einer Liebe ist nicht wichtig – wichtig ist, dass man fähig ist zu lieben. Das wird wahrscheinlich der einzige Blick in die Ewigkeit sein, der uns gewährt wird.
Helen Hayes

Nur zu oft beschäftigt uns der Gedanke, ob wir geliebt werden oder nicht, und so fixieren wir uns auf das Geliebtwerden. Es ist wunderbar, geliebt zu werden; und es ist kaum möglich, das herrliche Gefühl zu beschreiben, das mit dieser Erfahrung verbunden ist. Doch absolut nichts kann sich auch nur im Geringsten mit dem wunderbaren Gefühl messen, derjenige zu sein, der liebt. Der vollkommene Geliebte sind wir selbst.

Wenn wir uns erlauben zu lieben – ein Kind, einen anderen Erwachsenen, ein Haustier, einen Baum oder die gesamte Schöpfung –, haben wir den Raum der Transzendenz betreten, der über uns hinaus in das »Alles, was ist« reicht. Wenn wir uns erlauben zu lieben, der oder die Liebende zu sein, wird uns in der Tat ein »Blick in die Ewigkeit« gewährt.

Unser Wohlergehen ist viel gefährdeter, wenn wir uns nicht erlauben zu lieben.

Machen Sie sich bewusst, wie Sie sich fühlen, wenn Sie lieben. Denken Sie daran, dass dies Ihr Gefühl ist. Niemand außer Ihnen selbst kann zulassen, dass das Gefühl da ist, oder es zum Verschwinden bringen.

Spirituelle Entwicklung

... Spiritualität ist, wie die alten Weisen uns immer wieder sagten, mit einem ständigen Hinfallen und Wiederaufstehen verbunden ...
Ernest Kurtz und Katherine Ketcham

Wenn wir akzeptieren, dass inneres Gleichgewicht und Spiritualität keine statischen Zustände sein können, sind wir allmählich bereit, sie zu erfahren.
Wir können ein inneres Gleichgewicht erreichen und Zugang zu einer tiefen Spiritualität haben, aber unser Menschsein sorgt mit Sicherheit dafür, dass das Leben uns mit noch mehr Herausforderungen konfrontiert.
Spiritualität ist keine Garantie für ein reibungsloses Leben oder immer währende Glückseligkeit. Spiritualität gibt uns die Werkzeuge an die Hand, die wir brauchen, um das, was auf uns zukommt, bewältigen zu können.
Die großen spirituellen Führer haben ihre Energie nicht darauf verwandt, uns zu lehren, wie man in einen vollkommen statischen Zustand gelangt. Sie haben uns gelehrt, wie man das Leben mit dem tiefen Vertrauen bewältigt, dass man immer wieder zu einem spirituellen Gleichgewicht zurückkehren kann. Das ist ein großes und letztlich sehr nützliches Geschenk.
Wenn wir wissen, dass wir immer wieder hinfallen werden und dass wir lernen können, wieder aufzustehen und uns auf eine höhere Ebene der Spiritualität zu begeben, haben wir Vertrauen. Hinfallen ist kein Versagen oder Scheitern; es ist eine spirituelle Chance.

Prüfen Sie, welche Erwartungen Sie in spiritueller Hinsicht an sich stellen. Sehen Sie zu, dass Sie Ihren eigenen spirituellen Entwicklungsprozess und denjenigen anderer Menschen mehr akzeptieren.

Winter

Es ist eine Atmosphäre der Privatheit damit verbunden, die man in keiner anderen Jahreszeit so erleben kann … Im Frühling, im Sommer und im Herbst herrscht eine Art Jagdsaison unter den Menschen; nur im Winter, auf dem Land, kann man längere Phasen der Ruhe erleben, in denen man es genießen kann, sich selbst zu gehören.

Ruth Stout

Unser Körper und unsere Seele brauchen die Jahreszeiten. Und sie beeinflussen uns trotz unserer klimatisierten Wohnungen, Büros und Einkaufszentren.

Der Winter ist eine ganz besondere Zeit. Wir können es uns gemütlich machen, uns zurückziehen – das Wetter unterstützt uns dabei. Der Winter ist eine Zeit, in der die ganze Familie sich selbst gehören kann. Eine Phase, in der Ruhepausen mit heißem, gewürztem Apfelwein, Kakao oder Popcorn absolute Notwendigkeiten zu sein scheinen. Die Natur lädt uns ein, nach »innen« zu gehen, ob wir uns nun in uns selbst zurückziehen oder in eine traute Zweisamkeit. Der Tagesablauf scheint der gleiche wie sonst zu sein, und doch gibt es die offene Einladung zu »längeren Phasen der Ruhe«.

Wir fühlen uns viel besser, wenn wir uns erlauben, die Einladung des Winters anzunehmen.

Besorgen Sie sich Apfelwein, Popcorn, warme Decken und Holz für den Kamin – alles, was Sie bei Ihrem Rückzug unterstützt – und lassen Sie sich auf den Winter ein.

Ehrfurcht

In dem Augenblick, in dem man am ehrfürchtigsten über all die Dinge im Leben staunt, die man nicht versteht, ist man näher daran, sie zu verstehen, als zu jeder anderen Zeit.
Jane Wagner

Was für ein kostbarer Zustand die Ehrfurcht ist! Wenn wir Ehrfurcht empfinden, nähern wir uns dem erhabenen Wissen um unseren Platz im Universum. Ehrfurcht bringt das Strahlen und die Weisheit des Kindes und des Unschuldigen in unser Bewusstsein zurück.

Ehrfurcht und Egozentrik schließen sich einander aus. Wenn wir von Ehrfurcht erfüllt sind, können wir getrost mit dem Wissen leben, dass wir nicht alles verstehen und nicht alles zu verstehen vermögen. Wir werden von einem inneren Frieden erfüllt, der sich mit diesem Wissen auf uns herabsenkt. Ehrfurcht lässt uns einen Schimmer der ungeheuren Größe der Schöpfung erhaschen, zusammen mit dem Gewahrsein, dass wir ein Teil davon sind. Ehrfurcht ist ein Wissen, welches das Verstehen übersteigt (und es erfordert in der Tat kein Verstehen).

Die Sterne, die Sonnenauf- und -untergänge sowie die Natur in all ihren Stimmungen sind besonders gute Auslöser für ein Gefühl der Ehrfurcht. Falls es uns schwer fällt, Ehrfurcht zu empfinden, sind Kinder manchmal bereit, uns dabei zu helfen (sofern wir zugeben können, dass wir ihre Hilfe brauchen).

Wenn unser Herz von Ehrfurcht erfüllt ist, kann sich unser Verstand für eine Weile entspannen.

Wann haben Sie zum letzten Mal Ehrfurcht empfunden?
Geben Sie sich Gelegenheit dazu.

Gebet

Unsere Gebete wurden nicht erhört, wenn wir bekommen, um was wir baten, sondern wenn wir herausgefordert werden, zu sein, was wir sein können.
Morris Adler

Als ich jung war, verunsicherte mich die Frage, ob Gebete erhört werden oder nicht. Damals bedeutete ein erhörtes Gebet natürlich, dass ich bekam, was ich wollte. Dann sagte einer meiner Mentoren zu mir: »Vielleicht heißt die Antwort ›Nein‹.« Nun, das versetzte mir wirklich einen Schock, und ich begann, das Beten mit anderen Augen zu betrachten.
Später erkannte ich, dass ich dazu erzogen worden war, eine coabhängige Beziehung mit Gott einzugehen: Ich glaubte, es sei meine Pflicht zu beten, weil Gott meine Gebete brauchte. Dann hörte ich für eine Weile auf zu beten und ging zum »Dein Wille geschehe« über – was für mich letztlich nichts anderes als Resignation bedeutete, denn Gottes Wille würde sowieso geschehen, ob ich ihn nun »anordnete« oder nicht. Eine Zeit lang konnte ich dann einfach nur sagen: »Hallo, du«, und das schien in Ordnung zu sein. Dann begann ich, »Kumpelgespräche« mit Gott zu führen. Und schließlich erkannte ich, was ich bereits als Kind gewusst hatte: dass mein Leben und meine Teilnahme daran das intensivste Gebet waren, das ich beten konnte.
Ich bin zu der Einsicht gelangt, dass Spiritualität nichts anderes ist als die volle Teilnahme am Leben. Wenn ich an meinem Leben partizipiere, lebe ich meine Spiritualität und mein Gebet.
Was machte das Beten so schwierig? ... Ich.

Welche Beziehung haben Sie zum Beten und welche Phasen haben Sie damit durchlebt? Versuchen Sie auszudrücken, ob Sie sich mit Ihrer jetzigen Einstellung zum Beten besser fühlen.

Ungenutzte Augenblicke

Ich würde mich bereitwillig mit dem Hut in der Hand an die Straßenecke stellen und die Vorübergehenden anbetteln, ihre ungenutzten Augenblicke hineinzuwerfen.
Bernard Berenson

Wenn Zeit Geld ist, verfügen viele von uns über ein zunehmendes Vermögen an ungenutzten Augenblicken. Nicht, dass wir uns anstrengen müssten, die Minuten zu verbrauchen; wir müssen einfach präsent sein. Dazusitzen und vor uns hin zu starren, ist vielleicht die wertvollste Möglichkeit, diese Zeit zu nutzen. Leider und paradoxerweise sind unsere ungenutzten Minuten genau die, in denen wir am »beschäftigtsten« waren.
Zögern und Zaudern ist einer der beliebtesten »Zeitfresser« viel beschäftigter Leute. Wir bringen so viel Zeit damit zu, uns im Kreis zu drehen und die anstehenden Aufgaben vor uns herzuschieben, dass wir uns dabei erschöpfen. In Wirklichkeit ist jedoch das Zaudern oft die Hauptbeschäftigung »viel beschäftigter« Leute; sie verschwenden Zeit und Energie mit dem Vermeiden der vor ihnen liegenden Aufgaben, während sie sich gleichzeitig einreden, dass sie arbeiten.
Wir halten kaum einmal inne, um uns klar zu machen, wie kostbar jeder einzelne Augenblick ist, bis wir in irgendeine Krise geraten. In solchen Krisenzeiten schauen wir uns plötzlich um und sehen, dass die Welt in herrlichen Farben leuchtet. Aber wir müssen nicht unbedingt eine Krise erleben, um uns bewusst zu machen, was für uns kostbar ist. Wenn wir uns wirklich auf das Kostbare konzentrieren, gehören ungenutzte Augenblicke bald der Vergangenheit an.

Halten Sie heute einmal inne und schauen Sie, ob jede Minute für Sie lebendig ist. Wenn nicht, versuchen Sie, präsent zu sein.

Führung

Es gibt da eine Führung für jeden von uns; und wenn wir einfach zuhören, werden wir das richtige Wort vernehmen ... Wenn wir uns in die Mitte des Stromes der Kraft und Weisheit begeben, der in unserem Leben fließt, werden wir mühelos zur Wahrheit und vollkommenen Zufriedenheit getragen.

Ralph Waldo Emerson

Wir haben eine Führung: Was für ein Gefühl inneren Friedens sich in uns ausbreitet, wenn wir wissen, dass wir geführt werden! Obwohl wir unsere Entscheidungen treffen müssen, begleiten uns unsichtbare Kräfte, die uns unterstützen und über viel mehr Informationen verfügen als wir. Natürlich müssen wir dieses Leben selbst bewältigen, und doch müssen wir es nicht allein tun. Wenn wir uns daran erinnern, wird unser ganzes Sein von Frieden erfüllt.

Was fühlen wir, wenn wir wirklich das Wissen zulassen, dass wir uns »in die Mitte des Stromes der Kraft und Weisheit, der in unser Leben fließt«, begeben können? Sind wir bereit, zuzugeben, dass etwas existiert, das größer ist als wir selbst, auch wenn es uns schwer fällt, uns vorzustellen, dass es einen Gott gibt? Sind wir offen für die Möglichkeit, dass in der gesamten Schöpfung eine höhere Weisheit am Werk ist? Haben wir Zugang zu mehr Wissen, als wir glauben?

Wir können einen himmlischen Seufzer ausstoßen, während wir uns in die Wahrheit und den inneren Frieden hinein entspannen. Wir müssen nicht alles wissen. Wir müssen nicht alles tun. Wir müssen nicht alles in den Griff bekommen.

Machen Sie im Lauf des Tages ab und zu eine kleine Pause und erinnern Sie sich daran, dass Sie geführt werden und Hilfe erhalten. Schauen Sie, was dann passiert.

Glücklich sein

Wenn sich eine Tür des Glücks schließt, öffnet sich eine andere, aber oft starren wir so lange auf die verschlossene Tür, dass wir die andere, die für uns geöffnet wurde, nicht sehen.
Helen Keller

Das Glück an sich ist nicht das Problem. Unsere Art und Weise, damit umzugehen, bringt uns aus dem Gleichgewicht.
Zunächst einmal sind wir tief im Innern unerschütterlich davon überzeugt, dass wir es verdienen, glücklich zu sein. Fatalerweise existieren bei vielen Menschen unter der Oberfläche dieser bewussten Überzeugung eine Unzahl Gefühle und Einstellungen, die unseren Glauben an das Glück verneinen.
Und wegen unseres Mangels an Vertrauen reden wir uns nur allzu oft ein, dass es nichts und niemanden gibt, der uns dieses Geburtsrecht garantiert. So gelangen wir schließlich zu der Überzeugung, dass wir unser Glück machen müssen, dass wir es suchen müssen, wo immer wir es finden können, und dass wir es, wenn wir einen Zipfel davon erhascht haben, so krampfhaft wie möglich festhalten müssen, weil es uns bestimmt irgendjemand wegnehmen will. Wir halten es dermaßen fest in unserer zusammengeballten Faust, dass wir es zerquetschen.
Wir haben die Sache mit dem Glück gründlich missverstanden. Es ist nämlich immer da und wartet auf uns, ungeachtet der äußeren Umstände. Wir müssen es nur sehen und die Tür öffnen. Glück ist ein Prozess. Es kommt und geht. Wenn wir es mit offenen Armen empfangen, küsst es uns zärtlich, bleibt eine Weile da und verlässt uns dann wieder. Und es wird zurückkehren – früher, als wir glauben –, wenn wir aufhören, die alte Tür anzustarren.

Prüfen Sie einmal, wie Sie mit dem Glück umgehen.
Wären einige Veränderungen fällig?

14. Dezember

Schönheit sehen

Liebe die Schönheit; sie ist der Schatten,
den Gott auf das Universum wirft.
Gabriella Mistral

Man muss sich daran erinnern, die Schönheit zu sehen und sie zu lieben.

Die ständige Hetze und Überbeanspruchung wirkt sich auch auf unser »Sehvermögen« aus und macht uns für ganz bestimmte Dinge blind. Diese spezifische Blindheit manifestiert sich so schleichend und subtil, dass wir es nur selten bemerken, wenn sie uns befällt. Und wenn sie sich erst einmal eingenistet hat, leben wir in der Illusion, dass unsere Augen »ganz normal« sehen. Die spezifische Blindheit, von der ich spreche, ist die Blindheit gegenüber der uns umgebenden Schönheit.

Um Schönheit sehen zu können, müssen wir fähig sein, unser Tempo zu drosseln und unsere Wahrnehmung zu schärfen. Die Fähigkeit, Schönheit zu sehen, setzt voraus, dass wir nicht nur mit den Augen sehen und mit dem Herzen fühlen können. Schönheit sehen ist ein Prozess, bei dem wir unsere Sinne und unser Wesen nicht allein für das öffnen, was ist, sondern auch für das, was sein kann.

Wenn wir zu beschäftigt oder zu sehr in Eile sind, um Schönheit sehen zu können, verpassen wir die Hinweise, mit denen Gott uns auffordert, uns alles, was uns begegnet, intensiver und liebevoller anzuschauen. Die Pfützen auf der Schnellstraße, die Wolken, die vor dem Mond hinwegziehen, die Falten im Gesicht einer alten Nachbarin – alles zeigt uns Schönheit.

Werden Sie blind für die Schönheit? Sie existiert überall, in allen Dingen und Wesen. Halten Sie inne, schauen Sie sich um und prüfen Sie, ob Sie sie immer noch sehen können.

Unsere Einstellung gegenüber Kindern

Die Indianer betrachten die Weißen immer noch als eine brutale Rasse, die ihre Kinder wie Gegner behandelt – auch wie zerbrechliche Spielzeuge oder verwöhnte Haustiere –, aber unterschwellig immer wie Gegner, die man in Schranken halten, erpressen, ausspionieren und bestrafen muss. Sie glauben, dass Kinder, die so behandelt werden, zu abhängigen und unreifen Menschen heranwachsen, so wütend und gefährlich wie Feinde der Familie, die man besänftigen und bekämpfen muss.

Mari Sandoz

Das sind starke Worte! Sind wir bereit, einen ehrlichen Blick auf unsere Einstellung oder unser Verhältnis zu unseren Kindern zu werfen? Selbst wenn wir der oben stehenden Aussage nicht in allen Punkten zustimmen mögen? Behandeln wir Kinder wie »verwöhnte Haustiere« oder »zerbrechliche Spielzeuge«? Schauten wir bei ihrer Geburt auf sie nieder wie auf etwas, das wir erreicht haben, und sonnten uns im Glanz dieser tollen Leistung? Oder war ihre Geburt für uns ein Augenblick großer Demut und Ehrfurcht angesichts des Geschenks der Liebe und Verantwortung, das uns gegeben wurde? Betrachten wir das, was sie tun (was Kinder von Natur aus tun), als »Angriffe«? Empfinden wir ihre ständigen Erkältungen, laufenden Nasen und Infekte als persönlichen Affront auf unseren Lebensstil, den wir, mit oder ohne sie, aufrechtzuerhalten hoffen? Resultiert das Ungleichgewicht, in das sie unser bisher so geordnetes Leben gebracht haben, aus ihrem Charakter oder daraus, wie wir auf sie reagieren? Das sind gute Fragen, die wir uns einmal stellen sollten.

Halten Sie einmal inne und denken Sie über Ihre Einstellung zu Kindern nach – Ihre eigenen oder die anderer Leute – und prüfen Sie, ob Sie hier vielleicht etwas ändern sollten.

Die vier Elemente

Der offene Kamin ist das Tulpenbeet eines Wintertages.
Persisches Sprichwort

Erde, Luft, Feuer und Wasser sind Elemente, die schon von unseren Urahnen als Lebensgrundlage betrachtet wurden. Sie alle sind heilsam.

Es gibt an einem Wintertag nichts Tröstlicheres als das Züngeln der Flammen eines echten Feuers. Ein Feuer wärmt im Winter nicht nur den Körper. Sein Knacken und Flackern führt uns zu Wurzeln zurück, die sehr tief reichen.

Wir brauchen Basiselemente in unserem Leben, um geerdet zu bleiben. Wir müssen die Erde berühren können und wissen, dass sie da ist. Wir müssen saubere Luft atmen, damit sich unser Körper an das Gefühl erinnern kann, das das Einströmen klarer, reiner Luft in ihm auslöst. Wir müssen eine Möglichkeit finden, uns wieder mit dem wärmenden Feuer zu verbinden, ganz gleich, ob es ein Kamin-, ein Freuden-, ein Lager- oder nur das künstliche Feuer eines elektrischen Kamins ist. Und wir brauchen das herrliche Gefühl, das über unseren Körper fließendes Wasser in uns auslöst.

Die Rückverbindung mit diesen vier Elementen erdet uns mehr als alles andere.

Im Winter ist es wichtig, etwas zu tun, was den Körper und die Seele wärmt. Was können Sie tun? Ein heißes Bad nehmen, ein Feuer anzünden, ein heißes Getränk zubereiten ...

Liebe

Liebe ist das Einfachste auf der Welt.
Doch wir machen sie oft zum Kompliziertesten.
Anne

Liebe ist ein Energiefluss zwischen uns und unserem Schöpfer, zwischen uns und einer anderen Person, unseren Angehörigen, einer Gruppe von Menschen, unseren Haustieren, der Natur – zwischen uns und fast allem. Manchmal lehren uns unsere Haustiere mehr über die Liebe als irgendetwas oder irgendjemand sonst.

Oft werden wir »verrückt« vor Liebe. Oder wir werden misstrauisch, wenn jemand uns liebt: »Was will er/sie wirklich von uns?« Wir versuchen, die Liebe zu kontrollieren, und wollen sicherstellen, dass sie nie endet. Wir wollen sie ausschließlich für uns, denn wir fürchten, dass nicht mehr genug Liebe für uns übrig sein wird, wenn der Mensch, der uns liebt, auch noch jemand anderen liebt. Wir wollen, dass die Liebe uns »repariert«. Anstatt unsere Probleme selbst zu verarbeiten, erwarten wir, dass die Liebe alles zurechtrückt, und insgeheim wünschen wir uns, dass unser(e) Geliebte(r) uns gibt, was wir nie von unseren Eltern bekamen.

Wir werden so überaktiv, dass wir eins vergessen: Die Liebe ist ein Geschenk, und wir können nicht über sie bestimmen, wie sehr wir uns auch bemühen. Manchmal versuchen wir so angestrengt, die Liebe zu kontrollieren, dass wir sie in Wirklichkeit in die Flucht schlagen. Wir können niemanden dazu bringen, uns zu lieben, wie schlau oder mächtig wir auch sein mögen.

Wenn Sie heute das Geschenk der Liebe erhalten – egal, ob von Ihrem Lebenspartner oder Ihrem Hund –, nehmen Sie es mit Dankbarkeit entgegen.

Der Verlust unserer Spiritualität

Wenn ich arbeitssüchtig bin und wie verrückt herumrenne, stelle ich nach einiger Zeit fest, dass ich jeglichen Kontakt zu meiner Spiritualität, meinem höheren Selbst, verloren habe.

Petra

Arbeitssucht und andere zwanghafte Verhaltensweisen lassen uns den Kontakt mit dem Wissen verlieren, dass wir an erster Stelle spirituelle und an zweiter menschliche Wesen sind. Wenn wir geschäftig hierhin und dorthin eilen, schalten wir irgendwie auf »Auto-Pilot«, verlieren zunehmend den Kontakt zu unseren Gefühlen und schließlich auch zu uns selbst. Und wenn wir den Kontakt zu uns selbst verlieren, kappen wir die Verbindung zu jenem spirituellen Zentrum in unserem Innern, das uns mit dem großen Ganzen verbindet, dem Schöpfer des Universums, der in jedem von uns existierenden Kraft, die größer ist als wir.

Unsere ständige Eile oder Geschäftigkeit hüllt uns in einen Nebel ein, der sich von außen in immer dicker werdenden Schichten um uns legt und sich dann im Innern immer dichter zuzieht. Und schon bald verlieren wir den Kontakt mit jener Kraft, die unser Leben lenkt.

Wir brauchen den Kontakt zu unserer Spiritualität, um die Menschen sein zu können, die wir sein möchten.

Immer wenn Sie feststellen, dass Sie durchs Leben hetzen, sollten Sie innehalten, um sich wieder mit Ihrem spirituellen Selbst zu verbinden. Sie werden den Unterschied bemerken.

Wahrheit

Wenn jetzt kein guter Zeitpunkt für die Wahrheit ist, sehe ich nicht, wann wir zur Wahrheit kommen werden.
Nikki Giovanni

Die Wahrheit hat eine großartige ausgleichende Wirkung. Wir sind täglich mit vielen Ebenen der Wahrheit konfrontiert – auf der persönlichen, der innerseelischen, der familiären, der berufsbezogenen, der lokalen, der nationalen, der planetarischen und der universalen Ebene. Alle diese Ebenen sind wichtig und miteinander verbunden. Wie in vielen anderen Bereichen des Wachstums und des Funktionierens müssen wir zunächst einmal bei uns selbst anfangen. Nur zu oft schieben wir das Entdecken unserer eigenen, persönlichen Wahrheit auf, sagen uns, dass wir wichtigere Dinge zu tun haben, dass die Kinder noch zu klein sind und unsere ganze Aufmerksamkeit beanspruchen, dass die Wahrheit etwas ist, über das man nachdenkt, wenn man älter ist, dass es in unserem hektischen Leben nicht auf die Suche nach der persönlichen Wahrheit ankommt – und so weiter, und so fort. Als viel beschäftigte Menschen wissen wir, wie leicht es ist, die wichtigen Dinge aufzuschieben. Oft reden wir uns sogar ein, dass die ganze Geschäftigkeit und Eile die Wahrheit sind.
Vielleicht sind Überbeschäftigung und Hetze die Wahrheit unseres Lebens, und doch sind sie nicht unsere eigene, persönliche Wahrheit. Wenn wir jedoch erkennen, dass wir die Alltagshetze zu unserer Wahrheit gemacht haben, ist bereits der erste Schritt zur Erforschung unserer persönlichen Wahrheit getan.

Setzen Sie sich hin und schreiben Sie drei Themen auf, die zurzeit die Realität Ihres Lebens bestimmen, und schauen Sie sich diese drei Bereiche ganz genau an. Überlegen Sie, ob Sie sie gern ändern würden. Falls ja, wie gehen Sie die Sache an?

Feiertage

Ich weiß nicht, wie man Feiertage gestaltet.
In meiner Familie waren sie immer eine Katastrophe.
Henry

So viele Menschen assoziieren die Feiertage mit Aufregungen, ja sogar Leid, dass es schwierig ist, an ein inneres Gleichgewicht zu denken, wenn wir uns der Feiertagssaison nähern. Manche nehmen Zuflucht bei ihren alten »Freunden« Isolation und Kontrolle und hoffen einfach, damit alles zu überstehen.
Nun, da wir während der vergangenen elf Monate am Thema »Inneres Gleichgewicht« gearbeitet haben, könnten wir die Feiertage dieses Jahr ein bisschen anders angehen lassen.

Wir können offen dafür sein, mit Liebe und Mitgefühl auf unsere Angehörigen zuzugehen. Vielleicht gefällt es uns nicht, wie bestimmte Familienmitglieder sich verhalten; aber wir können uns daran erinnern, dass sie ihr Bestes tun.
Wir können bestimmte Anlässe, vor denen wir uns fürchten, weil wir sie als besonders problematisch betrachten, zwischen Telefongespräche mit Menschen legen, die uns unterstützen.
Wir können während der Feiertage Selbsthilfegruppen besuchen oder Treffen mit Freunden organisieren.
Wir können uns bestimmte Zeiten reservieren und uns die spirituelle und emotionale Unterstützung geben, die wir brauchen.
Wir können unsere inneren Warnsignale wahrnehmen und beachten.
Wir können beten.
Wir können uns entspannen, eine gute Zeit haben und die anderen mit sich selbst zurechtkommen lassen.

Schöne Feiertage!

Gebet

Das Ohr des großen Meisters des Lebens, das immer noch offen ist für meinen Ruf, wird von der Anrufung des Segens durchdrungen werden.
Shawuskukhkung

Für einige von uns überbeschäftigten Leute ist das Gebet einfach nur ein weiterer »Tagesordnungspunkt«, den sie auf die lange Liste der zu erledigenden Aufgaben setzen. Und viele Menschen, die schlechte Erfahrungen mit organisierten Religionen gemacht haben, schütten das Kind gleich mit dem Bade aus. Spirituelle Nahrung ist oft das Erste, worauf wir verzichten, wenn wir zu viel tun; und so entfernen wir uns von unserer geistigen Basis, wenn wir sie am dringendsten brauchen.

Und dennoch wissen wir tief im Innern, dass wir, wenn wir nur den kleinsten Versuch machen, uns wieder zu verbinden, am anderen Ende auf ein offenes Ohr stoßen. Jedes Mal wenn wir bitten, wird uns gegeben, auch wenn die Antwort nicht immer so ausfällt, wie wir es erwarteten oder uns wünschten.

Indem wir um göttlichen Segen bitten, verbinden wir uns wieder mit dem Göttlichen in uns, mit jenem ewigen Feuer, das immer wieder entfacht werden kann, dem spirituellen Funken, der uns wärmt und nährt wie nichts anderes auf der Welt.

Skepsis ist etwas Gutes. Sie sorgt dafür, dass wir mit beiden Füßen auf dem Boden der Realität bleiben, und unterstützt uns beim Lernen; sie hilft uns, uns darüber klar zu werden, was für uns das Richtige ist. Doch der Skeptiker, der nicht aufgeschlossen genug ist, um sein Infragestellen zu hinterfragen, wird letztlich zum Verlierer.

Versuchen Sie es heute einmal mit einem klitzekleinen Gebet:
Bitten Sie um Segen und danken Sie für irgendetwas.
Es kann auf keinen Fall schaden.

Schönheit lieben

Sagt ihnen, wie sehr wir alles Schöne lieben.
Ein amerikanischer Ureinwohner

Wie wichtig es ist, die Schönheit zu lieben! Sind wir offen dafür, sehen wir sie überall in unserer Umgebung. Wenn wir wirklich hinschauen, können wir Schönheit in jedem Gesicht sehen, das uns begegnet. Jeder Mensch, sosehr er sich auch von uns unterscheiden mag, hat seine einzigartige, besondere Schönheit.
Wie die amerikanischen Ureinwohner die Erde lieben! Es ist so viel Schönheit in jeder noch so winzigen Schöpfung der Natur. Die Adern in den Blättern eines Baums, die Rinde dieses Baums, die Felsen, ja selbst die Muster der Risse auf dem Gehsteig können ihre eigene Schönheit haben, wenn wir offen dafür sind, sie zu sehen.
So wie die Schönheit im Auge des Betrachters liegt, liegt auch die Hässlichkeit im Auge des Betrachters. Vieles von dem, was wir sehen und erfahren, spiegelt die Einstellung wider, mit der wir uns den Dingen nähern. Bedenken Sie, dass Einstellungen ansteckend sind – positive wie negative. Wir können stets wählen, mit welcher Einstellung wir an eine Situation herangehen wollen.

Tun Sie heute – und jeden Tag – eine Kleinigkeit,
um die Welt zu einem schöneren und besseren Ort zu machen.
Heben Sie ein bisschen Müll auf, pflanzen Sie
ein paar Samenkörner oder bringen Sie Blumen ins Büro mit.
Sie werden froh sein, dass Sie es getan haben!

Stille

Dicke Schneeflocken verschwinden im Meer. Welche Stille!
Volkstümlicher Zen-Spruch

Ein heftiges Schneetreiben ist etwas Reales, es existiert. Doch wenn Schnee ins Meer fällt, wird er zu »nichts« und hat an der Stille teil.

Das Geheimnis des Ausgleichs liegt in dem Wissen um beides: unsere Existenz und unsere Nichtexistenz. Jede Schneeflocke ist einzigartig und individuell – eine ganz besondere Schöpfung. Und zusammen werden all diese winzigen, speziellen Kreationen zu einem heftigen Schneetreiben, das sehr schön und auch sehr zerstörerisch sein kann.

Doch wenn sich die Schneeflocken in der unendlichen Weite des Meeres auflösen, wird ihre Individualität, die ihre Einzigartigkeit ausmachte, zu einem wichtigen Teil eines größeren Ganzen, das in einer grandiosen Stille resultiert.

So ist es auch mit uns! Während wir um unsere Einzigartigkeit wissen und sie schätzen, haben wir ebenso die Möglichkeit, uns mit »allem, was ist«, zu verbinden und Teil davon zu werden. Durch unsere Einzigartigkeit werden wir Teil des Ganzen.

Ergreifen Sie heute die Gelegenheit,
»das Bewusstsein der Schneeflocke« zu verinnerlichen.

Frieden und Gleichgewicht

Ein inneres Gleichgewicht kennen heißt, zu wissen, was Frieden ist.
Anne Wilson Schaef

Inneres Gleichgewicht bringt inneren Frieden. In diesem Zustand gibt es keinen Kampf, keine Hektik, keine Instabilität.
Wir Menschen, die gewohnheitsmäßig zu viel tun, haben uns normalerweise weit vom inneren Frieden entfernt. Wir haben vergessen, wie er sich anfühlt, und tragen deshalb nicht viel zum Frieden in unserer Umgebung bei.
Jeder von uns hat das Potenzial, zu innerem Gleichgewicht zu finden. Bereits der Wunsch danach ist der Anfang. Wir können damit beginnen, indem wir einmal innehalten, ein paarmal tief durchatmen und die ganze Nervosität aus uns herausfließen lassen. Wir können unseren Geist still werden lassen und uns vornehmen, überall, wo wir uns gerade aufhalten, nach dem Frieden des inneren Gleichgewichts zu suchen. Wir können unser Herz und unseren Geist für den Frieden öffnen. Wir können den Frieden durch unsere Fußsohlen aufnehmen und mit unserem Atem und unserer Energie in unserem Körper aufsteigen lassen. Wir können Frieden ein- und Hektik ausatmen.
Wir sind in der Lage, uns in einen inneren Raum zu begeben, in dem Hektik und Adrenalinstöße sich weder normal noch wünschenswert anfühlen.

Versuchen Sie, diese Anregungen umzusetzen, und schauen Sie, wie Sie sich dabei fühlen. Es gibt kein Rezept und keine einzig richtige Methode. Finden Sie Ihren eigenen Weg zu innerem Frieden. Vielleicht müssen Sie einen Spaziergang im Wald machen; vielleicht still dasitzen und in ein Feuer blicken. Wichtig ist, dass Sie Ihren individuellen Weg finden.

Engel

Ich habe schon mit Engeln gesprochen, lange bevor sie »modern« wurden. Vielleicht glauben Sie nicht an Engel. Das ist in Ordnung. Die Engel machen sich nichts daraus. Sie sind nicht wie [die Elfe] Tinkerbell, wissen Sie; ihre Existenz hängt nicht von Ihrem Glauben ab. Eine Menge Leute glaubten auch nicht, dass die Erde rund sei, aber das machte sie nicht flacher.

Nancy Picard

Für einen großen Teil der Welt ist dies ein Tag der Wunder. Für die ganze Welt kann dieser und jeder Tag ein Tag der Wunder sein. Und zu den Wundern in unserem Leben gehören auch die Engel. »Meine Güte!«, sagen Sie vielleicht. »Warum schreibt sie etwas über Engel in einem Buch über inneres Gleichgewicht für überaktive Menschen?« Um im Gleichgewicht zu leben, müssen wir sowohl das Sichtbare als auch das Unsichtbare anerkennen.

Vor vielen Jahren traf ich ein weltbekanntes Medium, das mich sofort darüber informierte, dass sich eine große Anzahl Wesen in meiner unmittelbaren Nähe befänden, die mir nicht helfen konnten, weil ich dachte, ich müsste alles allein schaffen. Er ermutigte mich, um etwas zu bitten, das ich mir wünschte. »Parkplätze«, kam es wie aus der Pistole geschossen aus meinem Mund. »Parkplätze?«, fragte er. »Ja«, sagte ich, denn ich dachte, das wäre ein guter »wissenschaftlicher« Test. In den darauf folgenden Jahren hatte ich nie mehr Schwierigkeiten, einen Parkplatz zu finden. Das ist inzwischen zu einem kleinen Scherz zwischen mir und meinen Geistführern (Engeln) geworden. Als Wissenschaftlerin hatte ich zunächst Probleme damit, die Existenz von Engeln zu akzeptieren. Jetzt fällt es mir nicht mehr so schwer.

Es gibt Kräfte, Wesen und Energien, die da sind, um uns zu helfen. Versuchen Sie zu lernen, um Hilfe zu bitten.

Ausreden

Wir sind verantwortlich für unser Leben.
Wenn wir diese Verantwortung akzeptieren,
verläuft unser Leben reibungsloser und leichter.
Forrest

Wie wir uns dagegen wehren, Verantwortung für unser Leben zu übernehmen: »Ich komme aus einer dysfunktionalen Familie.« – »Was kann man von mir erwarten – ich bin süchtig?« – »Ich bin Skandinavier [Ire, Holländer, Afrikaner, was auch immer], deshalb bin ich so.« – »Ich wurde vor langer Zeit in einer Beziehung verletzt, und deshalb habe ich Angst, mich zu öffnen.«
Okay. In Ordnung. All das ist wahr! – Und nun? Werden wir den Rest unseres Lebens damit zubringen, uns hinter unseren Ausreden zu verstecken, die »die Gesellschaft« uns liebenswürdigerweise geliefert hat? Wenn wir das tun, werden wir nie wissen, was inneres Gleichgewicht ist.
Es kommt ein Zeitpunkt, an dem wir selbst Verantwortung für uns und unser Leben übernehmen müssen. All diese eingangs erwähnten Umstände mögen wahr sein, und doch leben wir hier und jetzt und haben einige Wahlmöglichkeiten. Wir können wählen, wie wir reagieren wollen. Wir können unsere Gefühle anerkennen, sie würdigen, verarbeiten – und weitergehen. Wir haben so viele Möglichkeiten, und die Entscheidung liegt allein bei uns.

Schauen Sie sich in Bereichen Ihres Lebens um,
in denen Sie Ausreden benutzen und so
das innere Gleichgewicht verhindern, das Sie haben könnten.
Schauen Sie, ob Sie bereit sind, weiterzugehen.

Kleinigkeiten

Lass Kleinigkeiten los.
Anonym

Dieses Jahr könnte das Jahr sein, in dem Sie sich entschließen, Kleinigkeiten »loszulassen«. Falls Sie es tun, werden Sie ohne Zweifel feststellen, dass kaum etwas eine große Sache ist.
Dies ist eine gute Zeit, das Leben zu akzeptieren, wie es sich nun einmal darbietet, und sich für das zu öffnen, »was ist«. Wenn wir lernen, mit aller Anmut, die uns zu Eigen ist, auf das Leben zu reagieren, wird der Lohn nicht auf sich warten lassen.
Wir können das »Timing« und die Prozesse von allem, was uns umgibt, akzeptieren. Ich denke in diesem Zusammenhang oft an eine besondere Erfahrung mit meiner Zahnpastatube. Ich sah, dass sie fast leer war, also kaufte ich eine neue. Das Medizinschränkchen war klein, und zwei Zahnpastatuben schienen zu viel, also konzentrierte ich mich darauf, die alte schnell aufzubrauchen. Doch sie wurde einfach nicht leer. Ich benutzte jedes Mal mehr Zahnpasta – aber es nutzte nichts (und es war Verschwendung). Immer wenn ich die Tube in die Hand nahm, dachte ich, dass dies nun das letzte Mal sei – es dauerte Wochen, wie mir schien. Ich begann zu verstehen, dass zwischen mir und der Zahnpastatube etwas Bedeutsames vor sich ging. Ich dankte ihr nicht täglich für ihre Großzügigkeit. Ich war nicht froh darüber, dass sie so ergiebig war. Ich war nicht begeistert davon, dass immer noch mehr Zahnpasta herauskam. Ich wollte endlich mit ihr fertig werden, damit ich die nächste Tube anbrechen konnte.
Viel beschäftigte Menschen tun das Gleiche mit ihrer Arbeit und ihrem Leben.

Denken Sie einmal über die »Zahnpastatuben« in Ihrem Leben nach und versuchen Sie es mit Dankbarkeit.

Heiterkeit

Eine glückliche Frau ist eine, die überhaupt keine Sorgen hat; eine heitere Frau ist eine, die Sorgen hat, sich aber nicht davon niederdrücken lässt.
Beverly Sills

Was für eine wunderbare Unterscheidung! Wir können ausgeglichen, ohne unbedingt die ganze Zeit glücklich zu sein. Wir können ausgeglichen sein, ohne dass alles ständig wie am Schnürchen läuft. Echte Ausgeglichenheit hat in der Tat mehr damit zu tun, das eigene Gleichgewicht unter allen Bedingungen aufrechtzuerhalten, als mit dem Versuch, »alles auf die Reihe zu kriegen«. Haben wir unseren Problemen so viel Aufmerksamkeit geschenkt, dass wir vergessen haben, wer sie am Leben hält?
Können wir immer glücklich sein? Das bezweifle ich entschieden. Können wir »heiter«, auf eine ausgeglichene Weise, mit den Situationen und Ereignissen umgehen, die das Leben uns bringt, oder zumindest relativ schnell zu einem Gleichgewicht zurückkehren? Wahrscheinlich.
Wenn wir allem, mit dem wir konfrontiert werden, so heiter wie möglich begegnen, tun wir viel, um die Türen zum inneren Gleichgewicht offen zu halten.
Heiterkeit fordert unser Kontrollverhalten heraus, räuchert unsere Negativität aus und hilft uns, Niedergeschlagenheit zu überwinden. Heiterkeit ist eine ziemlich gute Sache!

Wenn es hart auf hart kommt,
sollten Sie es mit etwas mehr Heiterkeit versuchen.

Frieden

Der Frieden der Menschen wird die Erde ins Gleichgewicht bringen.
Mary Summer Rain

Es gibt keine Möglichkeit, die Erde zu heilen, ohne die Menschen zu heilen. Es gibt keine Möglichkeit, die Menschen zu heilen, ohne die Erde zu heilen.
Wenn auf Samoa ein Mensch erkrankt, schaut der Heiler immer, was in der Familie, dem Dorf und der Gemeinschaft los ist.
In unserer modernen westlichen Gesellschaft geben wir Lippenbekenntnisse über unser Umweltbewusstsein ab, sprechen über die Auswirkungen giftiger Abfälle oder Krebs erregender Substanzen in der Nahrung und der Luft, aber wir setzen diese Probleme nicht mit realen, individuellen Menschen in Beziehung. Und wir bringen individuelle Krankheiten und Störungen auch nicht systematisch mit dem in Verbindung, was in unserer Gesellschaft vor sich geht.
Die Gesellschaft und das Individuum sind untrennbar miteinander verbunden. Es besteht eine Wechselwirkung zwischen dem Einzelnen und der Gemeinschaft, in der er lebt; und es findet eine gegenseitige Beeinflussung statt. Nur zu oft versuchen wir, uns so beschäftigt zu halten, dass wir gar nicht wirklich sehen können, was vor sich geht.
Nicht alle von uns können die Welt verändern, es sei denn, wir »sind« die Welt und wir können unsere unmittelbare Umgebung verändern. Schauen wir uns beispielsweise unseren Arbeitsplatz an. Könnten wir die Möbel anders stellen? Könnten wir die Atmosphäre mithilfe verschiedener Duftöle verbessern?

Jeder von uns kann bestimmte Dinge tun, um unsere Lebens- und Arbeitsräume friedlicher zu machen. Dieser Frieden wird dann auch in unserem Inneren einkehren.

Ordnung und Chaos

Sie werden dann feststellen, dass Chaos und Ordnung nicht notwendigerweise ein Paar von Gegensätzen sind, sondern dass das Chaos einen günstigen Nährboden für eine neue Ordnung bietet.
David B. Eller

Haben Sie beim Hausputz nicht auch schon mal festgestellt, dass die Dinge zunächst einmal schlimmer werden, bevor es besser wird? Wir reißen alles aus den Schränken und Schubladen heraus, sortieren, werfen manches weg und räumen dann den Rest fein säuberlich wieder ein.
Oder nehmen wir an, wir beginnen mit einem neuen Arbeitsprojekt. Wir sammeln Daten und Informationen (Falls wir ein Mensch sind, der gewohnheitsmäßig zu viel tut, sammeln wir wahrscheinlich viel mehr Informationen, als wir brauchen), die sich dann auf unserem Schreibtisch stapeln. Zeitungsausschnitte liegen herum, kleine Notizzettel werden an die Wand gepinnt oder mit Tesafilm befestigt, und jede verfügbare Fläche ist bedeckt. Wir fühlen uns vollkommen überwältigt. Doch dann beginnt plötzlich, ohne erkennbaren Grund, vor unseren Augen eine Ordnung zu entstehen.
Wenn unsere Wohnungen und Büros dieser einfachen Weisheit über Chaos und Ordnung zu folgen scheinen – warum dann nicht unser Leben?
Vielleicht sind Ordnung oder Chaos nicht das Problem. Das Problem liegt wohl in unserem Umgang mit beidem.

Wenn Sie sich das nächste Mal in einer chaotischen Situation befinden, sollten Sie sich an die Ordnung erinnern, die darin steckt.

Unser heiliges, grenzenloses Zentrum

Das Leben soll von einem Zentrum aus gelebt werden ... In jedem von uns existiert ein göttlicher Abgrund, ein heiliges, grenzenloses Zentrum, ein Herz, etwas, das in uns und durch uns zur Welt spricht. Jeder von uns hat dieses heilige Flüstern schon manchmal vernommen. Und wenn wir diesem Flüstern folgten, stellte sich ein erstaunliches Gleichgewicht ein, begannen die Dinge, erstaunlich reibungslos zu laufen. Aber zu viele von uns beachteten die Stimme nur manchmal ... Wir betrachten dieses Heilige in unserem Innern nicht als die kostbarste Sache der Welt.

Thomas R. Kelly

Spüren Sie nicht ein aufregendes Prickeln, wenn Sie dieses Zitat lesen?

Schauen Sie, ob es beim Lesen etwas tief in Ihrem Innern berührt – ein Wissen, das in den verborgenen Winkeln Ihres Wesens existiert und Ihnen schon seit Ihrer Kindheit immer wieder etwas zuflüstert. Schauen Sie, ob die ganze Hektik, Aufregung und Eile dieses Flüstern zum Schweigen gebracht haben. Wir können nur dann im Gleichgewicht leben, wenn wir bereit sind, auf das Flüstern dieses »heiligen Etwas« in unserem Innern zu hören. Erinnern Sie sich an Zeiten, in denen Sie nicht mehr darauf hören wollten – wahrscheinlich, als das Flüstern mit Ihrem eigenen Willen kollidierte –, und denken Sie daran, was das für Folgen hatte.

Was ist für Sie das Kostbarste auf der Welt?
Lassen Sie sich davon leiten.

Danksagung

Ich gehöre zu jenen Autorinnen, die in jedem Buch besonders aufmerksam die Danksagung lesen. Wie können wir je den Menschen, Tieren, Pflanzen und Entwicklungsprozessen danken, die zur Entstehung eines Buches beitrugen? Wenn wir erst einmal damit anfangen, wird der Kreis derer, die uns Unterstützung und Liebe zuteil werden ließen in unserem Geiste immer größer. Danksagungen stehen für ein tiefes Annehmen des Lebens. Alles und alle – alle Erfolge und alle Mißerfolge, jeder Gipfel, den ich erklomm und jedes Loch, in das ich fiel – haben irgend etwas zu diesem Buch beigetragen.

Die Dankbarkeit gegenüber dem Schöpfer – dem Großen Geist, der alles Leben durchdringt und alles möglich macht – sollte wohl an erster Stelle stehen. Ich bin dankbar für alles, was mir geschenkt wurde, alles, was mich umgibt und alles, was sich durch mich auf dieser Erde manifestiert.

Ich möchte Pete Sidley danken, der Vorschläge macht, tippt, redigiert und mir hilft, die Freude am Schreiben zu behalten. Er ist nicht nur kompetent, brillant, zuverlässig und effizient, sondern auch ein Mensch, den man sehr gerne um sich hat.

Ich möchte meiner Familie danken – meinem Mann Chuck, der mit dem Mittagessen ins Zimmer kommt, wenn ich die Zeit vergesse und meinem Sohn Roddy, der immer sagt: »Leg einfach los, Mama.« Meine Tante Jan, die Schwester meiner Mutter, bietet mir als einzige Überlebende dieser Generation immer wieder ihre Unterstützung an. Bobbi und Kerri kümmern sich um die Büroorganisation, während ich mit meinen Projekten beschäftigt bin und beide besorgten mir Zitate und anderes Material, das meinen Gedanken über die Bedeutung innerer und äußerer Ausgewogenheit Nahrung gab. Bobbi, die eine begeisterte Leserin ist, entdeckte fantastisches Referenzmaterial, das ich sonst wahrscheinlich gar nicht zu sehen bekommen hätte.

Ja, sogar Katzen und Hunde trugen in ihrer unendlichen Weisheit zu diesem Buch bei.

Ich freue mich sehr darüber, wieder bei Harper San Francisco zu veröffentlichen und bin glücklich, dass ich mit Liz Perle zusammenarbeiten konnte, denn das hatte ich mir seit vielen Jahren gewünscht. Auch David Hennessy von Harper San Francisco war eine große Hilfe.

Außerdem möchte ich meinem langjährigen Agenten, Jonathon Lazear und seinem Team (insbesondere Christi Cardenas) für die unermüdliche Unterstützung danken.

Last, but not least gebührt mein Dank dem internationalen *Living-in-Process-Network*, von dem ich getragen, geliebt, genährt und herausgefordert werde. Diese Menschen sind immer offen dafür, sich mein neues Material anzuhören und mir ein liebevolles aber ehrliches Feedback zu geben.

Ich bin dankbar für die Entwicklungen und Wendungen in meinem Leben, die mich dahin führten, wo ich jetzt stehe (selbst für das »Zu-viel-Tun«).

Hugh Prather

Loslassen und glücklich sein

ISBN 3-426-66639-1

Von jeher streben die Menschen nach Glück,
und schon immer haben sie dabei ihre liebe Not,
weil negative Gedanken die guten Absichten durchkreuzen.
Aber Glücklichsein lässt sich lernen:
Im Loslassen liegt der Schlüssel zu positiver Ausstrahlung,
innerer Harmonie und Erfolg. »Loslassen und glücklich sein«
ist ein aufschlussreiches 30-Tage-Programm,
das Ihnen systematisch aufzeigt,
wie Sie sich von Sorgen und unguten Gefühlen
befreien können.